U0918311

本专著相关内容由以下基金项目支持
基金项目：①浙江省自然科学基金项目（LY18G020015）
②杭州市哲学社会科学重点研究基地杭州师范大学
电子商务与网络经济研究中心基地项目（2016JD25）
③中国博士后科学基金第62批面上项目（2017M621371）

基于电商平台的企业定向广告投放机制与策略

赵　江/著

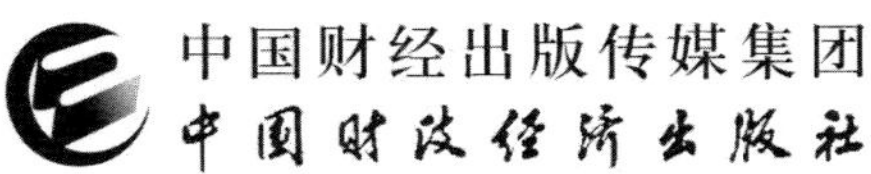

图书在版编目（CIP）数据

基于电商平台的企业定向广告投放机制与策略／赵江著．—北京：中国财政经济出版社，2017.12

ISBN 978－7－5095－7743－1

Ⅰ.①基…　Ⅱ.①赵…　Ⅲ.①企业管理－商业广告－研究　Ⅳ.①F724

中国版本图书馆 CIP 数据核字（2017）第 230773 号

责任编辑：彭　波　段　钢　　　　责任印制：杨　军
美　　编：孙俪铭　　　　　　　　责任校对：徐艳丽

中国财政经济出版社 出版

URL：http：//www.cfeph.cn

E－mail：cfeph@cfeph.cn

社址：北京市海淀区阜成路甲 28 号　邮政编码：100142

营销中心电话：88190406　北京财经书店电话：64033436　84041336

北京财经印刷厂印刷　各地新华书店经销

710×1000 毫米　16 开　13.5 印张　220 000 字

2017 年 12 月第 1 版　2017 年 12 月北京第 1 次印刷

定价：58.00 元

ISBN 978－7－5141－7743－1

（图书出现印装问题，本社负责调换）

本社质量投诉电话：010－88190744

打击盗版举报热线：010－88190492、QQ：634579818

前　言

网络、通信和数字化技术的进步推动了电子商务的快速发展。通过对网络用户在线浏览行为的准确识别和分析，企业能借助电子商务平台针对潜在消费者定向投放产品广告，即定向广告。相比电视、报纸等大众媒体广告，定向广告更加注重广告内容、广告投放范围、广告投放时机与客户需求的准确匹配，从而有效克服大众广告投放目标对象的针对性差和准确度低的问题，提高客户对广告的认知和接受程度。近年来，定向广告在企业营销实践中取得了越来越广泛的应用。但在实际应用中存在一系列需要解决的问题，如定向范围的设计、定向对象的选择以及定向广告应用过程中消费者行为的影响等，这些问题的分析解决直接影响着企业定向广告的应用效果。为此，本书依据博弈论和优化理论研究电商环境下企业定向广告的投放机制和应用策略。

第一，本书针对三种不同市场环境，讨论了定向精准性的影响和优化选择问题。针对单寡头市场环境，研究了基于电商平台的定向广告精准性对企业利润的影响，发现准确度和识别度对消费者需求、消费者剩余和社会福利等均起双向调节作用。针对双寡头同质消费者市场，研究了定向精度对企业利润和市场竞争的影响。研究表明：随着定向精度的提高，企业倾向于提高优势市场的价格而降低竞争市场的价格，而当企业对定向精度进行有效投资时，过高的定向精度投资可能降低企业利润。针对双寡头异质消费者市场，分析定向精度对企业利润的影响。研究表明：企业均衡利润随自身定向精度的提高而增加，随竞争企业定向精度的提高而下降。企业在优势市场提高定向精度将成为其与投放大众广告企业方进行市场竞争的有效工具。

第二，本书讨论了定向广域度对企业利润的影响问题。当两个企业同时通过定向广告进行市场营销和价格竞争时，每个企业都将扩大广告投放的市场范围，并通过制定更低的期望价格和更高的广告水平而获利。定向广域度对企业利润的调节呈现双向性，过高的定向广域度将引起广告投入的浪费，而过低的定向广域度则达不到广告宣传目的。分析定向广域度投资效应可发现，企业投放定向广告的定向广域度与最优广告强度呈倒“U”形关系。只有选择最优的定向广域度，企业才能获得最大收益。

第三，对混合渠道模式下企业的定向广告应用策略进行研究。结果发现，相比大众广告，企业通过向细分产品市场投放定向广告，将产品信息准确传递到潜在消费者群体，提高细分市场的聚集化水平并有效地筛选出价格敏感性客户。然而，由于制造商投放定向广告时集中于局部市场，缩小了零售商的市场份额，可能加剧传统零售渠道和电子商务渠道的冲突，为此，制造商可以通过调节定向广告的广告强度来影响产品价格和市场份额，从而实现混合渠道模式下零售渠道和电子商务渠道的有效协调。

第四，针对消费者行为偏好对定向广告应用的影响研究了两方面问题：一是针对策略性消费者不同行为动态投放定向广告的策略。结果发现，企业通过定向广告能筛选出价格敏感性消费者并缓解市场竞争；当消费者直接进行广告屏蔽时，企业倾向于投放更多的定向广告；相反，如果消费者采取个人信息隐藏，企业则应当减少定向广告的投放。二是考虑消费者广告屏蔽行为时的企业定向广告投放策略。结果发现，企业通过投放劝说型定向广告影响消费者对产品价值的信号判断并形成预期；针对不同的广告屏蔽概率，企业应当选择不同类型的劝说型定向广告以实现企业利润最大化。

第五，针对消费者自身属性特征研究了两方面的问题。一是企业如何根据消费者对企业产品的偏好差异并结合歧视性定价向消费者投放定向广告。结果发现，当不允许价格歧视时，企业总在自身优势市场投放更高强度的定向广告以获得最高的利益。而允许价格歧视时，企业将在优势市场给予消费者高价格而在竞争市场给予消费者低价格以获利。当企业不具备完全定向能力时，同时采取定向广告和歧视性定价策略有可能加剧市场竞争。二是研究消费者价值特征对定向广告投放策略的影响。结果发现，针对短视型消费者，企业投放定向广告的利润有可能低于大众广告，这取决于高价值客户和低价值客户的比率。同时，即使消费者是理性消费者，向不同价值属性的消费者分别投放定向广告对企业总是有利的。

电子商务的发展推动了企业定向广告的广泛应用，企业在定向广告投放时必须选择合适的定向广告模式，并根据市场需求对定向广告的精准性进行优化配置。在向不同类型的消费者投放定向广告时，应当充分考虑消费者的行为偏好和自身属性特征，使企业充分利用定向广告的精准优势，避免加剧市场竞争的潜在危害性，最大程度地提高企业利润。

作者

2017 年 11 月

目　　录

第1章 绪　　论

1.1 研究背景和意义

1.1.1 研究背景

2017年1月22日，中国互联网络信息中心（CNNIC）发布了《第39次中国互联网发展状况统计报告》。报告显示，截至2016年12月，中国网民规模达7.31亿人，互联网普及率达53.2%。手机网民规模达到6.95亿人，占比达到总人数的95.1%。互联网信息服务向精准性发展，互联网应用与社会经济的融合更深入[1]。另据iResearch《2014年中国网络广告用户行为研究报告》显示，2013年占用中国网民时间最长的媒体是互联网，其比例为83.5%，比2009年增长近20%，远超过网民接触其他媒体的时间；中国网民关注与点击最多的是购物类网站广告，占比分别为76.4%与57.3%。互联网以其特有的及时性、海量性和交互性成为继电视、广播和报纸杂志以外的第四大广告媒体。企业可以通过网络平台进行广告投放，如利用横幅广告、文本链接、多媒体广告等向网络受众传递产品信息以诱发其购买行为。自从1994年10月14日第一支网络广告诞生起，网络广告投放量伴随着互联网市场的快速发展呈逐年上升趋势。网络广告收入已成为门户网站、搜索引擎网站、社交网站等的重要收入来源[2]。据美国互动广告局（Interactive Advertising Bureau）统计数据，美国网络广告规模从1995年的6000万美元增长到2010年的260.4亿美元，年均复合增长率高达50.8%。而据艾瑞咨询公司统计，2010年中国网络广告的市场总额为322.5亿元，2012年增长到753.1亿元，2013 年突破 1100 亿元，同比增长率达到 46.1%。预计到 2017 年将超过 2800 亿元，在广告市场中也仅次于电视广告媒体，如图 1－1 所示。

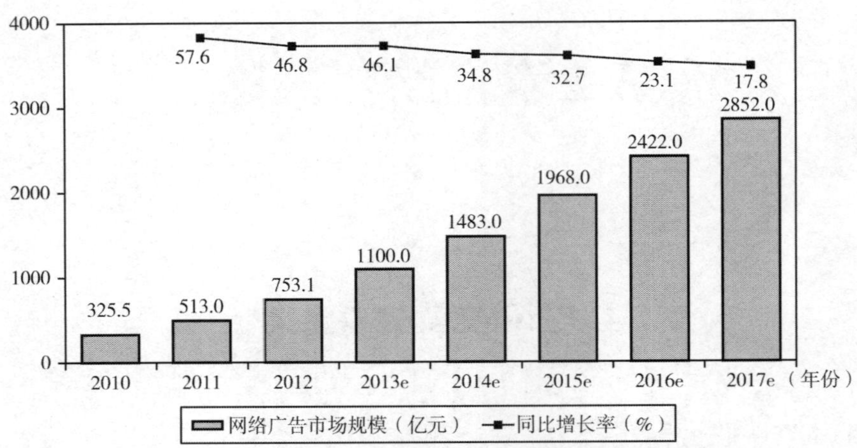

图 1－1　2010～2017 年中国网络广告市场规模及预测

资料来源：艾瑞网。

当前网络广告的形态多样，出现了展示广告、关键词广告、电子邮件广告、微博广告、分类广告等多种不同类型。传统的互联网展示广告一般只在门户网站的固定广告版位上重复播放，具有两个难以避免的缺陷：一方面，由于消费者无效点击或浏览行为难以估计，产品广告的效果难以定量评价，故企业难以控制广告预算及其浪费程度。另一方面，假如媒体网站可以制造大量流量，则可能造成广告大量曝光的假象，从而影响企业的广告策略并损害企业利益。近年来，随着信息技术的迅速发展如 IP 追踪技术、搜索引擎技术等，企业能通过静态 IP 地址、用户认证、cookie 等手段有效获知消费者的位置信息，通过分析用户的购买行为及偏好，利用网络广告推送技术，直接向潜在消费者投放相应类型的产品广告，即企业通过定向投放广告进行富有针对性的广告促销，减少大众广告投入的浪费。**所谓定向广告（targeted advertising），是广告主（也称广告企业）为了提升广告效果并减少浪费，分别针对不同类型的广告受众，通过技术手段选择合适的时机并发送有针对性的广告信息**。相比大众广告（mass advertising）不区分或筛选顾客、强调广告受众的广泛性和广告频度不同，定向广告更加注重对客户信息的挖掘和用户的筛选识别，注重广告内容、广告投放时机与广告对象需求的匹配。可见，“定向”的实质是企业对广告受众的有效筛选过程，通过定向可以及时、全面和准确地了解用户历史行为和当前行为状态，支持企业针对用户行为属性或其他属性进行市场细分，并针对不同用户进行定向广告投放和定向营销活动[3]。近年来，许多发达国家的定向广告市场取得了长足进步。据统计，2011 年美国的定向广告总营业额达到 9.9 亿美元，占网络广告总额的 8%，而 2014 年美国定向广告营业额已达到 45.6 亿美元，而其市场份额达到 22%。邻国日本在 2011 年的定向广告营业额为 0.5 亿美元，至 2014 年已增长至 11.5 亿美元，年平均增长率超过 50%[4-5]。与此同时，近年来我国的定向广告产业也快速发展，2012 年我国的定向广告营业额为 5.5 亿美元，到 2014 年已达到 33 亿美元。近几年，中国国内先后成立了 iClick、品友互动、悠易互通、斑马传媒、易传媒、Media V 等一批专业的定向广告运营企业，其营业额和市场份额也增长迅速。

定向广告的快速发展引起了电子商务、市场营销和广告经济学等研究领域学者的高度重视，并围绕定向广告在这些领域的前沿性热点问题进行研究。总体上，已有的关于定向广告的研究主要从技术、数据和管理等几个层面。首先，在技术层面，相关研究包括用户行为追踪技术、信息搜索技术、广告投放算法、关键词广告的拍卖机制和算法等的研究；其次，在数据层面，随着对用户信息数据的获取，相关研究包括信息匹配、数据挖掘和分析、数据和用户行为关联分析等；最后，在管理层面上，国内外学者主要分析了定向广告与大众广告的对比优势及其存在缺陷。当前，随着定向技术的进步和发展，各类新型的定向广告不断涌现，面对不同的市场环境和激烈的市场竞争，支持企业科学和高效地运用定向广告，不仅要进一步丰富相关的定向技术和算法，更需要从管理角度阐述定向广告区别于大众广告的本质属性即精准性对企业利润、市场竞争的作用。本书将采取数学建模的方法，围绕定向广告投放的精准性问题及其管理学意义进行分析，研究企业如何利用定向广告的精准性进行市场竞争，趋利避害，制定适宜的定向广告策略，并分析复杂市场环境下企业如何针对消费者需求和行为属性等优化定向广告策略。

1.1.2 问题提出

定向广告的原理是基于企业对用户的市场细分直接向部分目标客户投放

广告。因此，定向广告有助于实现广告信息向消费者的准确、定向传递，减少了广告的浪费，具有积极作用。对定向广告的研究最早源于信息型广告投放对企业利润影响问题的研究。其中，Grossman - Shapiro[6]研究表明：广告信息增强了产品和消费者的有效匹配，增加了产品的需求弹性。当企业将信息定向投放于特定消费者群体时，企业能有效地降低广告成本。这为定向广告的概念奠定理论基础，随后，围绕定向广告对不同市场类型（单寡头市场、竞争市场）下企业利润和消费者福利等问题展开研究：

（1）针对单寡头市场：Hernández - García[7]研究了垄断企业向目标消费者群体投放定向广告的行为，并发现企业投放定向广告的总水平相比大众广告有所下降，并且降低了消费者剩余和社会福利。Esteban[8]进一步证明单寡头厂商使用定向广告进行营销可以增加市场价格并降低广告水平。Roy[9]研究表明，企业通过定向广告实现了局部市场单寡头垄断，从而获得较高收益。

（2）针对竞争市场环境：Iyer 等[10]同样认为在市场均衡条件下，企业投放定向广告的市场均衡价格相比大众广告有所提高，广告浪费减少而企业收益更高。Athey 和 Ellison G[11]认为企业向消费者投放定向广告有助于实现产品和潜在消费者的有效匹配，从而提升广告的社会价值。Esteves[12]的研究表明，企业可以联合运用定向广告和价格歧视策略，通过向企业的优势市场和竞争市场分别投放不同强度的广告而获利。

（3）从消费者角度：Johnson[13]发现，企业在投放定向广告时，即使消费者具备广告屏蔽能力，企业定向能力的增强仍然使企业获利。这些研究都认为定向广告在降低广告成本、提高企业效益等方面均优于大众广告。

然而，近年的相关研究则对定向广告的作用提出质疑。Gal - Or[14]等发现，企业对客户行为信息的识别并非越完美越好，全面的客户信息虽然有助于提高企业的定向广告能力，却由于双寡头企业间信息的过于透明和公开导致企业间市场竞争加剧，产品市场的盈利能力则有所下降。Ben Elhadj - Ben Brahim[15]等研究了理想状态下当双寡头企业均具备完美定向能力时，则双方都将向优势市场和竞争市场的每个消费者投放不同强度的定向广告，从而导致市场竞争加剧，企业的均衡收益相比大众广告有所下降。Zhang 和 Katona[16]同样证实，当企业通过广告媒介实施定向广告策略时，如果市场竞争相对缓和，则精准的定向使消费者能获得更多相关广告；而当竞争加剧时，定向广告的精确度则应有所下降，从而利于实现产品信息的差异化并减缓企业间的广告竞争。这些研究表明，定向广告在准确投向潜在消费者的同时，在特定的市场环境下可能加剧市场竞争。

另外，在与定向广告密切相关的定向定价研究中，Chen 和 Iyer [17] 等将定向定价的精确性抽象为决策变量，分析了在双寡头竞争环境下，企业如何有效地设置定向精度，结果发现，企业的均衡利润随定向精度的提高呈先增加后下降的趋势，即企业的最优定向精度并非完美定向。Chen 和 Zhang [18] 则发现，当企业获取定向能力所需市场成本较高时，并非所有企业都会追求绝对精准的定向能力，只有拥有忠诚客户较多的企业倾向于提高定向能力。这启示我们：相比传统的大众广告，定向广告的优越性主要体现在对广告对象的精准识别和筛选。但是，定向广告的精准性也并非越高越好，过高的精准性可能给企业带来成本增加、市场竞争加剧等不利影响。因此，精准性的优化选择将直接影响定向广告的投放效果。这一判断在现实的企业案例中亦有相关佐证。例如，Google 公司在其定向广告服务平台 Google Adsense 为企业服务时，会综合考虑用户需求、市场环境等因素调节广告和网页内容错误匹配的概率；Facebook 的 Facebook Social Ads 广告平台、Twitter 的 Promote Tweets 广告平台同样在算法设计上考虑了定向广告精准性的优化问题。因此，**综合考虑各种主要因素并对定向广告的精准性进行优化，成为研究定向广告投放机制必须解决的核心问题。**

定向广告的投放机制问题至少包含三个具体问题：一是定向精度。定向精度指的是企业投放定向广告时对潜在用户的准确识别程度或概率。定向精度实际上是企业对广告的目标群体差异性进行细分，对不同类型用户实现不同的识别程度。对广告对象的差异性识别越准确，分类越细致，广告内容就越有针对性，那么广告效果可能就会越好，但当定向精度达到一定阈值时，竞争企业可能会对某些特定用户投放更多的定向广告，从而加剧市场竞争，有可能引起企业利润下降。二是定向广域度。定向广域度指的是定向广告实际投放群体占潜在目标群体的比例；定向广域度的确定意味着投放定向广告的目标群体范围的准确识别。例如，将定向广告投放至企业已有的全部客户还是已有的部分客户如高价值客户，或者企业是否应向已有客户和潜在客户同时发送定向广告。可见，对定向广告群体范围的优化选择将决定企业的利润。三是定向时机。定向时机实际上是企业将广告向目标群体投放的时间差异性进行细分，投放广告的时间契合度不同，则消费者接受的实际效果有可能有很大差异。例如，当企业投放广告的时机与消费者需要购买产品的意向时机契合度较高时，消费者接收到企业投放的定向广告后的购买概率也会提高。显然，围绕企业定向广告精准性投放的三个问题是研究定向广告内在机制必须解答的基本问题。在此基础上，可进一步研究企业如何进行定向广告投放策略选择问题。

现有的关于定向广告的研究较少考虑到复杂的市场环境。因此，在混合渠道模式下，定向广告的运用对企业有何影响也是亟待解决的问题。此外，消费者的购买行为对企业投放定向广告的策略也将产生重要影响。Villas - Boas[19]的研究表明，在定向定价环境中策略性消费者的“持币待购”行为将极大地损害企业的利益。Acquisti[20]表明寡头垄断厂商只有通过提高服务水平，才能通过改变策略性消费者的购买行为而获利。Chen 和 Zhang[21]则证实基于策略性消费者购买行为的动态定向定价仍然对企业有利。这启示我们：当消费者采取不同的行为策略，如广告屏蔽、个人信息隐藏、信息搜索等时，企业应当如何选择有效的定向广告投放策略也是必须解决的重要问题。此外，由于消费者具有不同的价值属性，针对不同的消费者价值类型，企业投放定向广告的广告强度和广告投放区域等也应当有所不同，这些广告策略的选择也成为企业必须要解决的问题。

总之，企业向目标市场投放定向广告并发挥作用主要取决于其精准特性。因此，本书需要解决的核心问题在于：**（1）企业投放定向广告时如何进行精准性优化以实现广告资源的优化配置？（2）针对不同市场类型和消费者行为特征等，企业应当如何选择相应的定向广告策略？**本书通过对定向广告精准性问题的系统性研究，为企业实际运用定向广告策略奠定了良好的理论基础。

1.1.3 研究意义

本书综合运用广告经济学、博弈论、优化理论等理论和方法，采用数学建模与数值仿真结合的方法，以企业运用定向广告技术面临的管理问题为主要研究对象，首先系统地研究了典型的定向广告模式，随后研究了定向广告精准性、定向广域度等对企业利润和市场竞争的影响以及混合渠道模式下企业投放定向广告的策略选择问题等，为企业高效运用定向广告技术提供有力的管理理论和方法支持。相关研究问题都是从企业运用定向广告技术面临的实际管理问题中提炼而来，针对具体问题，相关结论可以直接运用于指导企业有效利用定向广告技术。本书既有理论意义，又有实践意义。

理论意义在于：提出的定向精度对企业利润的双向调节作用理论丰富了定向广告的相关理论，所提出的分析框架、模型、策略等都具有重要的学术意义。(1) 首先根据定向广告的有关理论实践，提炼出定向广告的典型模式和要素特征，并简要分析了各类定向广告模式的基本特征及其商业应用价值，丰富了定向广告的基本理论。(2) 针对企业投放定向广告的精准性对企业利润影响的基本问题，分别构建不同市场环境下企业定向广告投放的博弈模型和优化模型，分析定向广告精度和定向广域度等对广告成本、企业利润以及企业博弈的均衡价格、均衡利润及社会福利等的影响，充分阐明了定向广告的内在机制。为企业提高广告投放效率，加强产品和广告信息匹配，最大限度地发挥定向广告的商业价值等奠定理论基础。

实践意义在于：很多企业在投放定向广告过程中面临混合渠道冲突和客户有效识别问题。本书能有效地指导企业针对具体市场环境和消费者行为等投放定向广告。(1) 通过研究定向广告投放对混合渠道下制造商、零售商以及渠道利润的影响，进一步阐明了定向广告在渠道中的作用机制。为从供应链视角阐明定向广告对市场的调节作用奠定了理论基础，有利于企业从供应链环节合理制定广告和价格策略，优化广告资源配置。(2) 通过考虑消费者的行为属性和自身特征，为企业准确识别客户类型并对用户细分，针对性地向消费者投放定向广告以实现利润最大化奠定基础。

1.2 国内外相关研究现状

定向广告本身具有的特征引起了国内外学者的广泛兴趣，中外学者纷纷以各自对定向广告的理解，从不同的研究角度对定向广告领域内存在的理论和实践问题展开研究。目前国内外对定向广告及其相关领域的研究大致分为六个方面，具体如图1-2所示。

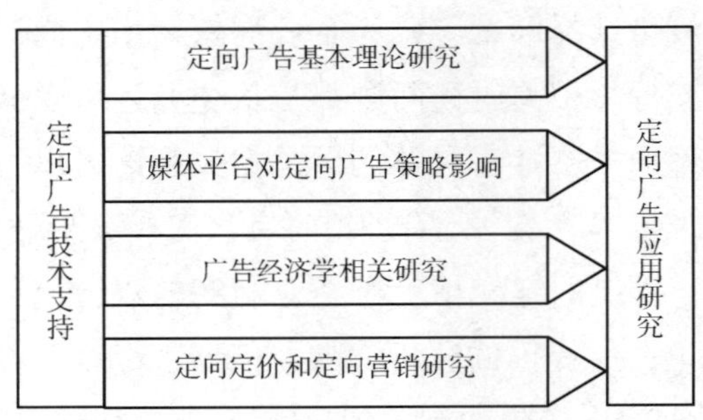

图1-2　定向广告相关研究分类框架

（1）定向广告技术支持。

定向广告技术支持方面的研究是指企业有效并安全地投放定向广告所需的技术层面的相关研究，主要包括准确投放定向广告所涉及的算法问题以及技术方案设计问题。俞淑平[22]针对内容定向广告问题，提出了一种基于语义的内容定向广告投放算法；针对行为定向广告问题，又提出了一种全新的基于用户行为特征的行为定向广告投放算法。实验表明，针对不同类型的定向广告，相关算法有利于广告和用户行为特征的匹配。高兰兰[23]根据用户行为提出了基于行为定向的精准广告投放系统。程龙龙[24]则建立了时变用户行为模型，并提出基于LDA的行为定向广告算法。而邓晓懿[25]和陈全[26]等偏向于从个性化推荐系统及其算法的设计和改善，偏重于技术方案的设计和研究。

（2）定向广告基本理论研究。

这部分研究主要是定向广告相关理论基础的研究，大多是概述性和探索性的研究。具体涉及：定向广告分类的界定和关联定向广告的相关理论研究；企业投放定向广告时对客户筛选和市场细分的研究；定向广告在信息和产品匹配的研究；定向广告相比大众广告的优缺点研究等。

（3）媒体平台对定向广告策略影响研究。

这部分的研究重点关注媒体平台作为第三方对广告投放企业的定向广告策略影响。具体包括：媒体平台定向能力变化对市场的影响；媒体平台的道德风险问题研究；媒体平台在投放定向广告时的点击欺诈问题研究等。

(4) 定向广告应用策略研究。

这部分的研究重点关注企业如何运用定向广告进行市场竞争问题。具体包括：网站信誉和广告内容兼容性的关系问题；定向广告的广告位拍卖和产品定价问题；定向广告与产品品牌价值关系的研究；消费者的负面情绪和消费者隐私保护对企业投放定向广告策略的影响问题等。

(5) 广告经济学方面的研究。

这部分的研究关注企业投放信息型广告和劝说型广告对企业利润、社会福利和消费者剩余的影响问题。具体包括：信息型广告在不同类型市场中的信息传递作用研究；消费者搜索行为对企业投放信息型广告的影响；劝说型广告对市场的调节作用机理研究；合作广告对渠道利润的影响。

(6) 定向定价和定向营销方面的研究。

这部分的研究集中于阐明针对不同消费者的歧视性定价策略问题。具体包括：针对不同市场类型的企业定向定价策略研究；信息准确度变化对企业定价的影响问题；市场风险对企业定向定价策略的影响；企业间信息共享策略对定向定价和定向营销的影响。

1.2.1 定向广告基本理论研究

企业定向广告以消费者的实际需求作为企业进行信息传递的出发点，通过各种定向技术和精确算法，能为用户提供精准的广告信息服务，同时优化企业的广告资源配置，减少广告浪费。关于定向广告的基本理论研究内容大致包括：定向广告分类的界定；企业投放定向广告时对客户筛选和市场细分的研究；定向广告在广告信息和产品匹配的研究；定向广告相比大众广告的优缺点研究；关联定向广告的相关理论研究等。

1.2.1.1 定向广告的分类界定

由于企业能通过不同的技术手段（搜索引擎、IP 追踪技术）准确筛选目标用户，并能根据受众行为偏好等差异进行用户细分。因此，定向广告的分类也有所不同。从定向的实现方式来看，定向广告主要包括行为定向广告和关联定向广告[15]。

Yan[27]认为行为定向广告是指企业利用网络定向算法和技术寻找潜在目标客户群的共同行为特征，通过相关网站将广告投放给具有共同行为特征的受众。例如，某些定向广告系统 DoubleClick，Predicta BT，Adlink 等一般是通过搜集个人用户已有的网站相关浏览行为从而选择性地根据用户行为特征分类并投放广告。

Kenny 和 Marshall[28]认为关联定向广告是基于用户当前浏览网站的关键词而向用户投放包含其关联行为的广告。例如，百度文本关联广告即贯穿百度网页、贴吧、新闻等多个频道的关联广告系统。当用户正在浏览体育信息类网站并进行有关的体育信息检索时，企业可以针对用户当前的检索关键词——“篮球”而向用户投放与关键词相关联的体育产品广告，如 Nike 篮球鞋的广告。

1.2.1.2 行为定向广告对客户筛选和市场细分研究

由于行为定向广告的目标是将广告投放给有共同行为特征的受众。因此，对客户的有效筛选和准确的市场细分至关重要。主要包括以下研究内容：

（1）广告对象的筛选和归类问题研究。

企业投放定向广告首先需要确定广告对象，就是从大众中筛选出广告的目标受众，并根据受众的差异性对其进行细分。针对广告对象的筛选可以追溯到 Hernández – García[7]的理论建模研究，其发现当企业向目标市场投放定向广告时，由于不同市场的客户对产品价格感知有所区别，因而有助于企业筛选出价格敏感性的客户，并针对非价格敏感性客户制定高价而获利。而客户的分类千差万别，但即使将客户的分类标准抽象为决策变量，Esteban[8]同样证实，针对目标客户定向投放产品广告有助于提高企业利润。Zandt 等[29]研究了定向信息超载的意义，并且阐明了信息发布者间的相互作用关系以及对信息接受者进行信息筛选和分配的机制。针对这些相关信息，为了筛选出具有购买意愿的客户群体，Rao[30]等则将顾客行为偏好依次进行排序，并建立了一套有效的算法，使企业能筛选出 top – k 最强购买意愿的用户从而减少广告成本，提高企业利润。

（2）广告对象筛选方法的设计与实现问题研究。

在不同的情境下，企业也可以设计出特殊的广告筛选方法以实现对广告对象的筛选。其中，Lewis R 和 Reiley[31]等从现场实验方法研究人口属性特征和广告投放的关系。研究发现，65 岁以上的客户虽然仅占总客户数量的5%，但是针对这些客户投放广告可使产品销售增长率超过20%。可见，广告对不同年龄层次的消费者的影响力各不相同，因此，企业能更有效地针对不同年龄层次需求，利用技术手段通过筛选目标客户进行准确的定向广告市场投放。如 Li 和 Du[32]则设计了一种基于手机的定向广告投放系统，该系统依据特定算法，可以有效识别用户的地理位置，根据位置识别和筛选广告对象，从而显著性提高产品广告的效果。除了利用地理位置的差异，Lovett 和 Peress[33]还通过实证研究表明，根据观众的行为偏好的不同，电视媒介也可以通过筛选和识别广告受众而实现广告的精准投放，从而减少广告支出，提高企业利润。

1.2.1.3 定向广告在广告信息和产品匹配方面的研究

由于定向广告的实质是企业针对广告资源所采取的个性化服务技术，实现了广告对象和广告内容的有效匹配，符合用户对具体内容的兴趣。Bruestle[34]通过实验手段研究了 Google 网站如何通过有效算法将网页的定向广告和产品相匹配。而这种有效匹配的总原则在于：大众化的网页内容一般适合呈现具有抽象特征的品牌广告；而专业化的网页内容则适合呈现具有特定属性的产品分类广告。为了缓解了用户和广告的失配问题，提高定向广告的效果，施灿灿[35]构建了类贝叶斯权重计算模型，并利用技术手段有效分析用户兴趣的主体分部规律。

另外，对于广告主体而言，广告信息和产品的匹配需要有效的广告推送时机，当消费者对某一产品具有需求属性时，向其投放定向广告则会给企业带来收益；而当消费者在特定时间内对某产品不具有需求时，企业向其投放定向广告必然会引起受众反感。因此，针对广告信息的投放时间和产品需求的匹配问题是研究的热点，多以构建模型为主。

相关研究包括：De Reyck 和 Degraeve[36]以英国的一家购物广告为特定的研究实例，将广告发送时间作为决策变量建立了多目标整数规划模型，根据该模型设计了一套有效的排序算法，实现了因客户而异的产品广告发送时间计划。但该模型并未考虑客户的行为特征、偏好等因素，Tripathi 和 Nair[37]则进一步拓展了该模型，并将客户的产品购买习惯等因素考虑在内，从而提高客户对产品广告的响应程度。Narayanan 和 Manchanda[38]则通过实证的相关研究进一步支持了以上的建模研究，并且证明：定向广告的有效性是随着时间的推移而发生相应变动，这是由于随着时间的变化，消费者的行为偏好、产品需求以及广告响应程度乃至外部环境等都可能发生改变。在这种情况下，定向广告的发送时机则会影响产品广告的效果。

1.2.1.4 定向广告对市场竞争的影响及其优缺点研究

通过对消费者行为进行分析并对用户进行筛选和内容匹配，企业可以将定向广告有效地投放至特定消费者群体并成为市场竞争的重要手段。然而，企业所处的市场环境如完全竞争、垄断等对企业的定向广告策略运用有重要影响。相关问题成为研究热点所在。

（1）行为定向广告对市场竞争和企业利润的影响问题。

针对竞争性市场，Iyer[10]也证明双寡头竞争企业会针对各自优势市场和共有的竞争市场投放定向广告，一方面，尽可能在优势市场给予客户高价格，以获得高收益；另一方面，在共有的竞争市场尽可能给予客户低价格，以获得整个市场。最终通过广告和价格博弈，减少广告浪费并减缓企业间的竞争。类似的，Galeotti 和 Moraga - Gonzalez[39]研究了行为定向广告与企业的产品价格决策、市场细分的关系，发现定向广告的投放引起市场细分并将有效减缓企业间激烈的市场竞争。Esteves 和 Resende[12]同样发现，当市场进行无限细分，即企业具备完美定向能力时，企业可以利用定向广告策略针对不同消费者实行价格歧视。显然，这一策略是以降低消费者剩余为代价提高行业利润。由于企业在向消费者投放定向广告时会或多或少地侵扰消费者隐私，消费者也会采取广告屏蔽或个人信息隐藏等方式对企业予以“反击”。然而，针对消费者的屏蔽行为，Johnson[13]发现由于消费者无法采用最优的屏蔽方法来屏蔽定向广告，因而企业投放定向广告总能获得更高收益。

（2）定向广告相比大众广告的优缺点问题研究。

关于定向广告相比大众广告对企业的作用，学术界存在两种截然相反的观点：一种观点认为定向广告优于大众广告。当企业能直接向消费者投放定向广告时，Anand 和 Schachar[40]通过广告的信号传递模型揭示了定向广告如何向消费者传递信息以及企业如何选择广告媒介以避免错误的信息对消费者的误导；当企业通过第三方平台投放定向广告时，Klein[41]则详细研究了消费者、广告企业、广告发布平台三者的战略关系，同样证实：相比传统大众广告，定向广告的广告总量下降，因而总是对企业有益。

另一观点则认为定向广告可能加剧市场竞争、侵犯隐私等，效果可能不如大众广告。与单纯描述定向广告作用的相关研究不同，Gal - Or[14]等引入“识别度”和“准确度”两个决策变量构建理论模型，发现企业对消费者识别度的提高可能引起企业间激烈的价格竞争，最终损害企业利益。类似的，Ben Brahim[15]等通过Hotelling模型证明，当企业具备完美定向能力时，企业间市场竞争加剧、利润下降。Goldfarb 和 Tucker 则通过实证数据证实网络定向广告的定价依赖于定向程度[42]。Tucker[43]则认为定向广告侵犯消费者隐私，造成消费者反感。企业应当在定向广告的信息准确性和隐私侵犯度间做一定权衡。

结合两种截然相反观点，张建强[44]通过建模分析方法对几类市场环境下企业的定向广告策略进行了研究，并对定向广告相比大众广告的优缺点进行了详尽的分析，阐明了企业如何运用定向广告发挥最大效用，规避不利影响。

1.2.1.5 关联定向广告的相关理论研究

与关联定向广告有关的理论研究并不多。相关研究主要包括：关联定向广告和产品匹配方面的有效性研究；关联定向广告对消费者利益的影响问题研究；关联定向广告对市场竞争作用和企业利润的影响问题研究。

（1）围绕关联定向广告和产品匹配有效性的研究。

关联定向广告的核心是建立文本关联关系，Ciaramita[45]等通过定义语义特征集并建立广告词汇与网页的语义联系，寻找与文本关联的内容，从而根据特定算法进行定向广告的投放。Oh 和 Lee 等[46]建立了关联匹配（CM）模型，并通过实证研究验证了关联定向广告投放的有效性。De Corniere[47]研究了水平产品差异框架下，在不完美产品信息以及存在搜索成本下，企业采用搜索引擎技术进行定向的关联定向广告策略。结果发现，关联定向广告提高了产品匹配效率，增强了社会效率并降低均衡价格。

（2）关联定向广告对消费者利益的影响问题研究。

由于关联定向广告通过投放关键词和目录实现人群关联，这对消费者有一定的“侵扰性”，损害了消费者的利益。Rejón – Guardia [49]研究了关联定向广告对消费者的“侵扰性”和消费者屏蔽行为的关系问题。通过引入决策变量“广告混乱度”，发现混乱度的提高将加剧企业和消费者的矛盾，引起关联定向广告的屏蔽量增多。相关研究表明，关联定向的准确程度与产品价格并非单调关系，其可能损害消费者利益并造成“市场失灵”。此外，关联定向广告对某些特殊行业——处方药行业影响巨大，如 Bala 和 Bhardwaj[48]等研究了定向广告在处方药行业的不同作用，以及这种特定的定向广告对医师和患者的不同影响程度。

（3）关联定向广告对市场竞争作用的研究。

关联定向广告对不同的市场具有不同的作用。Zhang 和 Katona[16]的研究发现，关联定向广告精度的提高可能降低产品信息的市场差异化从而加剧市场竞争。Chen 和 Stallaert [50]研究了电商企业根据广告点击率向顾客发送关联定向广告的策略，并证实定向广告的使用并非总能给所有企业带来益处。研究结果表明，当竞争企业数量较少时，投放定向广告能给各个企业带来更多利润；而当竞争企业数量较多时，定向广告将降低处于领导地位企业的利润。

1.2.2 媒体平台对定向广告策略影响研究

企业运用定向广告向市场进行产品广告投放主要分为两种方式：一是企业自身掌握定向技术，根据消费者行为特征等直接向消费者投放产品广告；二是与不同类型的媒体平台（门户网站、大型电商平台等）合作，媒体平台作为第三方分别掌握企业的相关数据和消费者的行为特征数据，根据企业的需求为其投放定向广告，平台和企业间属于委托和代理关系。因此，媒体平台往往会根据企业对投放广告的需求类型，如点击率、曝光频次、广告时段等因素进行收费。这里，媒体平台往往在媒体市场中扮演“双边市场”的角色[51]：即企业和消费者各属于平台的一边，平台作为第三方一方面向企业收取广告费用，另一方面向消费者提供产品广告服务。可见，当媒体平台具备一定的定向技术时，企业和消费者都将受到相应的影响。

媒体平台对企业定向广告策略的影响主要包括以下几个方面：媒体平台定向能力变化对市场和消费者的影响；媒体平台的道德风险问题研究；媒体

平台在投放定向广告时的点击欺诈问题研究等。

（1）媒体平台定向能力变化对市场和消费者的影响问题研究。

Chandra[52]研究表明：当媒体平台具备定向能力时，其掌握的定向技术将对市场两方都将起正向促进作用。一方面，通过定向投放产品广告，消费者能获得更为感兴趣的广告信息；另一方面，企业也能有效地减少不必要的广告支出，并且将有效的广告投放至局部重点地区，形成局部区域垄断。而对媒体平台而言，由于消费者能获得的有效信息增加，因而其信誉度等会有所提升；同时也能从企业那里获得更多的佣金。Athey 和 Gan[53]等研究了定向技术变化对广告市场和媒体竞争的作用，并且发现通过定向能更有效地分配广告空间，从而导致能容纳的广告客户的数量增加。这与 Bergemann 和 Bonatti[54]发现的媒体市场通过使用定向广告引起消费者—产品匹配数量增加，从而增强广告的社会价值的结果类似。

定向广告对媒体市场竞争作用成为近年研究热点：Bergemann 和 Bonatti[55]发现定向媒介与传统媒介的竞争将降低传统媒介的利润。然而，定向广告同样增加了目标市场的广告投放概率，则企业在单位市场的广告聚集程度提高，即定向广告将可能分散广告主的投资，并且其发现广告的均衡价格先升后降。但当消费者接收的在线媒体广告增多时，即使广告价格增长，离线媒体的收益也会下降。Levin 和 Milgrom[56]讨论了定向广告对产品价值创造以及市场容量间的取舍问题，并且阐明了一些过度定向导致的电商平台收益下降的情况。Rutt[57]则证实定向广告的产生可能引起过多的媒体平台进入媒体市场，从而导致广告的供给过高，市场收益下降。Chandra[58]则通过实证研究了当传统媒体企业具备定向广告能力时对企业的影响问题。结果发现，当报纸平台通过提供网上阅读吸引特定的读者，并获得投放定向广告的相应能力时，许多特定用户更愿意进行在线浏览，因而通过在线渠道的定向广告则成为线下报纸广告的有效补充。

此外，围绕媒体平台对消费者的作用亦有相关研究：基于消费者角度，Athey[59]阐明了定向广告对媒体平台利益的潜在性损害，即媒体平台由“线下”转至“线上”有可能导致消费者的分流。基于双边市场角度，Pan[60]等研究了定向广告在双边市场的作用，并发现平台定向能力的提高将吸引更多的消费者。

（2）媒体平台的道德风险问题研究。

由于媒体平台代理多家企业的广告，企业间存在着激烈的市场竞争。因而作为平台，其可能存在一定的道德风险，如故意降低定向广告的精准程度或故意错投广告等情况。媒体平台主要存在两种潜在道德风险问题。

其一，Pan 和 Yang[60]指出，由于媒体平台通常以点击率和曝光频次等效果进行计费，当定向广告精准性过高时，无效点击率和曝光频次下降，则广告主为获得同样效果的广告所需的投资也会下降。因而，媒体平台有降低定向精准性的动机。Bruestle[61]和 Taylor[62]指出用户规模（网站的流量和报纸的订阅量）等是媒体平台赖以生存的基础，只有具备相当的规模才会吸引广告主进行投资。而定向广告的精准性将会降低用户进行搜索、点击观看其他广告的频率。即定向广告使消费者接触广告的容量下降，而容量本身将影响广告主的投资意图。

其二，Kox[63]发现定向广告有助于消费者以更低的价格进入网络平台。然而，如果消费者不喜欢网络平台收集个人信息，他们的福利将可能下降。通过研究平台间的定向广告竞争发现，“定向”加剧了市场竞争并且降低了广告平台的利润，但是广告平台仍然会选择最大的定向水平。因此，媒体平台缺乏追求足够高的精准度的动机。

（3）媒体平台在投放定向广告时的点击欺诈问题研究。

媒体平台在投放定向广告时可能遇到消费者的虚假点击，这对平台和企业利益都有影响。Wilbur 和 Zhu[64]等研究了点击欺诈对第三方网站的收益以及广告主向媒体市场投放广告预算的影响，并且发现在一定条件下，使用搜索引擎允许客户一定程度的点击欺诈。而当点击欺诈量较大时，Oentaryo 等[65]则考虑了如何通过数据挖掘技术来检测和甄别网络广告的点击欺诈以确保平台利益。

1.2.3 定向广告应用策略研究

定向广告应用策略研究主要关注企业如何有效利用定向广告参与市场竞争。因此，定向广告的投放与网站的信誉、产品价格、品牌以及消费者情绪等都有密切关系。具体包括：网站信誉和广告内容兼容性的关系问题；定向广告的广告位拍卖和产品定价问题；定向广告与产品品牌价值关系的研究；消费者负面情绪和消费者隐私保护对企业定向广告策略的影响问题等。

（1）网站信誉和广告内容兼容性的关系问题研究。

消费者在浏览不同类型的网站时将不可避免地面临正、负两方面的信息。Skowronski 和 Cariston[66]研究发现，相比正面信息，人们更加在意负面信息对个体作用效应所产生的效果权重。究其原因，Homer 和 Yoon[67]发现负面信息比正面信息更容易抓住大众心理。因此，与广告相关的负面信息将接受用户更加详细的审查。Shamdasani[68]等围绕网络广告位的相关问题进行了研究，通过实验方法，检测了两个主要的变量，即网站声誉和网站内容与横幅广告的关联度对广告效果的影响。Lo 和 Sedhain[69]通过案例分析的方法研究了网站等级对电商广告投放的影响。并指出网站等级程度对广告主和广告客户都至关重要。Park 和 Lee[70]针对电子口碑效应、网站声誉对产品类型（经验商品和搜寻品）的调节作用进行了研究，并发现电子口碑的负向作用对经验商品作用相比搜寻品更强。Li[71]进一步研究了网站信誉、个人隐私和广告投放的关系，发现网站信誉和中等程度的个人信息暴露将有利于企业的定向广告投放。

（2）定向广告的广告位拍卖和产品定价问题。

基于全拍卖模型，Zhao 等[72]研究了竞争企业将广告定向投放于相同消费者但是并未告诉消费者价值，结果发现，消费者个人信息的共享可能减缓市场竞争，另外，更好告知相关信息的企业可能会将信息向竞争者出售，但是永不会自愿共享。也有研究对在线广告拍卖和产品定价关系进行了研究。其中，Yenmez[73]研究了搜索引擎是否能通过改变其位置拍卖从而提高收益的问题，其通过一般的定价位置拍卖模型对该问题进行了阐述。Ye 和 Aydin[74]研究了零售商采用付费搜索营销和动态定价的情况，即当一个零售商对广告位的出价更高以吸引更多消费者时，其是否应降低产品价格以强化对需求的作用抑或是利用消费者更高的支付意愿而提高产品价格。结果发现价格取决于零售商对广告位出价的效率。

（3）定向广告与产品品牌价值关系问题的研究。

消费者对奢侈品牌的竞争性社会需求包含两种属性：一是需求的唯一性；二是购买的一致性。Zheng 等[75]研究了广告对具有社会影响力的奢侈品牌的战略性作用，并考虑两种社会属性将对产品定价和广告策略的影响以及广告水平不足时的企业广告分配策略。结果发现，定向广告能增强客户的购买意图并能实现长期的品牌塑造作用。品牌形象对消费者的购买行为将产生重要影响，故 Xu 等[76]进一步研究了各类网络定向广告对购买的转化作用，其模型为进一步研究定向广告作用和客户关系管理奠定理论基础。

（4）消费者负面情绪和消费者隐私保护对企业定向广告策略的影响问题。

一方面，定向广告能实现广告信息和产品的准确匹配，有效地减少用户的搜索成本，准确获得需要的信息；另一方面，由于企业投放定向广告的前提是获得准确的用户信息，而用户信息的准确程度则会影响到用户的隐私，企业在向用户投放定向广告时，则会或多或少地对用户隐私进行侵犯，而这种侵扰性则会引起用户负面情绪，引起用户进行广告屏蔽或采取其他措施[77]。因此，定向广告对消费者效用取决于两个因素[40]，一是企业对消费者行为信息的掌握程度；二是消费者对企业定向广告能力的认知程度。

Phelps 等[78]提出消费者和商家通过信息交换构成隐含的社会契约。消费者认为商家会适当利用和保护消费者信息，但对隐私关注很高的消费者而言，他们担心商家保护力度不够，这就加重了其与商家进行交易的感知风险问题。Danaher[79]研究了影响网络广告记忆程度和认知程度的各种因素。得出主要影响因素：浏览模式、页面曝光时间、网页版式因素，其中包括文本、页面、背景的复杂性以及横幅广告的风格。这些因素对消费者心理有重要作用。因此，Wu Suie [80]研究了如何评价网络广告的心理效果，认为消费者对广告的情感体验、广告产品的可识别性、相应的信任程度、态度和购买意愿等因素能作为评价指标进行有效评价。Smit 等[81]则进一步研究了消费者对定向广告的态度问题，并且发现，当消费者对定向广告的运营过程和商业应用有更深刻的了解时，则消费者对定向广告的接受程度也会显著性增加。Doorn 和 Hoekstra[82]研究了针对每个消费者的潜在需求投放广告与基于用户消费数据投放的取舍。研究发现，针对每个消费者投放定向广告是一把“双刃剑”，在消费者产生更高购买意愿的同时可能对消费者产生更强的侵扰性，这反过来会降低消费者的购买意愿。Goldfarb 和 Tucker[83-85]同样发现，企业向消费者强制性地投放定向广告并未能获得预期效果，因此，企业在向消费者定向投放产品广告时应当给予消费者相应的选择权，即避免因“强制性”措施使消费者对广告产生厌恶情绪而影响广告效果，从而降低“广告接受”至“产品购买”的转化效率。

消费者对定向广告带来的隐私问题态度不同，则企业投放广告的策略也有所不同。Tucker[43]建议企业应当让消费者参与到收集获取消费者信息的过程，例如，让消费者自主决定哪些信息可以被搜集，哪些信息可以用于商业用途等，通过消费者的自主决定降低消费者对其隐私泄露的担忧。Tucker[86]通过实证数据分析了社交网络、个性化广告以及隐私保护控制之间的关系。Brandon[87]和Cranor[88]指出，通过定向广告，消费者可以获得个性化的相关信息，但是定向广告又泄露了个人隐私，并且市场上存在着贩卖消费者个人信息的行为，这些都成为定向广告的潜在风险。因而，企业在运用定向广告进行市场营销时应当给予消费者相应的选择权限。

由于消费者对定向广告的态度取决于定向广告给其带来的产品信息匹配的益处和隐私泄露带来的潜在风险。因此，企业应当针对信息匹配等采取更有效的措施。如价格补偿机制。McDonald 和 Cranor[89]通过问卷调研发现，企业可以通过附带折扣券等优惠行为使消费者获得更多的益处，这种补偿机制可以抵消消费者对定向广告隐私的顾虑。

1.2.4 广告经济学研究现状

广告经济学的研究始于20世纪初，主要是从经济学视角审视企业的广告活动。具体涉及广告与产品需求、供给、市场结构、企业竞争、国民收入、经济周期等多个方面。不同视角下的广告类型有所区别，因而对企业的作用有所差异。从广告的内容和作用来看，一种研究视角强调广告的信息传递作用，另一种视角则强调广告对消费者效用和产品价值的改变作用。即广告主要分为信息型广告和劝说型广告。信息型广告主要是企业向消费者传递产品的存在性和属性特征信息，如质量、价格等[90]，其主要发挥产品介绍和品牌宣传的作用[91]。劝说型广告则强调产品区别于其他产品的特性，能影响消费者的行为偏好，并且企业在向用户投放广告的过程中给消费者带来相对的价值增值，其主要发挥说服消费者购买的作用[92]。

已有的和本书研究内容有关的广告经济学研究具体包括以下四个方面：

信息型广告在不同类型市场中的信息传递作用研究；消费者搜索行为对企业信息型广告投放的影响；劝说型广告对市场的作用机理研究；企业间的合作广告对渠道利润的影响。

（1）信息型广告在不同类型市场中的信息传递作用研究。

Butters[93]首先建立了信息传递模型，认为企业通过信息型广告向消费者传递产品信息并将其转为实际需求，广告水平的变化决定了消费者对产品需求的变化。Grossman 和 Shapiro[6]进一步研究了具有水平差异市场条件的广告促销的作用，并发现尽管消费者和产品的匹配提高，但每个企业都将面临需求弹性的增长；广告的市场决定水平导致了市场的差异化程度。Stahl[94]建立了同质型消费者市场的广告竞争模型，结果表明，消费者只有通过广告才能把潜在市场需求转化为实际的产品消费。Best 和 Petrakis[95]研究了消费者具有部分价格信息时的双寡头市场的广告价格，并发现企业可以通过信息型广告传递价格信息以吸引消费者进行产品购买。

信息型广告在信息传递过程中会引起产品价格、企业利润等的变化。相关研究包括：Soberman[96]在 Grossman 等[6]的模型基础上，分别研究了产品差异化较低和较高时的企业广告竞争的效果，发现更高水平的广告对获得完全信息的消费者相比部分信息获得者更重要，最终在均匀分布的空间市场中引起产品价格的升高或降低。Hamilton[97]则进一步研究了信息型广告对多个产品差异性市场的企业决策影响以及社会福利问题，这表明，同质市场的广告供给不足，而当差异度较小时广告的供给又过多。其并指出当广告竞争使产品价格高于社会福利最优水平时，企业倾向于过度投放广告，反之减少广告投放。Christou 和 Vettas [98]将 Grossman 等的广告模型推广到产品的价值不确定、客户需求不确定的情况，并进一步研究了广告竞争对企业利润、消费者利益及社会福利等的影响。

此外，信息型广告在信息传递过程中可能引起企业合谋或市场竞争等问题。Simbanegavi[99]基于 Grossman 的模型研究了企业进行广告合谋的动机，并且发现当广告成本较低时，广告合谋对社会福利的危害要高于价格合谋。Ghosh 和 Stock[100]使用信息型广告模型研究了数字视频记录仪（DVR）市场占有份额对广告主的竞争策略和利润的影响，并发现 DVR 的总效果依赖于广告效果和企业间市场竞争下降的取舍。Han 和 Chouinard[101]则研究了产品质量、广告强度和市场容量间的关系，并且发现市场竞争的加剧可能使企业投放信息型广告的强度有所下降。

（2）消费者搜索行为对企业信息型广告投放的影响。

Stivers 等[102]研究了不完全竞争市场环境下，信息型广告如何影响均衡价格、搜索成本以及社会福利，结果发现信息型广告降低了消费者搜索成本，即使市场价格提高时，消费者和生产者的福利也会提高。Celik[103]研究了差异产品双寡头市场下消费者搜索行为对信息型广告的影响，发现如果消费者不完全理性，当接收到广告和垄断价格后会忽略另一个企业的存在，此时，广告的市场供给可能过多或者过少。Janssen 和 Non[104]进一步建立了消费者参与搜索的企业广告竞争模型，并发现产品价格和广告强度并非单调关系。在一定程度上，广告量和消费者的信息搜索量呈“替代”关系，当消费者的搜索成本较低时，企业的利润可能提高。

（3）劝说型广告对市场的作用机理研究。

Bloch 和 Manceau[105]认为，在激烈的市场竞争环境下，劝说型广告对产品的市场需求和品牌定位尤为重要。一方面，劝说型广告能增加消费者对产品的有效需求，另一方面它能影响甚至改变消费者的品牌偏好。然而，关于这两种作用的相对重要性一直存在争议。Roberts 和 Samuelson[106]研究表明，劝说型广告主要影响市场需求水平而非市场份额的分布。相比之下，Kelton 和 Kelton[107]则认为劝说型广告主要促进产业内品牌的相互转换。Chen 等[108]则进一步将劝说型广告的作用分为三类：一是能提升消费者对广告产品价值的感知；二是实现可替代产品的市场差异化，提升顾客的品牌忠诚度；三是直接影响消费者购买此类产品所获得的效用。而 Lauga [109]则认为劝说型广告并非直接提升消费者对产品的价值感知，而是影响其对产品价值的信号判断。即消费者经过复杂的信息处理过程，最终对广告传递的产品价值形成预期以决定其购买行为。Shaffer 和 Zettelmeyer[110]则认为，一方面，劝说型广告可以提升消费者对产品的价值感知，另一方面它也能增加竞争品牌之间的差异性。

由于劝说型广告具有不同的作用，因此劝说型广告的市场投放量对企业至关重要。Wu[111]的研究表明，劝说型广告增加了产品的市场价值并且通过增加运输成本而降低了产品的替代性。然而，劝说型广告投放量并非越多越好。Banerjee 和 Bandyopadhyay[112]建立了双寡头差异产品的广告和价格竞争模型，并且发现消费者对广告的惰性将影响市场需求，即当广告量较少时，市场需求变化不明显；当广告量达到一定程度后，市场需求会迅速增加；而当广告量过多时，市场需求并未显著性提高。该研究揭示了消费者对广告的需求程度将直接影响企业的广告投放策略。Zhang 等[113]研究了信息型广告在分配渠道中的竞争效应，并证实信息型广告和劝说型广告在分配渠道效率的作用相反。随后，Zhang 等[114]通过两阶段双寡头模型研究了劝说型定向广告对企业已有客户的作用，结果发现其可能降低行业利润并损害社会福利。

（4）合作广告对渠道利润的影响问题研究。

企业间进行广告和价格博弈大多通过有限次数的博弈，那么针对长期的广告和价格博弈则往往涉及整个供应链中的制造商、零售商等的博弈。Holthausen 和 Assmus[115]研究了不确定细分市场的广告预算分配问题，并且说明分配决策与相对高的风险程度以及管理者的偏好有关。Celline [116]通过单寡头微分博弈研究了通知产品的古诺竞争以及为了提高消费者保留价格的广告活动，垄断联盟的广告效果将高于非合作博弈。Viscolani 和 Zaccour[117]通过微分博弈模型研究了双寡头企业在竞争对手消极干预下的广告策略。这表明，广告投放的时间选择对企业的销售是有很大影响。

由于合作广告涵盖了供应链中制造商、零售商的决策等，制造商进行广告策略和零售商选择广告以及定价策略情况对企业利润都有不同选择。He 等[118]通过微分博弈模型研究了 Stakelberg 策略下，基于动态随机供应链环境的企业合作广告与定价关系。随后，He 等[119]进一步考虑了制造商通过零售商出售产品与独立零售商进行市场竞争的情况，并发现在一定阈值时制造商需要补贴零售商广告。Liu 等[120]研究了两个制造商和一个零售商供应链环境下的广告成本共享的作用以及广告策略对供应链和消费者福利的影响。

1.2.5 定向定价和定向营销相关研究

除了广告经济学相关研究外，与本书密切相关的研究领域还包括定向定价、定向营销和个性化推荐等。定向定价也称行为依赖的价格歧视（behavior - based price discrimination，BBPD），该定价策略是针对不同消费者的特定购买行为，根据用户需求偏好特征等对用户进行市场细分，从而给予特定消费者的歧视性定价策略。而定向营销是锁定某一层次的消费群体，根据消费者的消费心理进一步挖掘消费者的购买欲望或潜力，其不只关注市场占有率，更多的是注重在定向定价、定向服务的基础上提升对每个客户的占有程度，使营销措施更有针对性。

这部分的研究集中于阐明针对不同消费者的歧视性定价策略问题。具体包括：针对不同市场类型的企业定向定价策略研究；信息准确度变化对企业定价的影响问题；市场风险对企业定向定价策略的影响；信息共享策略对企业定向定价和定向营销的影响。

（1）针对不同市场类型的企业定向定价策略研究。

Salop 和 Stiglitz[121]首先研究了单寡头市场下企业和消费者间的价格博弈，并建立了价格的空间离散模型。Narasimhan[122]在研究竞争性企业的促销策略时，根据消费者偏好建立的忠诚客户和无偏好客户分类模型以及针对不同客户的歧视性价格策略已成为研究企业定向定价策略和定向广告策略的基础模型。Shaffer 和 Zhang[123]研究了当企业能针对特定消费者给予定向优惠券时，这种定向优惠券对企业利润、价格以及优惠券面值的影响问题。Bester[124]研究了双寡头市场下定向优惠券促销的作用。研究发现，在均衡条件下，给予特定消费者定向优惠券增加了企业间的价格竞争而降低企业利润。

针对契约对客户的影响问题：Hart 和 Tirole[125]提出如何通过长期契约方式应对策略性消费者的需求。Villas - Boas[126]研究了企业如何针对已有客户和新客户进行歧视性定价策略，以及企业的策略行为。接着，Fudenberg[127]研究了企业如何通过给予竞争对手客户价格优势而窃取对手客户，在固定偏好下，短期契约可以导致客户窃取及无效的客户转换，而长期契约几乎不产生任何客户转换。Fudenberg 和 Villas - Boas[128]则讨论了定向定价策略在耐用品和非耐用品应用中的区别。

Shaffer 和 Zhang[129]发现定向促销策略分为攻击型和保守型策略，前者是给予对手客户以低价以窃取对手客户；相反，后者则是给予自身客户以低价避免客户窃取。定向促销能导致价格竞争加剧，同时也会影响市场份额。因此，不同的策略选择取决于企业定向促销所需边际成本。Dewan 等[130]则从产品定制角度研究了消费者行为偏好对产品定制的影响。Acquisti 和 Varian[131]则考虑了面对消费者对隐私保护下，企业如何基于消费者的购买历史进行价格歧视的问题。Liu 和 Serfes[132]则研究了竞争企业的客户信息共享对企业的定向定价策略的影响问题。

此外，针对个性化定价和质量差异化问题，Choudhary 等[133]则通过产品垂直差异化模型研究了个性化定价如何影响企业对产品质量的选择问题。Chen[134]研究了给新旧客户定向优惠的问题。随后，Chen 和 Zhang[21]则研究了基于策略性消费者的动态定向定价的问题。考虑了当消费者是策略性消费者时，基于消费者购买历史的动态定向定价是否依然对企业有利。Shin 和 Sudhir[135]则进一步研究了当前企业客户管理的困境问题，即是否应给予企业自身客户以奖励。其研究表明，在对称竞争环境下应当奖励企业自身客户，并且针对策略性消费者的价格歧视确实能增加企业利润。

（2）信息准确度变化对企业定价的影响问题。

Yan[136]则研究了电子商务平台下合作广告、价格策略以及企业表现的关系，并给出了最优的市场策略。Esteves 和 Vasconcelos[137]研究了当企业能实行行为依赖的价格歧视时，企业水平兼并与客户识别的相互作用。Esteves[138]研究了当企业能观察到消费者偏好信号并能实行价格时，市场信息准确度提高对市场竞争和社会福利的影响，结果发现价格和信号准确度呈“U”形关系。

（3）市场风险对企业定向定价策略的影响。

Zhang[139]研究了市场条件发生变化下如企业对自身客户、客户忠诚度、客户流失等更为了解时，行为依赖的个性化风险如何变化的问题。

（4）信息共享策略对企业定向定价和定向营销的影响。

Jentzsch 等[140]发现不同行业的竞争者可以进行客户信息共享，从而针对特定消费者实行歧视性定价策略，并通过二维 Hotelling 模型研究了企业进行信息共享的动机和对福利的作用。De Nijs[141]研究了信息提供和行为依赖的价格歧视的关系，并证实价格歧视提高企业利润而降低消费者剩余。Baye 和 Sapi[142]考虑了消费者柔性、数据质量与定向定价的相互关系问题。Esteves[143]研究了当企业拥有消费者信息并对消费者采取“维系策略”，从而避免自身客户转向竞争对手客户时采取行为依赖的价格歧视的作用。

总之，定向定价和定向营销策略的核心思想是将消费者信息进行准确的市场分类，通过筛选目标客户，最大限度地挖掘目标消费市场的潜在需求并提高企业利润。

1.2.6 研究现状评述

电子商务领域中关于定向广告的研究成为近年来的学术热点，许多学者从不同角度对定向广告对企业作用问题进行了阐述，并取得了一系列富有学术价值和现实意义的研究成果。然而，现有研究相对集中在通过数学建模或实证分析定向广告相比大众广告的优势和作用、定向广告对广告投放平台的影响等问题。从管理角度，要从理论上支持企业科学、合理、有效地运用定向广告，还有许多理论问题亟待解决。

（1）定向广告的类型选择问题。

随着定向技术的提高，企业运用定向广告已不是单一选择某种类型，而是将几种典型定向方式联合运用，如将行为定向、关联定向和区域定向等相结合以实现更精准的定向。因此，学术界对定向广告的定向方式和定向广告模式的凝练尚有不足，对各种定向方式和定向模式的特征分析有所欠缺。在实践中针对企业所处的行业和产品特征、广告目的等因素科学选择合适的定向模式等缺乏深入分析。

（2）企业投放定向广告的定向精准性的选择问题。

在具体运用定向广告的过程中，企业既要选择合理的定向广告模式，又需要选择合理的定向精准性。定向精准性的选择对企业利润和市场策略密切相关，现有研究对定向广告的作用持相反结论。研究表明完美定向广告可能导致企业均衡利润下降，甚至不如大众广告。而这很可能源于定向精准性对企业均衡利润的不同调节作用，提示企业需要对定向精准性进行优化。部分研究虽然涉及定向精准性，但极少将其作为内生变量，企业如何对定向精准性进行优化选择尚缺乏系统性研究。

（3）定向范围的选择及其对市场的影响问题。

企业在运用定向广告的过程中，需要将定向广告投放在合理的范围，即究竟是企业已有用户还是潜在用户，部分已有用户还是全部已有用户等。定向范围的优化选择与企业的定向成本、均衡利润等密切相关。现有研究虽然也考虑到投放广告时应当将广告投放在合理的范围，但很少将定向范围抽象为决策变量。企业投放定向广告时的定向范围优化选择以及定向范围变化对企业利润、市场竞争等的影响问题还缺乏系统性分析。

（4）定向广告投放的渠道选择及其影响问题。

学术界在研究定向广告在渠道中的作用时，大多只考虑单一渠道类型，而很少将其运用于复杂的渠道类型。面对复杂的市场环境，企业投放定向广告对渠道中的制造商和零售商利润影响情况有所不同，从而影响整个供应链的利润变化。因此，需要考虑混合渠道下投放定向广告带来的影响问题。

（5）定向广告的应用策略问题。

目前关于定向广告的研究大多从企业的角度阐述投放定向广告给企业利润带来的影响，而尚未充分考虑消费者的行为特征和自身属性对企业应用定向广告策略的影响。一方面，消费者的行为特征如广告屏蔽、个人信息隐藏等将会影响定向广告投放的有效性，从而影响企业利润；另一方面，消费者的自身价值属性也会影响企业的定向广告策略选择。目前的研究尚未从消费者角度出发研究定向广告如何指导企业实践。

1.3 本书研究结构及内容

1.3.1 本书研究基于的理论和方法

本书考虑到企业在运用定向广告策略时可能对竞争对手策略选择、市场环境等的影响，分别建立了单寡头、双寡头市场、双寡头两阶段市场模型，研究定向广告精准性对企业均衡利润的影响，阐明定向广告的本质属性。同时，研究企业如何针对消费者行为偏好和属性特征选择最优的定向广告策略以及定向广告在混合渠道中所起的作用等问题。主要运用以下理论和方法：

（1）博弈论（game theory）。博弈论研究决策主体的行为变化所引起的相互作用决策均衡问题[144]。根据参与人的行动顺序，博弈可分为静态博弈和动态博弈；根据参与人对其他参与人的特征、战略空间以及支付函数信息等可分为完全信息博弈和不完全信息博弈。最终得出四种不同类型的博弈：完全信息静态博弈、完全信息动态博弈、不完全信息静态博弈和不完全信息动态博弈等。针对每一种博弈，都存在相应的市场均衡。由于每个企业在制定价格和广告策略时，都必须考虑到竞争对手对自己行动的反应，因此，博弈理论成为电子商务领域分析定向广告内在机制和投放策略的标准工具。

（2）优化理论和方法（optimization theory）[145]。企业在投放定向广告时往往受制于特定的约束条件，如广告支出限额、广告强度限制、最低广告覆盖程度等，故企业需要寻求最优方案以达到企业利润最大化。这种方法的理论基础就是最优化理论，如利用 Lagrange 乘数法求解优化模型并获得优化结果。本书在研究混合渠道模式时，当广告费用、投放范围等存在约束变量情况下，求解渠道最优利润时将具体问题转化为可直接求解的优化问题。另外，在研究消费者属性时同时考虑约束条件并求解企业的最优利润。

（3）产业组织理论（industrial organization theory）[146]。产业组织理论主要研究市场在不完全竞争下的企业行为和市场构造，其研究对象就是产业组织，具体包括“产品空间”中的定价策略和广告策略；垄断者或市场竞争者对产品选择的偏爱等。在构建企业投放定向广告策略模型时，本书运用了 Hotelling 水平差异模型和有关广告竞争模型。

在研究定向广告机制和投放策略时，本书主要以产业组织理论为背景，利用博弈论方法，构建企业间价格和广告博弈并求解相应的均衡；针对某阶段的企业间博弈或者企业和消费者的博弈则关注静态博弈和纳什均衡。此外，在研究多阶段博弈时，需要利用动态博弈和子博弈完美理论；在研究不完全信息时，需要利用信号传递博弈和贝叶斯均衡。

1.3.2 研究内容

在电子商务平台下企业投放定向广告时不仅需要考虑定向广告的自身特性，如精准性、定向区域等因素，还需要考虑市场环境因素和消费者特征等因素，因此企业定向广告的投放策略选择是一项复杂的决策。需要在综合考虑市场因素和消费者特征因素的情况下完成定向广告类型的选择。在此基础上，对定向广告进行精准性优化、投放范围的优化。并针对投放渠道、消费者行为和属性特征等选择最优的定向广告策略。本书的结构如图 1－3 所示，各章的主要内容如下：

第 1 章首先基于背景分析提出了本书所要解决的主要问题，接着对国内外定向广告的相关文献进行梳理，对研究现状进行归纳和总结，并对本书的结构、研究内容和研究方法进行简要说明。

第 2 章界定本书研究相关的概念，阐述了本书研究开展的理论基础。首先阐明定向广告的内涵，简要阐述定向广告与大众广告的相互关系；其次介绍定向广告模式的组成要素、典型模式和特征等；再次分析定向广告的运用策略问题，包括运用场所、组成要素、运用方式等；最后提出企业定向广告投放机制和策略选择的研究框架。

第 3 章研究定向精度对企业均衡利润和社会福利的影响。首先，研究单寡头市场环境下，定向广告精准性对企业均衡价格、均衡利润的影响。通过引入准确度和识别度两个决策变量，发现两者对广告强度、消费者剩余和社会福利等起到双向调节作用。其次，考虑同质双寡头市场下，企业定向广告投放的定向精度优化的影响，并将定向精度作为内生变量，分析定向精度的优化投资对企业均衡利润的影响。最后，考虑异质双寡头市场条件下，定向精度变化对均衡价格和企业利润的影响，以及定向精度对投放大众广告的企业方均衡利润影响。

第 4 章研究企业投放定向广告的定向广域度变化对企业均衡利润和市场价格的影响。考虑定向广域度投资效应，分析企业投放定向广告的定向广域度与最优广告强度的关系。比较两个企业同时采取大众广告和定向广告策略进行市场营销时，定向广域度对两个企业价格决策和均衡利润等的影响。

第 5 章研究混合渠道模式下企业投放定向广告的具体作用。应用优化理论研究企业应当如何通过细分市场投放定向广告，从而有效地筛选出价格敏感性客户；如何通过调整广告强度实现混合渠道模式下零售渠道和电子渠道的协调并避免渠道冲突问题。

第 6 章首先分析策略性消费者的行为特征，利用两阶段双寡头竞争模型系统分析企业向策略性消费者投放动态定向广告的影响。研究针对策略性消费者投放定向广告时的广告和价格策略，以及消费者采取不同的行为策略（个人信息隐藏或广告屏蔽）时，企业的定向广告投放策略问题。其次，考虑企业应当如何针对消费者的广告屏蔽行为，投放定向广告以实现企业利润最大化问题。

第 7 章研究企业如何针对消费者自身属性选择有效的定向广告投放策略。

首先，研究企业应当如何将定向广告和歧视性定价策略联合运用，针对消费者的产品偏好属性分别在不同市场投放不同强度的定向广告以获取最大利益；其次，针对短视消费者和理性消费者，研究了企业应当如何根据价值将消费者细分，并根据两者的比例有效投放定向广告以获取最优利润。

第 8 章总结本书的主要研究成果和不足之处，并在此基础上进一步阐明定向广告的研究方向，为未来继续研究定向广告的机制和应用策略奠定理论基础。

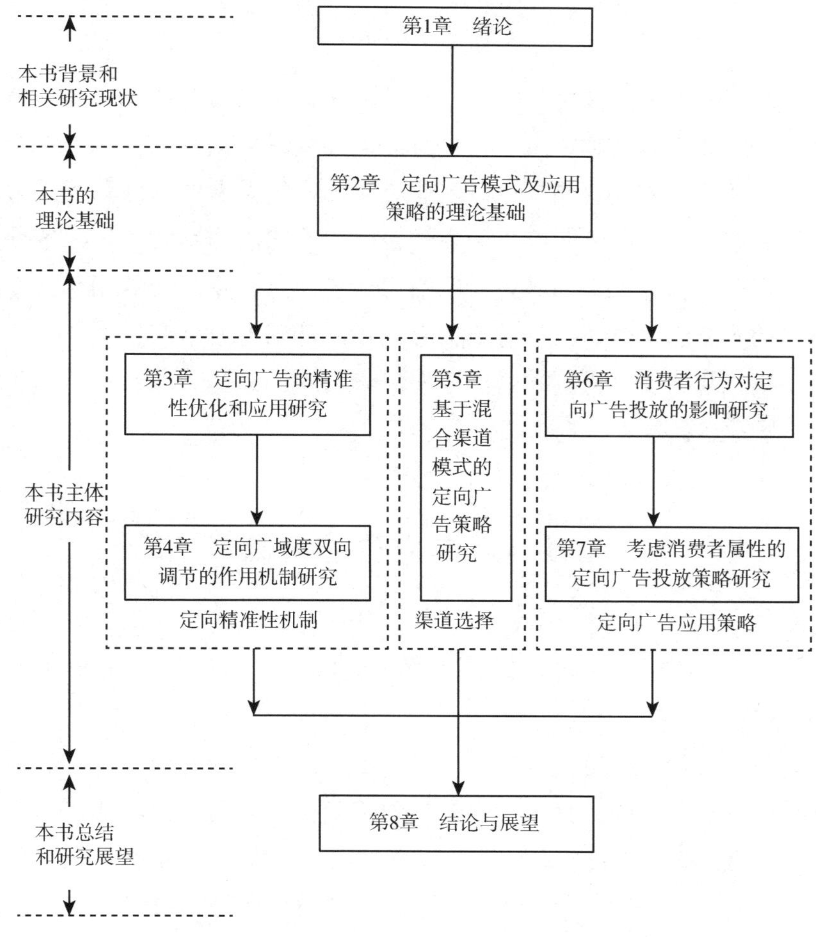

图 1-3 本书的结构示意图

第2章　定向广告投放策略研究的理论基础

企业对定向广告的应用是一项复杂的决策，不仅需要考虑市场环境、消费者的特征，而且需要对定向广告自身的特征变量做出决策。由于定向手段的多样性以及实现方式的差异性，企业对定向广告类型的选择和运用策略也存在差异。本章主要从定向广告的内涵出发，首先阐明网络广告的各种分类方式及与定向广告的区别和联系，阐明定向广告与大众广告的相互关系；其次介绍当前企业能获得的广告对象信息，在此基础上总结广告模式的组成要素、典型模式和特征分析，并提出定向广告模式的运用策略；最后构建企业定向广告投放机制和策略选择的研究框架。

2.1　定向广告的内涵

2.1.1　网络广告的定义和分类

广告是为了某种特定的目的，通过一定形式的媒介，公开而广泛地向公众传递信息的宣传手段。我国现存最早的工商业广告是北宋时代济南的刘记针铺广告。元明时期，雕版印刷业的发展带动了印刷广告的增加，到了清代，出现了包装广告。随着经济社会的发展，广告所依附的媒体不断发展变化，从20世纪初的报纸、杂志平面媒体发展到20世纪中叶的广播和电视传播媒体，再到20世纪90年代出现的互联网传播媒体。

1994年10月，美国*Wired*杂志网络版主页首次发布了AT&T公司等14家客户的横幅广告，这成为世界上最早的网络广告。广告载体的变化也引起目标受众的变化，市场细分进一步提高。因此，从媒介传播的角度，广告的发展是由传统广告逐步向网络广告发展；而从市场细分和用户筛选的角度，广告的发展从大众广告向定向广告发展。其中，虚线表示分类角度，实线表示广告的发展历程，如图 2 – 1 所示。

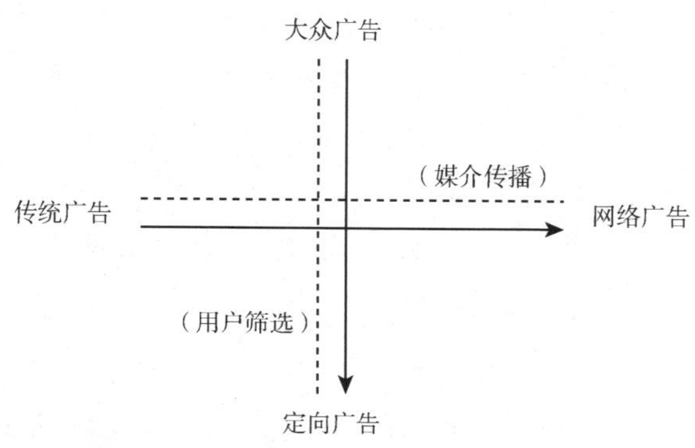

图 2 – 1　广告的发展历程

一般来说，传统广告（报纸、杂志、广播、电视等）较难区分或筛选用户，故大多为大众广告。Gal – Or 等[14]研究表明近年来某些付费电视频道通过个人数字视频记录技术也能在一定程度上对用户进行筛选并定向投放产品广告。网络广告是广告客户通过向网络平台提供商支付费用，通过互联网的信息传播效用向消费者传递产品的价格、位置等信息，诱发消费者的购买行为的广告类型。随着网络追踪技术（如 cookie 技术）的快速发展，企业可以利用网络广告配送技术针对不同类别的客户定向发送产品广告。

从不同的角度，网络广告的分类也有所差异。根据直观形式的区别，网络广告一般可以分为展示广告、关键词广告、电子邮件广告、社交网站广告、微博广告、专业网站（分类）广告、移动终端广告等；按照实现机理的区别，网络广告可以分为分类广告、展示广告和搜索广告[147]。

（1）分类广告。

网站直接呈现的广告形式，一般不提供其他媒体内容或算法搜索而直接将广告类型整理分类归纳在不同的子目录下方，由用户自己按照门类进行查找。其优点是信息种类齐全，用户在搜索过程中不容易遗漏信息。而缺点在于搜索分类广告需要花费大量时间。分类广告主要包括两种形式：一种是以行业门类划分的分类广告代表如 Craigslist、阿里巴巴黄页等[148]，在线的找工作站点和在线约会网址都属于这一类型；另一种是以地域来划分的分类广告，像各类的同城网站广告，如赶集网、58 同城等相关广告。

（2）展示广告。

网站将某些位置当做广告位出售，出现在这些位置的广告称为展示广告。一般包括横幅广告、媒介广告、视频广告和其他社交媒体网站如 Facebook 展示的广告。展示广告存在不同的定价机制：其一是通过广告平台制定特定竞价策略吸引不同类型的广告主购买广告位，其机制类似于特定的拍卖机制；其二依赖于广告主和广告发布平台的协商购买，类似于网络电视的定价机制。此外，广告发布商对广告位可采取固定的定价机制，如在线购买等方式。典型的定价模式为每千次成本（cost per mille/thousand，CPM）。Zhu 和 Wilbur[149]研究表明，许多企业在尝试混合拍卖模式，让广告主选择是否依赖于广告受众 CPM 或 CPC 支付广告费用。

（3）搜索广告。

广告主通过搜索引擎如 Google、Bing 等根据网络算法为这则广告所购买的关键词与用户搜索的关键词相匹配，称为搜索广告，其触发机制是用户搜索关键词。由于消费者的每次搜索都是基于一定的目的。因此，广告主可以将广告呈现于消费者需要寻求购买的时刻。Google 和 Bing 都是通过特定的拍卖机制进行广告位出售，特别是当某个消费者点击广告（cost per click，CPC）时，广告主需要支付相关费用。Ghose 和 Yang[151]通过实证研究分析了搜索广告的广告点击率、转化率和点击成本等因素，并研究了如何根据点击率等因素进行广告定向投放。随后，Yang 和 Ghose[152]进一步研究搜索引擎排序算法的存在与搜索广告点击率等的相互关系。Yao 和 Mela[153]则建立了搜索广告的动态结构模型，为研究搜索广告的定向策略以及对市场的影响奠定基础。

2.1.2 定向广告的发展与定义

（1）定向广告的发展。

展示广告的广泛应用为定向广告的发展奠定了实践基础。首先，广告主根据网站注册的用户信息进行用户分类筛选，并根据相应类别如年龄、性别、收入等投放与其密切关联的广告信息，即基于人口属性的定向广告。随后，搜索引擎的快速发展使企业能将消费者搜索行为与产品广告有效联系，即广告主能将产品广告和搜索目的相匹配。随着搜索引擎技术和信息匹配技术的进一步发展，关联定向广告也取得了相应的发展。

此外，为了更有效地向目标客户进行广告投放，广告主往往将展示广告放在与之内容相关联的分类广告中以针对目标客户定向投放产品广告，从而便于企业进行市场细分。例如，汽车用品类广告一般放在汽车分类广告中；婴儿奶粉一般放在婴儿用品网站中。图 2 – 2 展示了分类广告的定向过程：企业首先建立用户的会员数据库，并根据用户的登录信息区分用户类别——30 岁男性和 20 岁女性。并聚焦两类人群的不同兴趣，其中，30 岁男性更关注汽车类产品，而 20 岁女性更关注化妆品。利用广告数据库，企业可以向 30 岁男性定向投放有关汽车用品类广告，而向 20 岁女性定向投放有关的化妆品广告。

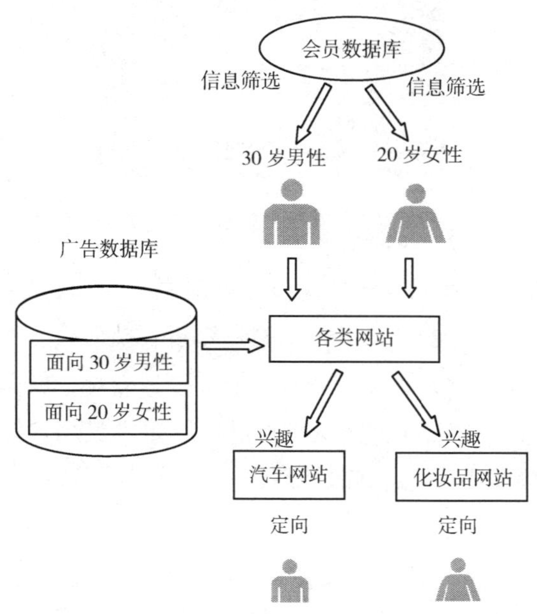

图 2 – 2　分类广告的定向过程

近年来随着移动互联网的快速发展，根据直观形式区分的微博、微信广告和社交网站广告也具备了良好的用户识别和筛选功能，因而也成为一类重要的定向广告。其中，微博、微信广告是模仿普通用户的晒单模式发布全网可见的微博或朋友圈可见的微信，内含图片和网店链接，其定向类型包括用户的性别、年龄、地域、用户信息甚至是操作系统，企业可以根据相关信息更加准确定向用户（见图 2-3）。

图 2-3　微信广告的定向方式

社交网站广告通过分析用户个人信息并对用户进行标签分类（通过分类粒度控制分类精度），再通过 RTB 模式对用户进行实时广告推送。移动终端广告（APP）主要的展示形式包括横幅条、插屏、积分墙、推送信息等，主要是通过移动客户端向目标用户定向推送的产品广告以满足用户娱乐、信息获取的需求，如就餐、团购、阅读等，或是带有一些私密性质的需求（见图 2-4）。

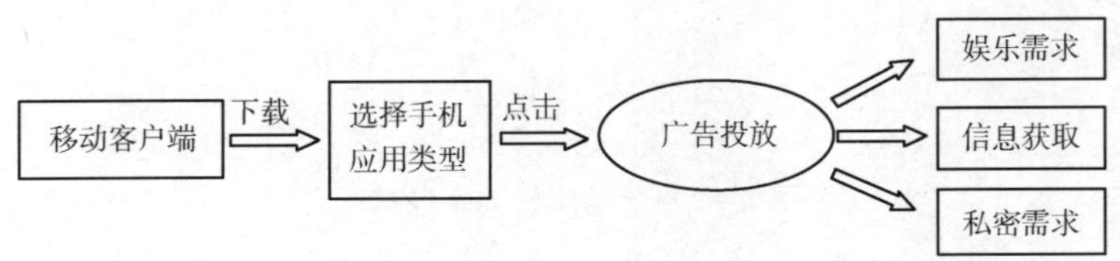

图 2-4　APP 广告平台的定向方式

（2）定向广告的定义及其内涵剖析。

网络媒体的一大优势在于信息传递的针对性，而定向广告的出现则进一步提升了这一优势，使“一对一”的信息传播真正得以实现。广告主针对不同的受众发送特定的或相对个性化的广告信息，从而大大提高网络广告发布的效率，使得广告能在合适的时间以较为恰当的方式准确传递至目标消费者群体，实现广告信息和目标受众之间及时和有效的信息匹配，这即定向广告。从此定义可知：①定向广告的投放首先需要根据消费者的行为或属性特征，选择定向广告的投放对象；②在确定了投放对象后，需要根据对象的特征设计有针对性的广告信息；③根据广告受众的特征设计相应的广告发送策略。

定向广告的内涵界定为企业根据用户的行为或属性特征有针对性地投放特定内容的广告。定向广告具有以下几个方面的特征：①客户信息的获取和有效利用与广告投放对象的相关性；②广告内容与目标消费者潜在需求的相关性；③广告投放时机与消费者需求的匹配性；④用户行为或属性特征与企业广告策略的匹配性。定向广告实际上是企业利用已获取的客户信息针对性地向特定用户传递营销信息的一种手段，是对用户注意力资源的合理利用，其目标是使广告最大限度地引起用户的关注，提升广告的效果，增加企业效益。在当前互联网市场规模迅速增长、客户需求多元化、市场高度细分的背景下，利用各种定向技术和算法，企业投放定向广告时努力将消费者的潜在市场需求作为信息传播的出发点，提高消费者在整个营销过程中的地位，将现代企业以消费者为中心的经营理念在营销过程中得以充分体现。

定向广告体现了“以人为本”的现代营销思想，标志着网络广告已经进入个性化定制时代。相比普通的网络广告，定向广告更加注重与用户的实际沟通，广告内容和投送方式更加人性化，其优点在于利用网络工具将目标受众进行准确市场细分以避免市场营销费用的浪费。故定向广告的应用能为网络客户提供精准合身的广告信息服务，降低了用户的信息搜索成本。通过定向广告，广告主可以根据用户对信息的不同诉求，设计具有更强互动性的营销方案，提升受众的参与度和接受度。当前的定向广告实际是网络广告发展的高级阶段，已经将广告信息、目标客户、网络媒体等有机融为一体。

随着电子商务的发展，企业可以通过电子商务平台向消费者投放定向广告，其实质是企业依托搜索引擎、庞大的网民行为数据库等，对网络用户行为进行个性化的深度分析，通过技术手段记录受众的兴趣并根据潜在用户购买意愿锁定目标受众，进行精准性传播的一类网络广告（见图2－5）。电子商务平台已经成为现代企业投放定向广告的重要媒介。为此，本书将基于电商平台的定向广告作为研究对象。但同时这里需要说明的是：一方面并非所有的网络广告都是定向广告；另一方面，也并非所有的定向广告均以电子商务平台作为传播媒介。

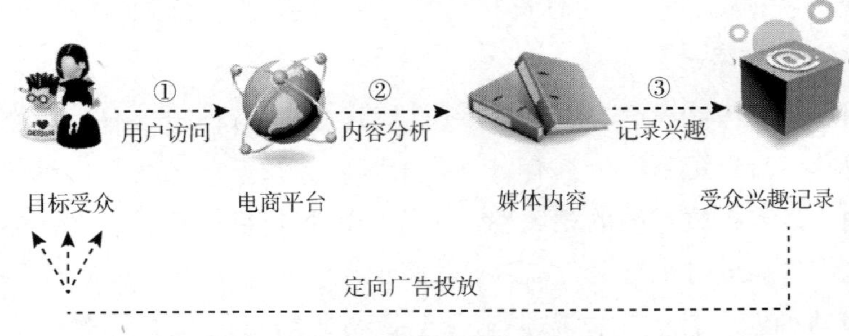

图2－5　基于电商平台的定向广告投放过程

2.1.3　定向广告和大众广告的关系

定向广告的发展对传统广告媒体如电视、报纸等产生了巨大的影响。一方面，定向广告以其精准的定向特征直接抢夺了一部分大众媒体用户，提高了媒介的交叉价格弹性；另一方面，传统媒介如报纸、杂志等也积极开拓网络平台以提高自身的传播效率。Zentner[153]通过实证研究表明，随着定向广告市场占有率的提高，许多企业对传统大众媒介的广告预算都做了不同程度的削减。这表明定向广告的发展一定程度上影响了大众广告的市场份额，即定向广告和大众广告存在部分替代性关系。Goldfarb 和 Tucker [154－155]虽然并未特别直接检验定向广告对大众广告的作用，但是通过实验研究表明，网络广告可以与大众媒介广告相互替代。针对某些特定商品，当难以投放大众广告时，企业可以通过向受众投放网络广告并制定更高的价格，相比大众广告更有效。

也有研究认为定向广告在一定程度上对大众广告发展起促进作用，两者互为补充。Naik 和 Peters[156]发现针对某汽车品牌，企业可以利用不同媒介将定向广告和大众广告联合以促进产品的品牌宣传和市场营销。另外，Joo 等[157]发现电视广告影响消费者的在线搜索行为，特别是，当消费者在电视中看到某一产品广告时，更可能利用网络搜索广告产品或品牌。其研究表明，广告主在制定定向广告和大众广告预算计划时应充分考虑媒体间的交叉效应。而 Chandra 和 Kaiser[62]的研究则表明，通过定向广告，网络渠道和传统渠道可以成为互补。广告主将媒介渠道视为可替代性还是补充性很大程度上依赖于用户的行为。当更多的消费者在不同媒介间存在多归属性（multi – homing）时，渠道补充作用大于竞争作用。

针对不同的产品类型，广告主可以选择不同类型的媒体平台并针对目标区域市场进行广告投放。随着基于精准营销的网络媒介的应用，大众媒介广告如电视、报纸广告市场增长速率虽然受到一定影响，但仍具有较大的市场份额。一方面，大众媒介具有市场覆盖面广、信息传播领域宽泛、广告受众数目相对固定的优点。特别是大众媒介的权威性较高，能帮助品牌短时间内提高产品知名度、塑造品牌形象。另一方面，传统大众媒介的市场区分度较低，难以对目标消费者群体进行精准识别从而准确进行广告投放。故企业的广告投放效果难以进行准确测量，许多广告投入难以获得预期成效。相反，定向广告能对目标消费者群体进行市场细分，一定程度上弥补了大众广告无法区分或难以区分广告受众的缺陷。

因此，企业需要根据消费者特性并结合市场战略对大众广告或定向广告策略作出抉择。一方面，通过大众媒介投放大众广告进行品牌广告宣传，迅速扩大广告的覆盖面，增加信息传播的公信力并提高企业品牌价值；另一方面，利用电商平台投放定向广告使广告的受众区分度更高，筛选出企业的目标客户群，针对潜在用户定向投放产品广告以提高广告的效率。然而，由于企业的广告预算金额有限，当部分资金用于投放定向广告时，必然使投放大众广告的资金数额下降，两者形成部分替代性关系。故企业在进行广告投放时应当充分考虑产业特性和产品特征，在满足广告受众的规模、市场覆盖率等前提条件下，对大众广告和定向广告的相关投入进行最优配置。

2.2 定向广告模式

2.2.1 定向广告分类维度

为了对定向广告进行多维度细分，首先引入国内著名的“品友”公司的定向广告投放案例进行简单分析。

案例：国内的“品友”公司通过用户网页浏览行为、社交网站活动行为、搜索行为、会员注册信息、参与不同广告互动行为、网购行为、线下数据营销公司数据、客户指定的特定浏览行为等将人群进行市场细分，添加属性标签。根据人群特性，利用“品友”Optimus系统实现定制人群投放。同时具备全过程分析能力，使广告传播到登录网站的全过程效果分析尽收眼底。根据目标人群实行精准投放，优化点击效果。例如，根据汽车之家的车型报价，将网站访客分为四类，并将相关车型介绍页面嵌入“品友”公司的锁定人群代码，进行人群的抓取、标识和分类。针对浏览广告页面的不同人群，在同一广告位分别投放不同价位车型的广告，如20万元以下车型目标人群投放帝豪广告；20万~30万元车型目标人群投放丰田RAV4广告；30万元以上车型目标人群投放辉腾广告；默认广告是别克。企业投放定向广告采用的是Double Click公司提供的动态广告报告与目标定位（dynamic advertising reporting targeting，DART）技术方案，即广告动态报告及目标定位管理系统。该系统的稳定性和精确管理性很高，可以处理所有目标定位、传送、汇报及记账等工作。

根据“品友”公司投放定向广告的具体案例可以看出，定向广告投放与定向的方式、采取的技术方案、产品类型、市场环境等密切相关。结合以往的研究，本书提出定向广告模式的概念并对相关影响因素等进行系统性分析以便更好地指导企业进行广告投放。

定向广告模式，是指企业根据自身发展目标，结合产品特性和广告目的，使用定向广告的方式、过程的集合。故定向广告模式与下列因素有关（见图2-6）：

（1）企业目标（当前、中期、长远目标）：包括当前企业利润最大化还是长远目标市场份额最大等；

（2）产品特性：包括有形产品的性能、外观等属性以及无形产品的价值感知等；

（3）广告目的：包括传递产品的价格、位置等属性信息或者塑造产品品牌形象并提升产品价值；

（4）外界环境：涉及外部市场竞争、行业监管以及政策法律等的影响。

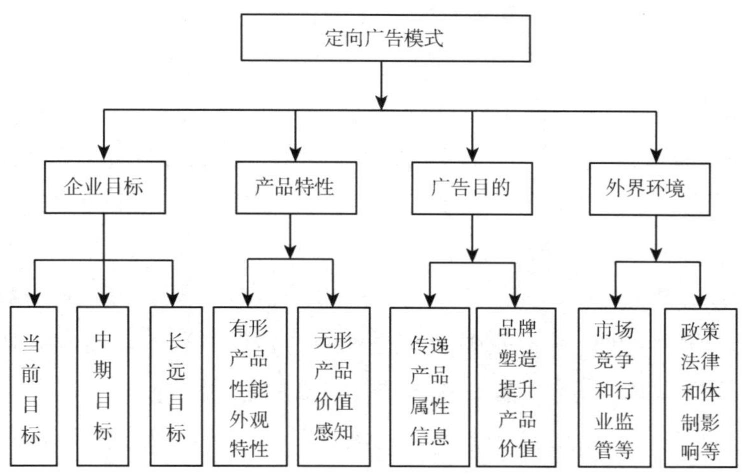

图2－6　定向广告模式的影响因素

当前针对现实中企业如何根据所处行业及其产品特性、广告目的和外界因素等选取合理有效的定向广告模式还缺乏系统研究。根据当前企业的定向广告实际案例可以看出，由于定向方式、广告实现方式等存在差异，企业在运用定向广告中可以根据实际需要选择不同的定向模式。

此外，企业在定向广告模式的选择过程中还需要考虑相应的定向方式，而定向方式往往涉及定向对象的识别、定向方法、定向媒介、定向内容、定向时间、定向地点等。当前定向广告的发展很快，但如何对定向方式进行分类，相关研究较少。而且相关的分类方式也有所不同。

其中，Ben Elhadj－Ben Brahim 等[15]将定向方式分为行为定向和关联定向。Plummer 等[158]则提出另外五种典型的定向方式。包括地域定向，即企业可以根据用户的 IP 地址的差异性或手机 GPS 定位来推荐与用户地理位置相关的广告；个人属性定向，即企业根据用户相关的注册信息如性别、职业、收入等依据广告对象特征投放相关类型的广告；时段定向，即企业根据广告对象的上下班、节假日，或者根据早晨、中午、晚上等不同时段进行发送定向广告；喜好定向，即企业可以针对广告对象在社交网站或某一符合消费者兴趣的网站投放针对消费者鲜明兴趣的广告；购物定向，即企业针对用户已购买的产品特征向其推荐互补品、替代品或由购物信息反映的顾客可能需要的其他产品。Lambrecht 和 Tucker[159]则研究了企业通过重定向方式投放产品广告，即根据用户已经访问浏览过相关产品，但尚未实现购买的用户继续追送定向广告，从而引起用户的再度关注，激发用户的购买欲望，实现用户从潜在消费者向实际购买者的转化。Dhar 和 Varshney[160]研究了地域定向方式面临的机遇与挑战。Luo 等[161]通过实证检验了地域和时段混合定向方式，发现企业向地理位置较近的用户发送的广告需要及时发送，而针对地理位置较远的用户则需要企业提前一段时期。

（1）从定向依据的信息来源看，既有根据用户当前浏览网页内容实时呈现与之密切相关的关联定向广告，也有通过分析用户网页浏览历史和采购等行为区分不同类型的用户分别投放广告的行为定向广告，还有根据用户所处的区域、用户喜好、用户特征信息等进行投放的定向广告。

（2）从定向广告的实现方式看，有展示广告、搜索广告、社交网站广告、专业网站广告（分类广告）等。

（3）从广告发送时机看，有定时发送的定向广告，也有根据广告对象当前的行为状态优化选择发送时机的定向广告。

（4）从广告内容看，既有向顾客传递商品的存在、价格、质量等信息的信息型定向广告，也有通过广告信息劝说影响消费者偏好、树立良好品牌形象、使同质产品差别化的劝说型定向广告。

（5）从广告载体看，既有借助手机、PDA 等移动终端随时随地发送广告的移动定向广告，又有依靠互联网等有线网络定向广告。

（6）从发布广告的平台看，既有企业自建的广告平台，也有企业委托第三方投放定向广告的广告平台。

目前，定向广告的模式还在快速发展之中，随着定向技术的不断发展，新模式不断出现。例如，近年新出现的针对用户经常进入的映射区（WiFi、无线信号覆盖区），AdNear 能对相应的机主身份及其消费需求进行分析，并通过 APP 软件定向推送广告。

本书根据定向广告的实施过程及其信息获取途径从多维度对定向广告的

组成要素进行系统分类：广告目的（信息型、劝说型）、定向依据（关联定向、行为定向、时段定向、位置定向、广告对象特征定向等）、广告实现方式（展示广告、搜索广告、社交网站广告、分类广告等）、广告发送载体（有线网络、无线网络）、广告平台（自建广告平台、利用第三方广告平台）、广告发送方式（推送、拉送）等（见表2-1）。

表2-1　定向广告组成要素的分类维度及其类别

定向广告要素分类维度	类　别
广告目的	信息型定向广告、劝说型定向广告
定向依据	关联定向、行为定向、时段定向、位置定向、广告对象特征定向等
实现方式	展示广告、搜索广告、社交网站广告、分类广告等
广告发送载体	有线网络、无线网络
广告平台	自建广告平台、第三方广告平台
发送方式	推送定向广告、拉送定向广告

2.2.2 基于定向依据维度的定向广告模式特点

根据国内外定向广告相关案例[3,15,158]，本书进一步从定向所依据的信息维度对定向广告模式分类进行研究并分别阐述这类模式的特点。这类模式的共性在于使用消费者的不同特征信息进行定向。因此，根据定向广告获取信息途径和特点的差异性，本书将这类以单一要素分类的定向广告模式定义为基本定向模式或称为"定向元模式"。具体包括行为定向元模式、关联定向元模式、位置定向元模式、时段定向元模式、属性定向元模式。这些定向元模式的信息获取途径及其特性如表2-2所述。

表2-2　定向广告元模式信息获取途径及其特性

定向广告元模式	获取途径	特性
行为定向元模式	用户当前浏览行为信息	实时性、孤立性
关联定向元模式	用户信息的关联分析	数据多、准确性高
位置定向元模式	用户网络位置、GPS定位	精确性高、覆盖程度广
时间定向元模式	用户上网时间分布函数	时序性、规律性
属性定向元模式	用户预留的网络个人信息	信息全面、准确性低

（1）行为定向元模式。

对于用户的当前信息，企业通过特定网络算法，实时追踪消费者当前浏览行为，通过对用户行为进行分析并推送商业广告，故当前的消费者行为信息具有实时性、孤立性，因而企业通过分析获得的部分实时行为信息难以精确反映消费者的真实行为偏好；由于行为定向和消费者的行为兴趣密切相关，这些兴趣包括体育、娱乐休闲等。这类行业的产品特征在于产品的属性相同，消费者对于此类产品的偏好具有一致性。因此，行为定向元模式使用的大致产业包括汽车、体育、音乐等行业。

（2）关联定向元模式。

对于用户的历史信息，企业可以根据用户的 cookie 等浏览痕迹进行数据获取，通过构建大型数据库并对相关数据进行数据挖掘和关联分析以获取详尽的历史行为信息。对于历史信息，其相关的数据量较大、用户的多次信息具有一定的统计学意义。因此，关联定向元模式的信息准确度、可信度较高。关联定向元模式用于消费者对自身产品需求不明确，市场竞争激烈，产品可选择余地较多的产品，如旅游、电脑、汽车等行业。

（3）位置定向元模式。

对于用户的位置信息，一方面，企业可以通过 cookie 等获取消费者的具体 IP 地址，根据 IP 地址将消费者进行准确位置定位；另一方面，根据移动信号归属或 GPS 定位来确定消费者的具体位置。通过 IP 获得的位置信息一般较为精准，但地域信息限制过窄可能造成产品广告推广受限。由于系统可以提供一级/二级地域设置，企业能将产品投放到省、自治区、直辖市，还能精确定位到地级市、区县等，但要覆盖到县一级时准确度较低。位置定向元模式适合于多类产品，由于位置的差异性，一般用于服装、食品等行业，适用于单位价格不高、品种繁多、消费者需求差异性较大的产品。

（4）时段定向元模式。

针对用户的上网时段信息，企业可以利用大数据了解客户上网的时间分布函数，用户不同时间段浏览产品的偏好分布情况。根据用户浏览时段和产品品类的时间分布函数，企业可以确定广告时段投放情况。显然，时段定向元模式信息具有时序性、规律性。如由于互联网具有 7×24 小时特性，在不同的时间段浏览网页的网络用户具备特征不同。在黄金时段，消费者浏览广告的概率较高，产品购买意愿比较强烈；而在非黄金时段，消费者浏览广告的频次和购买概率等都有所下降。

时段定向元模式则适合流行类产品如音乐产品、时尚类产品、季节性产品。其产品特征在于对时间跨度的区分非常明显，消费者对于产品的时间跨度观念有较大差异性。

（5）属性定向元模式。

广告对象特征信息则可以通过用户在网站预留的个人信息登记的方式获得，信息较为全面、系统，但是准确性有所欠缺，如有些用户故意不登记一些准确的信息如年龄、爱好等以保护个人隐私；属性定向元模式适用于产品功效一致、对象特征明确、消费者群体识别度较高的行业，包括儿童玩具、化妆品等行业。

企业运用定向广告，往往不是简单地采用已经提炼的典型定向方式（定向元模式），而是将几种典型的定向类型集成运用，如行为定向与用户属性定向相结合，行为定向、关联定向和区域定向相结合，如此等等。即主要运用混合定向方式，以实现对用户更精准的定向。但是，当前学术界从管理学角度关于混合定向方式的研究极少，企业如何组合典型的定向方式，形成适应企业特点和要求的混合定向方式，实现混合定向的优化设计和运用，缺少理论和方法的支持。因此，本书提出企业在运用定向广告模式时应当充分考虑到相关的影响因素，并根据行业特性对定向广告模式进行优化组合。

（1）属性定向和其他定向方式的组合。

由于激烈的市场竞争，企业投放广告的目的性差异、消费者的产品需求特性、企业投放定向广告的实现方式都成为影响企业定向广告模式组合运用的重要因素。因此，针对不同类型的消费者投放不同产品广告时所需的广告策略也有所不同。

不同行业下的不同企业在投放定向广告时应当对不同的定向广告组成要素进行组合运用，以避免单一类型的定向广告对企业广告策略的缺陷。如企业需要向当前浏览网页的 18 ~ 25 周岁的女性进行护肤品的产品广告投放时，则企业需要同时考虑广告对象个人特征属性（18 ~ 25 周岁、女性）以及关联人群属性即当前浏览护肤品的网页人群；另外，企业可以考虑关联人群和消费者个人行为特征的定向广告，如企业需要当前浏览网页的用户投放偏好

Adidas 产品的广告；同时考虑广告对象个人特征属性和用户行为特征的定向广告，如企业针对以往浏览某护肤品的 18～25 周岁女性投放相关广告；同时考虑关联人群和消费者不同位置特殊属性的定向广告，如针对南京市场当前浏览电脑网页的用户投放联想电脑广告。

（2）位置定向和其他定向方式的组合。

不同的地理位置所对应的消费者类型和消费者的行为偏好等都有所区别。因此，企业可以将位置定向和其他定向方式有机组合。例如，同时考虑消费者行为特征和地理位置属性的定向广告，如针对南京市场的高端用户投放联想高端品牌电脑广告。

（3）时段定向和其他定向的组合。

企业在不同时间段进行广告投放，对消费者的作用有所不同。同时考虑关联属性和不同时段特征属性的定向广告，如针对黄金时间段（8：00～10：00）投放消费者偏好的快速消费品的广告；同时考虑用户行为特征和不同时段特征属性的定向广告，如非黄金时间针对用户浏览的汽车网页等行为投放相关汽车品牌广告。

此外，企业还能将时段定向和两种以上定向方式进行组合运用，即同时考虑对象个人特征属性、关联人群属性、地理位置、时间段等。如企业需要向在黄金时间段（8：00～10：00）浏览网页的南京地区女性进行护肤品广告投放。

（4）其他混合定向组合。

根据企业的实际需要选择不同类型的混合定向模式，各类混合定向模式的运用应当充分考虑定向广告模式组合运用的影响因素，针对不同的影响因素，采用不同的广告策略。如企业需要向不同位置的不同行为偏好的消费者投放定向广告时就应当采取“行为定向＋位置定向”，如向不同位置的消费者投放偏好体育类产品广告。如果企业需要投放广告的数目比较大，个人特征具有差异化，产品具有地域差异性是可以选择“个人特征定向＋地域定向”方式，如利用腾讯公司的广告平台向不同地域的中年女性投放护肤品广告。如果企业需要投放的广告和消费者的行为密切相关又和消费者的兴趣密不可分，则适合选择“行为定向＋兴趣定向”的方式，如通过社交网站的摄影版块投放摄影器材等产品广告。此外，企业应当考虑行业特征和产品特性，并综合考虑企业投放定向广告的广告收益、成本等因素以选择最优的定向广告混合模式。

可见，企业在投放定向广告时，应当以多维定向为基础，即同时考虑时间维度、地理位置维度、属性维度等并结合多种广告形式（如 Banner、文字点击、富媒体广告），将不同定向广告模式进行有机组合，从而向不同类型消费者投放更有针对性的定向广告，使广告的性价比得到最大的提升。

2.2.3　定向广告模式选择

根据企业不同类型的定向广告组成要素存在的差异性进行细分，则定向广告模式有所差异。针对不同的广告模式，当企业投放广告的目的、方式等有所区别时，企业应当根据广告目标设计相应的广告内容。例如，如果企业的广告目标是向消费者传递产品信息、价格、属性等，则可以将广告内容设计为信息型定向广告，如快速消费品企业向消费者投放的定向广告多为信息型定向广告；如果企业为了提升产品的品牌价值，则可以将广告内容设定为劝说型定向广告，如汽车制造企业为了区分各品牌汽车的价值，当投放汽车品类产品广告时多选择劝说型定向广告；如果企业使用 Cookie 等技术对用户网络行为进行分析，则适用于投放行为定向广告；如果企业采用 DPI（Deep Packet Inspection）技术，即深度包检测技术检测用户相关联的数据流量变化，则适用于投放关联定向广告；如果企业希望直接通过网站向消费者展示产品特性，则适用于展示广告；如果企业希望向专业人士投放具有特定功能的产品广告时，则适用于分类广告。

另外，企业可以根据具体的市场环境选择定向广告载体，例如，基于移动网络的定向广告适用于用户地理位置发生变化的消费者群体，如通过移动方式向消费者投送奢侈品广告。企业还可以根据市场环境选择定向广告的运作方式，例如，当企业规模较大、具备获取消费者信息的能力时，则企业可以通过自建定向广告平台的方式进行广告推送；当企业处于发展阶段，不具备或难以具备获取消费者相关信息的能力，而通过媒体平台投放定向广告所需的成本较低时，则可以考虑通过媒体平台或广告服务商进行定向广告的投放。总之，由于定向广告模式分类取决于其不同的组成要素，故企业在应用单一的定向广告模式时需要充分考虑自身的广告目标以及广告方式。

2.3 企业定向广告投放机制和策略研究框架

一般来说，企业对定向广告的应用需要经过以下四个阶段：①定向广告的定向模式选择；②定向广告投放策略制定；③定向广告平台的选择；④定向广告应用后评价。由于定向广告是近几年刚发展起来的，每个阶段都有一系列需要研究和解决的问题。而企业运用定向广告的过程中，定向广告投放策略的制定是关键环节，投放策略直接影响着定向广告的效果。为此，该环节中相关问题的研究和解决也是目前国内外定向广告的重要研究领域。定向广告投放机制和策略的研究，需要对定向广告的发送时机、定向精度、定向广告投放的市场范围以及定向广告投放的渠道等进行分析和优化选择。而定向广告投放的定向精度、市场范围、投放渠道和发送时机等的选择不仅受企业所处的市场环境特征的影响，如垄断市场、竞争市场等，而且受到广告产品自身所处的行业特征的影响，如产品的同质性、异质性的影响。同时，还必须考虑定向广告受众的行为特征因素。为此，定向广告投放机制和策略问题的研究架构如图 2－7 所示。

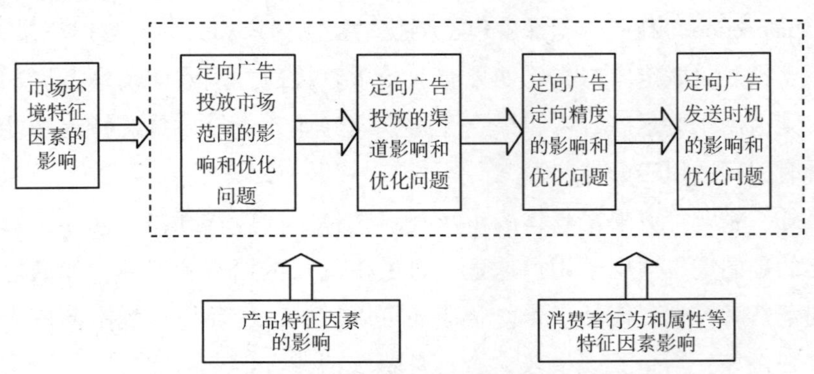

图 2－7 企业定向广告投放机制和策略研究框架

（1）定向广告投放市场范围的影响和优化问题。

在定向广告投放市场范围的影响和优化问题方面，需要研究的主要问题包括：

①综合考虑市场、定向成本、产品和消费者特征等因素，分别研究行为

定向、关联定向和混合定向等定向模式下，定向广告投放范围优化的模型和方法。

②分析行为定向、关联定向和混合定向等定向模式下，定向范围变化对定向广告成本、效益、企业间市场竞争以及社会福利等的影响。

（2）定向广告投放的渠道影响和优化问题。

在定向广告投放的渠道影响和优化问题方面，需要研究的主要问题包括：

①综合考虑市场、产品和消费者特征等因素，分别研究行为定向、关联定向和混合定向等定向模式下，单一渠道（传统零售渠道或电子渠道）下，企业投放定向广告对企业利润、企业间市场竞争以及渠道利润等的影响。

②综合考虑市场、产品和消费者特征等因素，分别研究行为定向、关联定向和混合定向等定向模式下，混合渠道（传统零售渠道＋电子渠道）下，企业投放定向广告对企业利润、企业间市场竞争以及渠道利润等的影响。

③分析不同渠道条件下，定向广告对渠道利润影响的差异，研究定向广告对渠道可能带来的潜在市场风险问题，并研究可能的规避风险的方法。

（3）定向广告定向精度的影响和优化问题。

在定向精度的影响和优化问题方面，需要研究的主要问题包括：

①综合考虑市场、定向成本、产品和消费者特征等因素，分别针对行为定向、关联定向和混合定向等定向模式下，研究信息型定向广告的定向精度优化模型和方法。

②综合考虑市场、定向成本、产品和消费者特征等因素，分别针对行为定向、关联定向和混合定向等定向模式下，研究劝说型定向广告的定向精度优化模型和方法。

③分析定向精度变化对定向广告成本、效益、企业间市场竞争以及社会福利等因素的影响。

（4）定向广告发送时机的影响和优化问题。

在定向广告发送时机的影响和优化问题方面，需要研究的主要问题包括：

①综合考虑市场、定向成本、产品和消费者特征等因素，分别针对行为定向、关联定向和混合定向等定向模式下，研究信息型定向广告的发送时机优化模型和方法。

②综合考虑市场、定向成本、产品和消费者特征等因素，分别针对行为

定向、关联定向和混合定向等定向模式下，研究劝说型定向广告的发送时机优化模型和方法。

③分析定向广告发送时机优化对定向广告成本、效益、企业间市场竞争以及社会福利等因素的影响。

2.4 本章小结

本章首先从市场细分角度和用户筛选角度阐述了网络广告和定向广告的发展历程，讨论了网络广告的分类；其次介绍了网络广告和定向广告的区别与联系，阐述了定向广告和大众广告的相互关系，明确了定向广告的内涵；再次对定向广告的模式组成要素、定向广告模式的影响因素以及典型模式和特征等进行了系统性分析，根据定向广告要素分类维度提出了定向广告元模式的概念，阐述了定向元模式的信息获取途径及其特性；最后从企业定向广告应用的决策过程出发，明确了企业定向广告投放策略的制定是关键环节，在此基础上，进一步细化了定向广告投放机制和策略研究的主要问题。

第 3 章　定向广告的精准性优化和应用研究

根据消费者的特征或属性投放定向广告是定向广告区别于大众广告的本质特征。定向准确程度及其对企业可能产生的影响是定向广告应用中必须考虑的问题。为此，本章研究定向广告精准性优化对企业、消费者和社会福利等的影响。首先，在明确研究问题的基础上，讨论了单寡头市场下企业投放定向广告的准确度和识别度对企业利润、社会福利的调节作用，随后研究了企业如何对准确度和识别度进行投资；其次，将模型扩展到竞争市场环境，研究同质消费者市场下企业投放定向广告的定向精度对企业均衡利润的作用以及定向精度优化策略问题。最后，进一步研究异质性消费者市场下企业对定向精度的优化选择问题。根据本章的研究结果，对不同市场环境下企业定向广告的精准性优化策略给出相关建议。

3.1　定向广告准确度和识别度的双向调节作用研究

3.1.1　问题提出

广告是企业进行市场营销的一项最重要的策略，而广告花费中最大一部分是媒体投放费用[162]。因此，如何有效选择广告媒体并针对目标客户投放广告成为企业的挑战。正如 John Wanamaker[163] 所言："我花费的广告中有一半被浪费，但问题是我不知道究竟是哪一半。"大众广告由于难以区分或筛选广告受众，故不可避免地产生广告浪费。为了减少广告浪费，企业只能降低在大众媒体投放的广告暴露频次，而广告频次的减少对于企业的产品宣传和市场竞争等都将产生不利影响。Stahl[94]研究表明：企业只有通过投放广告才能将潜在消费者转化为实际消费者。因此，有效的媒体广告策略逐渐成为企业在激烈的市场竞争中生存的重要前提。

由于IP追踪技术和Cookie分析水平的提高，企业能通过网络获取更多的消费者偏好信息，并向市场的潜在消费者群体投放定向广告[57]。由于通过电视和报纸等传统媒体广告费用越来越昂贵，而广告效果却并无显著性提高。因此，企业对定向广告的使用也越来越积极[10,14]。定向提高了消费者和广告信息的匹配程度[55]，信息匹配的提高很大程度上提高了企业投放广告的效果，降低了企业的广告成本。例如，世界著名的搜索引擎公司Google和社交网络平台Facebook均能通过技术手段和算法，根据消费者当前的网络浏览行为获知消费者行为、兴趣偏好等进而较为准确地投放产品广告。其中，Google的Interest targeting（兴趣定向）工具通过人们常用的网页类型进行分组，识别出对企业服务或产品有兴趣的人。然而，即便设计各类优化算法，也无法做到绝对精准。类似的，Facebook和Twitter平台在定向消费者群体时也只能将群体细分到一定小的群体数量而难以做到绝对精准。而如果要获得更高的准确程度，对于企业而言需要支付极为昂贵的费用，很可能给企业带来更大的经济负担。现有的关于定向广告精准性的应用实例提示我们：企业投放定向广告需要对定向精准性进行优化配置。

为了简化研究，现有关于定向广告的模型大多假设企业具备完备的定向能力。本节将刻画定向广告精准性的二元变量——“准确度”和“识别度”作为决策变量，通过准确度和识别度的变化更好地研究定向广告的精准属性，相关结论为企业进行定向广告的精准性优化投资奠定理论基础。因此，本节主要围绕定向广告研究如下问题：

（1）当企业有能力向不同消费者群体投放定向广告时，企业如何选择准确度和识别度以优化企业利润？

（2）相比大众广告，更高的定向精准性是否能使企业获得更高利润？

（3）定向广告的准确度和识别度对单寡头市场的主要作用是什么？

（4）当投放定向广告出现错配损失时，企业如何优化定向广告策略？

3.1.2 模型假设和变量描述

本节假设企业能通过报纸、杂志等大众媒体投放大众广告，也可以通过自建电商平台向目标消费者投放定向广告。企业投放广告的类型均为信息型广告，其目的在于刺激消费者的需求。在单寡头环境下，信息型广告被用于塑造消费者需求的产品品牌形象，并成为潜在进入企业的进入壁垒。为了对比分析定向广告相比大众广告的优缺点，本节分别建立了单寡头市场环境下大众广告和定向广告对企业利润影响的数学模型。

（1）模型假设。

• 假设企业对某产品的定价为 p，潜在市场需求可以表示为 $q = x(p)$。

• 假设消费者不进行主动搜索，而只通过接收企业的产品广告获得产品存在信息。

• 假设消费者一旦接收到产品广告后必然购买至多 1 单位产品。

• 假设企业随机投向消费者的广告概率相同且均为 ϕ，这一概率即广告强度。

• 假设 $A(\phi)$ 为企业以 ϕ 概率投放定向广告所需单位成本，广告边际成本与企业投放定向广告的概率呈现单调性，即 $A'(\phi) \geqslant 0$ 并且 $A''(\phi) \geqslant 0$[6,94]。

• 假设企业同时考虑价格决策和广告决策。

• 假设企业生产某一产品的边际成本为 c。

• 假设 $\prod_r$ 定义为企业投放大众广告的利润。

• 假设所有的消费者都是异质性消费者并且均匀分布于线性长度为 1 的市场。

• 假设所有消费者消费产品的总剩余为 v，单位距离的运输成本为 t。

• 假设 $\prod_t$ 定义为企业投放定向广告的利润。

• 假设企业投放定向广告时不能完全区分每个消费者。

• 假设企业投放广告时的单位成本常数即广告常数为 λ。

（2）企业投放大众广告的利润模型构建。

根据单寡头环境下企业投放大众广告的示意图（见图 3－1），构建企业投放大众广告并获得最优利润的模型：

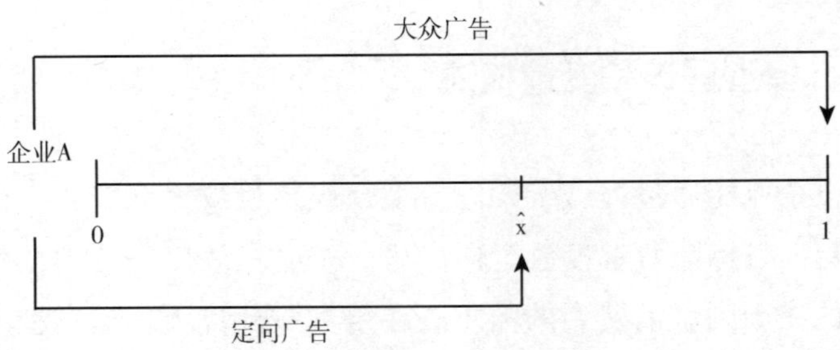

图 3-1　单寡头市场环境下企业投放定向广告或大众广告示意图

$$\text{Max}\prod_r = (p-c)x(p)\phi - A(\phi) \tag{3-1}$$

根据企业利润对价格 p 和广告强度 ϕ 的一阶导数，可知：

$$\frac{\partial\prod_r}{\partial p} = 0; \Rightarrow (p-c)x'(p) + x(p) = 0 \tag{3-2}$$

$$\frac{\partial\prod_r}{\partial\phi} = 0; \Rightarrow (p-c)x(p) - A'(\phi) = 0 \tag{3-3}$$

为了准确研究广告对消费者的作用，需进一步描述广告成本函数 $A(\phi)$。本节构建定向广告成本的二次函数形式，表示为广告常数 λ 和广告强度 ϕ 平方的乘积[95]。

$$A(\phi) = \frac{\lambda}{2}\phi^2 \tag{3-4}$$

最优产品价格定义为 p_r^*，大众广告最优广告强度定义为 ϕ^*。企业的定价策略如式（3-2）所示，在不完美信息下，价格的降低增加了完全的信息需求，然而，单寡头厂商需要通过额外的广告覆盖新的市场部分。

消费者的效用函数定义为 $U = v - p - tx$，其中，$x \in [0, 1]$ 表示消费者所处位置与寡头厂商的距离。实际上，由于总的需求标准化为 1，寡头厂商投放广告覆盖到距离厂商为 x 时实际产生的市场需求函数为 $x = x(p)$。

因此，消费者的潜在需求 $x(p)$，企业均衡价格 p_r^* 以及均衡广告强度 ϕ^* 分别表示为：

$$x(p)=\frac{v-p}{t},p_r^*=\frac{v+c}{2},\phi^*=\frac{(v-c)^2}{4\lambda t} \tag{3-5}$$

此处，用表达式 $s=v-c$ 表示运输成本的社会总剩余[7]，即：

$$\phi^*=\frac{s^2}{4\lambda t} \tag{3-6}$$

（3）企业投放定向广告的利润模型构建。

由于每个消费者接收到广告后只购买一个单位的产品。因此，$\hat{x}$ 表示为位于 x 位置的消费者接收到广告并购买产品的效用为 0 的消费者，即边际消费者。由于企业不具备完美定向能力，当企业识别目标消费者群体并投放广告时存在 α 比例的第 I 类误差，即 α 比例的消费者群体被误认为非目标消费者群体（弃真的错误）。故只有 $\hat{x}(1-\alpha)$ 部分消费者被准确识别，这部分消费者接收到广告后必然购买产品。同时，企业在投放定向广告时可能会把原本非目标客户当成目标客户而进行广告投放，即存在 β 比例的第 II 类误差，这意味着 $\beta(1-\hat{x})$ 部分的消费者被误认为是目标消费者（取伪的错误）。为了更准确刻画企业投放定向广告的精准性，本节引入二维变量——识别度（R）和准确度（T）来研究定向广告的属性，其中识别度（R）反映了企业投放定向广告时对客户群体的识别程度；准确度（T）反映了企业对每个客户的准确定向程度。两者关系如下：

$$R=1-\alpha \tag{3-7}$$

$$T=\frac{(1-\alpha)\hat{x}}{(1-\alpha)\hat{x}+\beta(1-\hat{x})} \tag{3-8}$$

在本书假设中，所有的消费者拥有相同的总剩余，并且单位运输成本为 t。因此，其效用函数可以表示为 $U=v-p-tx\geqslant 0$。这表明：只有当消费者效用 $U\geqslant 0$ 时才会购买产品。因此，寡头垄断的潜在销售价格与销量的关系可以表示为：

$$x(p)\leqslant\frac{v-p}{t} \tag{3-9}$$

为了区分大众广告，这里将 φ 定义为消费者群体接收到定向广告的比例。因此，企业在区间 $[0,\hat{x}]$ 投放定向广告并且出现第 I 类错误和第 II 类错误的利润模型表示为：

$$\mathrm{Max}\prod_{t} = (p-c)\hat{x}(1-\alpha)\varphi - \frac{\lambda}{2}\varphi^2[\hat{x}(1-\alpha)+\beta(1-\hat{x})] \quad (3-10)$$

将限制条件式（3－7）和式（3－8）代入目标函数（3－10），当企业向潜在用户投放定向广告的最大利润模型可以简化为：

$$\mathrm{Max}\prod_{t} = (p-c)\hat{x}R\varphi - \frac{\lambda}{2}\varphi^2\frac{\hat{x}R}{T} \quad (3-11)$$

根据企业利润对价格和广告强度分别求一阶导数，可知：

$$\frac{\partial\prod_{t}}{\partial p} = \frac{R\varphi}{t}[-2p+(v+c)p] + \frac{R\lambda\varphi^2}{2tT} = 0 \quad (3-12)$$

$$\frac{\partial\prod_{t}}{\partial\varphi} = \frac{v-p}{t}R\left[(p-c) - \frac{\lambda\varphi}{T}\right] = 0 \quad (3-13)$$

另外，收益对价格 p 和广告强度 φ 的二阶导数条件意味着企业的最大利润值存在。这表明均衡价格（p_t^*）和均衡广告强度（φ^*）分别为：

$$p_t^* = \frac{v+c}{2} + \frac{\lambda\varphi}{4T} \quad (3-14)$$

$$\varphi^* = \frac{(p-c)T}{\lambda} \quad (3-15)$$

因此，根据式（3－14），相比大众广告，企业投放定向广告时的均衡价格提高。而式（3－15）可知企业投放定向广告的均衡广告强度（φ^*）与准确度（T）成正比。

（4）企业投放定向广告的社会福利模型构建。

当企业投放定向广告的准确度（T）提高时，市场容量也可能改变。因此，相关的问题在于分析是否单寡头环境下企业投放定向广告总是对社会有利。在以往的研究中，Grossman 和 Shapiro[6] 证明当单寡头企业向消费者投放大众广告时总是出现市场供给不足的问题。本小节研究进一步拓展了企业投放定向广告对市场和社会总剩余（消费者剩余＋生产者剩余）的影响情况。

根据本节的利润模型分析可知，企业投放定向广告的总社会剩余可表示为：

$$W_t = (s - 2t\hat{x})\hat{x}R\varphi - \frac{\lambda}{2}\varphi^2\hat{x}\frac{R}{T} \tag{3-16}$$

考虑社会福利最优水平下总社会剩余对广告强度的一阶条件，可知：

$$\frac{\partial W_t}{\partial \varphi} = 0; \Rightarrow (s - 2t\hat{x})\hat{x}R - \lambda\varphi\,\hat{x}\frac{R}{T} = 0 \tag{3-17}$$

尽管定向广告促进了产品价格的提高，寡头垄断厂商有动机提供基于电商平台的定向广告。然而，精准的定向也可能对社会福利起着两方面的作用。首先，在更高的市场价格前提下，消费者对完全的信息需求下降，这必然降低社会福利。其次，定向广告由于能将广告定向投放于目标客户，有效地避免了广告的浪费，故在一定程度上又增加了社会福利。因此，社会福利的最优值取决于两者的相对作用。

3.1.3 准确度对企业均衡价格的调节作用

为了研究定向广告对社会福利产生的影响，根据式（3-5）和式（3-13）对企业分别使用大众广告和定向广告的产品均衡价格进行比较。研究表明：由于定向广告准确度的差异，不完美定向增加了产品的均衡价格。

$$P_t^* - P_r^* = \left(\frac{v+c}{2} + \frac{\lambda\varphi}{4T}\right) - \frac{v+c}{2} = \frac{\lambda\varphi}{4T} \tag{3-18}$$

因此，单寡头厂商有能力通过改变广告强度和准确度以增加产品的均衡价格。根据上述结果，我们可以得出结论：基于电商平台的定向广告对单寡头企业有利。相关的问题在于分析定向强度对消费者和社会的不同作用。本节接下来将阐述准确度和识别度对广告强度、消费者需求、消费者剩余以及社会福利的调节作用。

定理3-1：相比大众广告，定向广告的准确度对企业的均衡价格起负向调节作用。而对广告强度起双向调节作用。如果 $T \leqslant (v-p)/t$，企业的广告投放量增加，而如果 $T > (v-p)/t$，企业的广告投放量有所下降。

证明： （反证法）$T > \frac{v-p}{t}$ 并且 $\phi^* < \varphi^*$。这意味着 $\frac{(p-c)T}{\lambda} > \frac{(p-c)(v-p)}{\lambda t}$。这表明 $\phi^* > \varphi^*$，这与之前的假设相反。 证毕。

由于广告的定向投放使企业针对潜在消费者投放的每个广告更有效，从而可能导致广告强度降低。定向错误不仅提高了企业的总的成本损失而且增加了消费者负担。最终，定向广告的效果可能低于大众广告。

3.1.4 识别度和准确度对消费者需求和社会福利的双向作用

进一步分析定向广告影响消费者的不同方式。当定向准确度和识别度过高时，产品价格可能提高到很高水平，一定程度上降低了消费者购买产品的数量。由于定向广告的目的是获得潜在消费者并且通过准确度和识别度来减少广告浪费，故这两个定向决策变量对消费者的需求需进一步研究。这里比较了消费者接收到大众广告和电商平台依赖的定向广告后的消费者数量。当垄断厂商采取大众广告时，消费者的需求可以表述为：$x_r\phi = s^3/8\lambda t^2$。此外，当消费者接收到定向广告时，其总的市场需求可以表示为：

$$x_t\varphi R = \frac{s}{2t} - \frac{R\,(p-c)^2 T}{4t\lambda} \tag{3-19}$$

因此，在比较不同广告策略下消费者需求后，可得定理3－2。

定理3－2： 企业投放定向广告的准确度和识别度对消费者需求均起双向调节作用。其中，当 $RT > (4\lambda^2 ts - \lambda s^3)/2t\lambda\,(p-c)^2$ 时，消费者接收到企业投放的定向广告并进行产品购买时，消费者的产品需求相比大众广告有所下降。相反，当 $RT < (4\lambda^2 ts - \lambda s^3)/2t\lambda\,(p-c)^2$ 时，消费者接收到定向广告并进行购买时，消费者的产品需求则高于大众广告。

根据以上分析，单寡头垄断企业只有以特定的定向准确度和识别度进行广告投放才能获益，相反，消费者利益则可能受到负面影响。因此，需要进一步研究是否定向准确度和识别度对消费者剩余有类似作用。

比较消费者分别接收到单寡头垄断厂商的大众广告和定向广告对消费者剩余的作用。显然，消费者剩余（CS）描述为如下表达式：$CS = (P_{max} - P^*)$

Q/2。因此得定理3-3。

定理3-3：企业投放定向广告的准确度和识别度与消费者剩余相关，当$RT>\frac{s(8\lambda ts-4\lambda tp-4ac-s^2)}{t(p-c)(2s-p+c)}$时，投放定向广告引起的消费者剩余高于大众广告。然而，当$RT\leqslant\frac{s(8\lambda ts-4\lambda tp-4\lambda c-s^2)}{t(p-c)(2s-p+c)}$时，相比大众广告，企业投放定向广告时消费者剩余更低。

证明：$CS_r=\frac{1}{2}\left(v-\frac{v+c}{2}\right)\frac{s^3}{8\lambda t^2}=\frac{s^3}{32\lambda t^2}$；$CS_t=\frac{1}{2}\left(v-\frac{v+c}{2}-\frac{p-c}{4}\right)\left[\frac{s}{2t}-\frac{R(p-c)T}{4\lambda t}\right]$。

比较大众广告下的消费者剩余（CS_r）和定向广告下的消费者剩余（CS_t）。如果$CS_t\geqslant CS_r$，则$\frac{s^3}{32\lambda t^2}-\frac{1}{2}\left(v-\frac{v+c}{2}-\frac{p-c}{4}\right)\left[\frac{s}{2t}-\frac{R(p-c)T}{4\lambda t}\right]\leqslant0$，否则如果$CS_t<CS_r$，则有下式$\frac{s^3}{32\lambda t^2}-\frac{1}{2}\left(v-\frac{v+c}{2}-\frac{p-c}{4}\right)\left[\frac{s}{2t}-\frac{R(p-c)T}{4\lambda t}\right]>0$。则可得定理3-3。　　证毕。

根据定理3-3可知：消费者剩余很大程度上依赖于电商平台的定向广告的准确度和识别度，其对消费者剩余起双向调节作用。相比大众广告，过高的准确度和识别度可能降低消费者的剩余。

从社会福利最优化立场而言，是否投放不同广告强度的定向广告对企业总是合适的？针对这一问题，定理3-4阐述了相关的结果。

定理3-4：从社会福利最优化角度，定向广告并非总令社会满意，这依赖于企业投放定向广告的准确度和识别度。当$RT>s^4/(v-p)(p-c)(s-2v+2p-1/2)$时，则企业投放定向广告的社会福利相比大众广告更高。相反，如果$RT<s^4/(v-p)(p-c)(s-2v+2p-1/2)$，则企业投放定向广告的社会福利相比大众广告更低。

证明：(1) 比较大众广告和基于电商平台的定向广告的社会福利水平：$W_r=\frac{s^4}{16\lambda t^2}$并且$W_t=\left(s-2v+2p-\frac{1}{2}\right)\frac{(v-p)(p-c)TR}{\lambda t}$。

(2) 当$RT>s^4/(v-p)(p-c)(s-2v+2p-1/2)$时，必然存在$W_t>W_r$。

(3) 当$RT<s^4/(v-p)(p-c)(s-2v+2p-1/2)$时，必然存在$W_t<W_r$。

这意味企业投放定向广告时过高的准确度和识别度可能降低社会福利。证毕。

根据以上定理，对社会而言，定向广告的准确度和识别度并不是越高越好。因为：一方面，当企业提高定向广告的准确度和识别度后，定向所需成本提高，企业必然提高产品的市场价格，而市场价格的提高一定程度上损害了消费者的利益；另一方面，当准确度和识别度并不是很高时，精准的广告定向有助于实现广告和消费者的有效匹配，因而对消费者是有益的。此时，企业投放定向广告的广告成本支出减少，市场利润提高。

研究结果表明：当准确度和识别度不是很高的情况下，单寡头厂商使用定向广告能适当提高产品价格，并且消费者剩余和社会福利都得到提高。相反，当单寡头厂商的准确度和识别度过高时，价格的提高将会降低消费者剩余，社会福利下降。因此，单寡头企业应该将其目标市场的定向准确度和识别度设定在特定范围从而获得最优利润。

3.1.5 存在错配损失的不完美定向优化

在前述模型中，并未考虑当企业投放定向广告时由于错误投向非目标客户而造成企业的名誉、品牌价值等的损失情况。实际上，由于企业在向目标消费者投放定向广告时存在概率为 β 的第Ⅱ类错误。这部分投放定向广告发生错误的消费者即使接收到广告也不会购买产品，这部分广告被浪费，我们称其为企业的错配损失。在接下来的拓展模型中，本书假设单位错配消费者的错配损失系数为 c_1。因此，当企业向 $(1-\hat{x})$ 的消费者以 β 概率投放定向广告的错配损失可以表示为 $c_1\beta(1-\hat{x})$。企业的利润模型表示：

$$\text{Max}\prod_t = (p-c)\hat{x}(1-\alpha)\varphi - \frac{\lambda}{2}\varphi^2[\hat{x}(1-\alpha)+\beta(1-\hat{x})] - c_1\beta(1-\hat{x}) \tag{3-20}$$

将限制条件式（3－7）和式（3－8）代入目标函数（3－20），则企业投放不完美定向广告的最大利润可以表示为：

$$\text{Max}\prod_t = (p-c)\hat{x}R\varphi - \frac{\lambda}{2}\varphi^2\frac{\hat{x}R}{T} - c_1\frac{(1-T)\hat{x}R}{T} \tag{3-21}$$

根据利润对价格 p 和广告概率 φ 求一阶导数可知：

$$\frac{\partial \prod_t}{\partial p}=0 \Rightarrow \frac{R\varphi[-2p+(v+c)]}{t}+\frac{\lambda}{2}\varphi^2\frac{R}{tT}+c_1\frac{(1-T)R}{tT}=0 \tag{3-22}$$

这意味着：

$$p^*=\frac{v+c}{2}+\frac{\lambda\varphi}{4T}+\frac{c_1(1-T)}{2\varphi T}\geqslant\frac{v+c}{2}+\frac{1}{T}\sqrt{\frac{c_1\lambda(1-T)}{2}} \tag{3-23}$$

等式满足条件当$\frac{\lambda\varphi}{4T}=\frac{c_1(1-T)}{2\varphi T}\Rightarrow\varphi=\sqrt{\frac{2c_1(1-T)}{\lambda}}$

$$\frac{\partial \prod_t}{\partial \varphi}=0 \Rightarrow (p-c)\hat{x}R-\lambda\varphi\frac{\hat{x}R}{T}=0$$

这意味着：

$$\varphi^*=\frac{(p-c)T}{\lambda} \tag{3-24}$$

因此可知：企业投放定向广告的均衡广告强度并不改变，并且与错配损失无关。

定理3-5：企业投放定向广告的均衡广告强度与准确度有关，但是与错配损失无关。最优的价格随着错配损失的提高而增加，并且随着准确度的提高而降低。企业最低均衡价格为$\frac{v+c}{2}+\frac{1}{T}\sqrt{\frac{c_1\lambda(1-T)}{2}}$，并且最低均衡广告强度为$\sqrt{\frac{2c_1(1-T)}{\lambda}}$。

根据上述模型，当企业投放定向广告时，准确度和识别度变化直接影响企业的均衡广告强度、利润和社会福利。如果对定向广告的准确度和识别度选择不当，则企业投放定向广告的效果可能低于大众广告。因此，企业必须对定向广告的准确度和识别度进行合适的投资。假设企业获取准确度和识别度的成本是二次函数 f(R，T)。其中，k_1，k_2 是投资系数。则企业获取准确度（T）和识别度（R）所需成本函数可以表示为：

$$f(R,T)=k_1R^2\hat{x}+k_2T^2[\hat{x}(1-\alpha)+\beta(1-\hat{x})] \tag{3-25}$$

表达式能简化为：

$$f(R,T)=k_1R^2\hat{x}+k_2TR\hat{x} \tag{3-26}$$

因此，当单寡头企业通过投资获取准确度和识别度时，其利润函数表示为：

$$\text{Max}\prod_t=(p-c)\hat{x}R\varphi-\frac{\lambda}{2}\varphi^2\frac{\hat{x}R}{T}-c_1\frac{(1-T)\hat{x}R}{T}-k_1R^2\hat{x}-k_2TR\hat{x} \tag{3-27}$$

根据一阶条件，可知：

$$\frac{\partial\prod_t}{\partial p}=0\Rightarrow\frac{R\varphi[-2p+(v+c)]}{t}+\frac{\lambda}{2}\varphi^2\frac{R}{T}+c_1\frac{(1-T)R}{T}+k_1R^2+k_2TR=0$$

$$\text{故 } p^*=\frac{v+c}{2}+\frac{\lambda\varphi}{4T}+\frac{c_1(1-T)}{2\varphi T}+\frac{k_1R+k_2T}{2\varphi}\geqslant\frac{v+c}{2}+\frac{1}{T}\sqrt{\frac{\lambda[c_1(1-T)+k_1RT+k_2T^2]}{2}}$$

$$=\frac{v+c}{2}+\sqrt{\frac{\lambda c_1}{2T^2}+\frac{k_1R-\lambda c_1}{2T}+\frac{k_2}{2T}} \tag{3-28}$$

等式仅当下式满足时才成立：

$$\frac{\lambda\varphi}{4T}=\frac{c_1(1-T)}{2\varphi T}+\frac{k_1RT+k_2T^2}{2\varphi T}\Rightarrow\varphi=\sqrt{\frac{2[c_1(1-T)+k_1RT+k_2T^2]}{\lambda}} \tag{3-29}$$

根据式（3-29），可知最优价格与识别度呈正相关关系而与准确度呈负相关关系。

$$\frac{\partial\prod_t}{\partial\varphi}=0\Rightarrow(p-c)\hat{x}R-\lambda\varphi\frac{\hat{x}R}{T}=0 \tag{3-30}$$

这意味着：$\varphi^*=\frac{(p-c)T}{\lambda}$。根据式（3-30），当企业对定性准确度和识别度投资时，均衡广告强度（φ^*）并未改变并且与投资成本无关。

研究结果表明：当企业通过投资提高定向广告的定向精准性时，虽然定向准确度和识别度都有所提高，但对市场价格和消费者需求产生相反作用。

更高的识别度增加了均衡价格和消费者需求。然而，更高的准确度则降低均衡价格和消费者需求。最终的市场效应取决于识别度和准确度对企业均衡价格的相对作用。

定理3-6：企业投放定向广告的广告强度与准确度相关，但是与错配损失无关。最优的产品价格随着定向投资成本的增长而提高，并且随准确度的提高而降低。企业最优价格表示为$\frac{v+c}{2}+\frac{1}{T}\sqrt{\frac{\lambda[c_1(1-T)+k_1RT+k_2T^2]}{2}}$，并且最优广告水平表示为$\sqrt{\frac{2[c_1(1-T)+k_1RT+k_2T^2]}{\lambda}}$。企业投放定向广告的识别度对广告强度正向调节作用。然而，定向广告的准确度对广告强度则起负向调节作用。最终的市场效应取决于企业投放定向广告的准确度和识别度对广告强度的相对调节作用。

根据以上模型，显然，当企业投放定向广告时，准确度和识别度的变化对企业的均衡价格起不同的调节作用。识别度对广告水平起正向调节作用，这意味着提高定向广告识别度的同时可能产生更高的广告水平。然而，准确度对广告水平起负向调节作用，更高的准确度可能导致更低的广告水平。这一结果揭示了当企业决定通过投资提高定向精准性时，企业应当沿不同方向对广告的准确度和识别度分别采取不同的投资策略。

3.2　基于同质消费者市场的定向精度调节作用研究

3.2.1　问题提出

3.1节研究了单寡头垄断市场环境下企业投放定向广告的精准性问题。然而，在实践中，一种商品的生产和销售往往有多个企业进行市场竞争。因此，需要进一步考虑双寡头市场竞争环境下企业投放定向广告对企业利润和市场竞争等的影响。当存在市场竞争时，企业需要对市场细分并向目标客户投放定向广告，这成为企业广告决策的重要依据。市场细分的理论基础是消费者需求的差异性。同质市场消费者或用户对某一产品的需求相同或相似，对企业的营销策略反应相同或相似，这种产品的市场成为同质市场。例如，所有消费者对普通食盐的消费需求、消费习惯和购买行为等大体相同，普通食盐的市场就是同质市场。面对激烈的同质市场竞争，企业需要向消费者投放广告以传递产品价格、地理位置等信息并通过广告塑造品牌差异；消费者接收到广告信息后根据其偏好决定是否购买企业的产品[164]。因此，需要考虑同质市场下，企业投放定向广告对市场竞争和企业利润等的影响。

本节研究中考虑 Varian[165]的市场模型，双寡头市场中有三类客户。每个竞争企业都拥有一部分忠诚客户，这部分客户同质，他们只购买其忠实品牌产品。还有一类无偏好顾客，他们没有品牌偏好，可以自由选择两种品牌。这些双寡头都各自拥有部分忠诚客户市场，并且抢夺部分无偏好客户市场。在同质市场下，用户对某一产品的需要、购买行为等都具有相同或极为相似的一致性。而如果企业对这类用户识别错误并投放定向广告，则会影响企业的利润。这类市场分类在现实中也常存在，如 ATI 和 NVIDIA，AMD 和 Intel。Eteban[166]证实投放定向广告能使企业形成局部市场垄断。这表明企业一旦在忠诚客户市场投放定向广告时，可以通过设定垄断价格而获利。而针对无偏好市场，企业如何选择定向广告策略则成了研究重点。因此，本节主要研究的问题包括：

（1）在双寡头同质市场环境下，定向精度变化对均衡利润和市场竞争有何影响？

（2）双寡头企业应当如何进行投资以获取最优定向精度？

由于定向广告主要利用网络追踪技术（如 cookie）搜集用户信息，如年龄、爱好、收入、地域等以实现精准定向。故其精准程度与企业采取的定向技术水平有关，企业可以通过投资如购买大数据技术获取网民的行为特征和偏好数据。国内外研究大多假设定向广告精准度为给定的外生变量，本书的创新性在于将定向精度抽象为内生变量。为此，本书认为企业可以通过增加投资提高定向广告精准性，这意味着企业可以通过调节定向精度，最大限度地挖掘网络广告在锁定细分市场客户的优势，并进一步搭建面向客户的更为精准化的广告营销平台，减缓市场竞争，优化广告支出并提高产品的用户黏性。

3.2.2 模型假设和变量描述

分别从供给端（企业）和需求端（消费者）角度研究定向广告精度变化

对产品价格和企业均衡利润的影响。故对模型中的参数作如下定义：

供给端：市场中存在两个生产同质产品的风险中性的相互竞争企业，分别用 i 和 j 表示（i，j = 1，2）；用 p_i 表示企业 i 的产品价格，π_i 表示企业 i 的利润。不失一般性，假设企业的边际生产成本为 0。

需求端：消费者总数标准化为 1，每个消费者最多购买 1 单位产品，消费者对产品的保留价格为 r。根据 Varian[169] 和 Narasimhan[124] 对消费者行为偏好的分类，假设两个企业各拥有占市场比例为 h_i 的忠诚消费者，这部分消费者只考虑购买其所忠诚的产品品牌。其他消费者的市场比例用 s 表示，这部分消费者对两种品牌没有偏好，在企业 1 和企业 2 间选择价格最低的产品。参数满足 $h_1 + h_2 + s = 1$。当 $h_1 = h_2$ 时，两企业为拥有相同忠诚消费者的对称企业。当 $h_1 \neq h_2$ 时，两企业为非对称企业。参数 s 体现了消费者对两种品牌偏好的水平异质程度。s 越大表示无偏好消费者越多，即消费者对品牌间的差距感觉越不明显或品牌间的竞争越激烈（见图 3－2）。

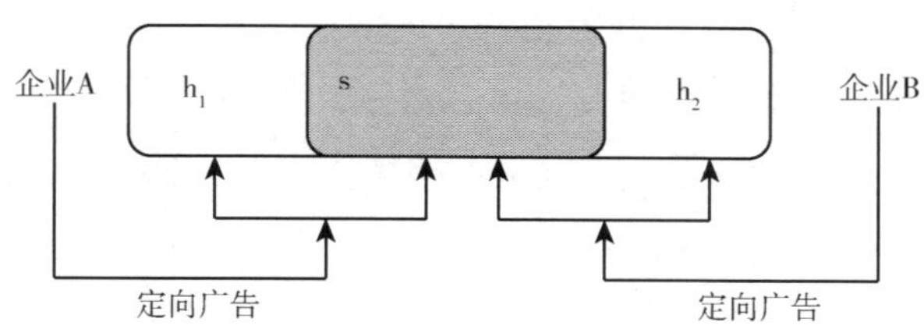

图 3－2　竞争导向性广告示意图

定向广告：企业向细分市场的忠诚消费者和无偏好消费者定向投放产品广告以传递价格和位置等属性信息。广告对消费者的购买行为起着强化作用。即使是忠诚消费者也只有接收到广告后才购买产品。不考虑广告溢出效应，假设无偏好客户接收到广告后总是购买价格更低的产品。

广告水平：根据 Grossman 和 Shapiro[6] 以及 Narasimhan[122] 的广告竞争模型，假设企业 i 投向全部市场的广告费用为 A_i。广告投入费用与消费者市场份额呈线性关系[10]，则企业投放到忠诚消费者市场和无偏好消费者市场的广告费用分别为 $A_i h_i$ 和 $A_i s$。

定向精度：企业向细分市场不同类型的目标消费者准确投放定向广告的程度（概率）。假设 $Pr(k \mid l)$（$l = L_i$；$k = l_i$，s_i）代表企业 i 投放定向广告时，本应当投放到细分市场 l（企业自身优势市场 L_i 或竞争市场 S）的广告由于信息不完全等因素而实际投放到细分市场 k（企业自身优势市场 l_i 或竞争市场 s）的概率。即如果消费者原本属于细分市场 l（企业自身优势市场 L_i 或竞争市场 S)，投放广告时仍然准确投放到该细分市场 l（企业自身优势市场 L_i 或竞争市场 S）的概率即定向精度。设定向精度 $\alpha_i = Pr(l_i \mid L_i) = Pr(s_i \mid S)$，$i = 1, 2$，其取值范围是 $[0, 1]$。当 $\alpha_i = 0$ 时为大众广告；当 $\alpha_i \in (0, 1)$ 时为不完全定向广告；当 $\alpha_i = 1$ 时为完美定向广告。

定向错误率：当企业在定向广告投放过程中将原本属于企业竞争市场 S 或对手竞争市场 L_j 而错误认为是自身优势市场而投放的概率（第 II 类错误)，该类错误概率为 β_i，即 $Pr(l_i \mid S) = Pr(l_i \mid L_j) = \beta$，$i = 1, 2$。由于抽样范围不同，$\alpha_i + \beta_i \neq 1$，满足：

$$h_i(1-\alpha_i) = (1-h_i)\beta_i \tag{3-31}$$

其中，h_i 表示企业 i 的优势市场客户部分，$h_i(1-\alpha_i)$ 表示本应当投向企业优势市场客户的广告错误投向竞争市场或对手优势市场客户的数量。$(1-h_i)$ 表示企业 i 的非忠诚客户数量。投放错误的概率用 β_i 表示。同理，企业向竞争市场投放定向广告时，其错误概率为 γ_i，即 $Pr(s_i \mid L_i) = Pr(s_i \mid L_j) = \gamma$。

3.2.3 广告博弈模型和均衡分析

假设垄断环境下，两个企业进行定向广告和价格的非合作博弈。虽然定向精度不同，但其广告投放策略同企业具备完美定向能力类似[10]，即从优势市场来看，定向广告投放量越大，产品价格越高，企业能获取更多的利益；从竞争市场来看，价格越低，企业越有可能战胜竞争对手而赢得整个市场(Bertrand 竞争)。

当企业 i（$i = 1, 2$）向各自的“忠诚客户”投放定向广告时，客户的实际分类如下：①$a_{i1} = h_i Pr(l_i \mid L_i)$ 表示为忠诚消费者被企业准确识别的比例，其接收到广告后必然购买。②$a_{i2} = sPr(l_i \mid S)Pr(l_{3-i} \mid S)$ 表示两个企业同时把竞争客户误识别为忠诚客户的比例。③$a_{i3} = sPr(l_i \mid S)Pr(s_{3-i} \mid S)$ 表示企业 i 误把无偏好客户当成忠诚客户，而企业 j 却准确识别无偏好客户的比例。

④$h_i Pr(l_i \mid L_{3-i})$ 表示企业 i 误把企业 j 的忠诚客户识别为自身忠诚客户的比例。无论采取何种价格策略，该部分客户都不会购买企业 i 的产品。

同时，企业 i（i＝1，2）投放到“无偏好客户”的广告分为四类：①$b_{i1} = h_i Pr(s_i \mid L_i)$ 表示为忠诚消费者错误识别为无偏好客户的比例。②$b_{i2} = sPr(s_i \mid S) Pr(l_{3-i} \mid S)$ 表示企业 i 准确识别无偏好客户，而企业 j 则误把无偏好客户识别为自身忠诚客户。③$b_{i3} = sPr(s_i \mid S) Pr(s_{3-i} \mid S)$ 表示两企业同时准确识别无偏好客户的比例。④$h_{3-i} Pr(s_i \mid L_{3-i})$ 表示企业 i 误把企业 j 的忠诚客户识别为无偏好客户的比例。同样，对企业 i 而言，无论采取何种价格策略，这部分客户也都不会购买企业 i 的产品。

由于两个企业都不具备完美定向广告能力。因此，忠诚客户和无偏好客户都可能被错误识别，假定企业的定向精度无限接近 1 时，两个企业在各自优势市场必然以保留价格 r 进行销售，而在竞争市场将由于其价格较高，则市场被对手占据。如果精度无限接近 0，则企业在各自所谓的“优势市场”变为“劣势市场”，市场收益接近 0，而在竞争市场同样采取混合策略进行价格竞争。设 $F_j(p_i)$ 是企业 i 价格低于企业 j 的概率。因此，基于不同的定向精度，企业在其认为的“优势市场”和“竞争市场”都采取混合定价策略。其市场利润模型如下：

$$\pi_i = p_i h_i \alpha_i + ps\alpha_i [1 - F_j(p_i)] - A_i(h_i + s) \tag{3-32}$$

显然，当 $F_j(p_i) = 1$，且均衡利润 $\pi_i > 0$ 时，企业必然以保留价格向“优势市场”投放广告。可得如下定理 3－7。

定理 3－7：定向精度为 α_i，i＝1，2 的两个不对称企业向细分市场投放定向广告时，如果 $\alpha_i \in \left(\frac{r}{A_i}, 1\right]$，则两个企业必然向各自的“优势市场”投放定向广告并以保留价格 r 销售产品，企业的均衡收益为 $\pi_i^* = h_i(\alpha_i r - A_i)$。

由定理 3－7，当定向精度较高时，企业能准确识别各自“优势市场”，通过向优势市场投放定向广告并以保留价格销售产品时能获得较大收益，而当定向精度不高时，这种纯策略难以维持。根据式（3－32），可得以下引理 3－1。

引理 3－1：定向精度为 α_i 的两个不对称企业在向各自认为的“优势市场”和“竞争市场”投放定向广告时，其价格博弈都不存在纯策略 Nash 均衡。

证明：假设在企业 i 的优势市场存在纯策略 Nash 均衡（p_i^*，p_j^*），不失一般性，假设 $p_i^* \leqslant p_j^*$。根据 Nash 均衡定义，不存在定价策略 p_i，其中 $p_i \neq p_i^*$，使 $\pi_{iL_i}(p_i, p_j^*) > \pi_{iL_i}(p_i^*, p_j^*)$。分两种情况讨论：

（1）如果 $p_i^* < p_j^*$，通过不完美定向广告，企业 i 赢得准确识别的忠诚客户和错误投向竞争市场的全部客户：

$$\pi_{iL_i}(p_i^*, p_j^*) = p_i^*[h_i Pr(l_i \mid L_i) + sPr(l_i \mid S)] \tag{3-33}$$

取 $p_i = p_i^* + \varepsilon < p_j^*$，其中 ε 为任意小的正数，则存在式（3-33）与假设矛盾，即：

$$\pi_{iL_i}(p_i, p_j^*) = (p_i^* + \varepsilon)[h_i Pr(l_i \mid L_i) + sPr(l_i \mid S)] > \pi_{iL_i}(p_i^*, p_j^*) \tag{3-34}$$

（2）如果 $p_i^* = p_j^*$，由于存在不完美定向广告，则对于 $sPr(l_i \mid S)$ 部分市场而言，企业 j 也可能向其投放定向广告，假设企业 i 可获得的细分市场份额为 λ_i，则可知：

$$\pi_{iL_i}(p_i^*, p_j^*) = p_i^*[h_i Pr(l_i \mid L_i) + \lambda_i sPr(l_i \mid S)] \tag{3-35}$$

如果采取定价决策 $p_i = p_i^* - \varepsilon < p_j^*$，则企业 i 可以获得全部这些份额，并获得利润：

$$\pi_{iL_i}(p_i, p_j^*) = (p_i^* - \varepsilon)[h_i Pr(l_i \mid L_i) + sPr(l_i \mid S)] \tag{3-36}$$

其中 ε 为任意小的正数，则有：

$$(p_i^* - \varepsilon)[h_i Pr(l_i \mid L_i) + sPr(l_i \mid S)] > p_i^*[h_i Pr(l_i \mid L_i) + \lambda_i sPr(l_i \mid S)] \tag{3-37}$$

必然存在这样的任意小 ε 并满足：

$$\varepsilon < (1 - \lambda_i) p_i^* \frac{h_i Pr(l_i \mid L_i)}{h_i Pr(l_i \mid L_i) + sPr(l_i \mid S)} \tag{3-38}$$

故存在正数 ε 满足 $\pi_{iL_i}(p_i, p_j^*) > \pi_{iL_i}(p_i^*, p_j^*)$，与假设矛盾，同理，在竞争市场不存在纯策略均衡。 证毕。

引理 3-2：在 Nash 均衡条件下，定向精度为 α_i（i=1，2）的两个不对称企业在“优势市场”和“竞争市场”存在且至多存在一个均衡价格 $p_{iL_i}^*$ 和 p_{iS}^*。

证明：（1）存在性：企业 i 投放定向广告后获得的总收益为优势市场收益和竞争市场收益的总和，故可知：

$$\pi_i = \pi_{iL_i} + \pi_{iS} - A_i(h_i + s) \tag{3-39}$$

对于定向精度不同的两个企业 i 和企业 j 在各自认为的"优势市场"和"竞争市场"都进行混合定价决策。设$\overline{F}_{i1}(p) = Pr(p_{iL_i} \geqslant p)$，则企业在"优势市场"的收益为：

$$\pi_{iL_i} = p_{iL_i}[a_{i1} + a_{i2}\overline{F_{3-i1}}(p_{iL_i}) + a_{i3}\overline{F_{3-i2}}(p_{iL_i})] = p_{iL_i}[a_{i1} + c_{i1}\overline{F_{3-i}}(p_{iL_i})] \tag{3-40}$$

其中 $c_{i1} = sPr(l_i \mid S)$，且$\overline{F_{3-i}}(p_{iL_i}) = Pr(s_{3-i} \mid S)\overline{F_{3-i2}}(p_{iL_i}) + Pr(l_{3-i} \mid S)\overline{F_{3-i1}}(p_{iL_i})$。

同理，设$\overline{F_{i2}}(p) = Pr(p_{is} \geqslant p)$，那企业在"竞争市场"的收益为：

$$\pi_{iS} = p_{iS}[b_{i1} + b_{i2}\overline{F_{3-i1}}(p_{iS}) + b_{i3}\overline{F_{3-i2}}(p_{iS})] = p_{iS}[b_{i1} + c_{i2}\overline{F_{3-i}}(p_{iS})] \tag{3-41}$$

其中 $c_{i1} = sPr(s_i \mid S)$，且$\overline{F_{3-i}}(p_{iS}) = Pr(s_{3-i} \mid S)\overline{F_{3-i2}}(p_{iS}) + Pr(l_{3-i} \mid S)\overline{F_{3-i1}}(p_{iS})$。

根据混合策略 Nash 均衡，对于所有满足条件的 p_{iL_i} 和 p_{iS}，可知 $\pi_i^* = (\pi_{iL_i} - A_i h_i) + (\pi_i s - A_i s)$ 保持不变，根据式（3-40），由于定向精度 $\alpha_i > 0$，当另一个竞争企业的价格分布为已知时，$(\pi_{iL_i} - A_i h_i)$ 不依赖于 p_{is}。

同理，$(\pi_{iL_i} - A_i s)$ 也不依赖于 p_{iL_i}。因而，在 Nash 均衡条件下，必然存在 $(\pi_{iL_i}^*(p_{iL_i}) - A_i h_i)$ 对所有的 p_{iL_i} 都不变，并且 $(\pi_{iL_i}^*(p_{iS}) - A_i s)$ 对所有的 p_{iS} 保持不变。

（2）唯一性：（反证法）假设企业 i=1 存在两个均衡价格，如 p_m 和 p_n 同时满足均衡下的 p_{iL_i} 和 p_{is}。根据式（3-34），由于企业投向优势市场的广告成本相同，都是 $A_1 h_1$。因此 $\pi_{1L_1}(p_m) = \pi_{1L_1}(p_n)$，即：

$$[a_{11} + c_{11}\overline{F_2}(p_m)]p_m = [a_{11} + c_{11}\overline{F_2}(p_n)]p_n \tag{3-42}$$

$$p_n\overline{F_2}(p_n) - p_m\overline{F_2}(p_m) = \frac{a_{11}}{c_{11}}(p_m - p_n) \tag{3-43}$$

同理，根据式（3-41），可知 $\pi_{1S}(p_m)=\pi_{1S}(p_n)$，即：

$$p_n\overline{F_2}(p_n)-p_m\overline{F_2}(p_m)=\frac{b_{11}}{c_{11}}(p_m-p_n) \tag{3-44}$$

联立方程组式（3-43）和式（3-44），可得 $\frac{a_{11}}{c_{11}}=\frac{b_{11}}{c_{11}}$，即证明 $\alpha_i^2=\frac{h_i s}{(1-h_i)(1-s)}(1-\alpha_i)^2$ 的根是否满足 $\alpha_i\in(0,1)$，令 $K=\frac{h_i s}{(1-h_i)(1-s)}$，显然 $K\in(0,1)$，不存在满足条件的根。因此，不存在两个均衡点。　证毕。

引理 3-3：在 Nash 均衡条件下，定向精度为 α_i，i=1，2 的两个不对称企业在“优势市场”和“竞争市场”的价格策略 $p_{iL_i}^*$ 和 p_{iS}^*，必然满足 $p_{iL_i}^*\geqslant p_{iS}^*$。

证明：（1）对于企业 i=1，如果定向精度 $\alpha_1=1$，并且 $p_{iL_1}=r$，必然可知 $p_{iS}\leqslant r$；（2）（反证法）满足 $p_{iL_i}\leqslant p_{iS}$，如果 $a_1<1$，p_{1L_1} 和 p_{1S} 连续而不重叠，必然存在区间（p_m，p_O）满足 p_{1L_1}，存在区间（p_O，p_n）满足 p_{1S_1}，从而满足 $p_n-p_O=p_O-p_m$。因为 $(p_{iL_i}^*,p_{iS}^*)=(p_m,p_n)$ 是均衡价格，即 $p_m\leqslant p_n$，但 $(p_{iL_i},p_{iS})=(p_n,p_m)$ 很可能不是均衡状态，因而，必然有：

$$\pi_{1L_1}(p_m)-A_1h_1+\pi_{1S}(p_n)-A_1s\geqslant\pi_{1L_1}(p_n)-A_1h_1+\pi_{1S}(p_m)-A_1s \tag{3-45}$$

将式（3-41）和式（3-42）代入此不等式，可得：

$$(c_{11}-c_{12})[p_m\overline{F_2}(p_m)-p_n\overline{F_2}(p_n)]\geqslant(a_{11}-b_{11})(p_n-p_m) \tag{3-46}$$

应用式（3-41）和式（3-42），并将 $p_n-p_O=p_O-p_m$ 代入 $\pi_{1L_1}(p_m)=\pi_{1L_1}(p_o)$，并且 $\pi_{1S}(p_m)=\pi_{1S}(p_O)$，可得：

$$p_o\overline{F_2}(p_o)-p_n\overline{F_2}(p_n)\geqslant\frac{a_{11}}{2c_{11}}(p_n-p_m) \tag{3-47}$$

$$p_m\overline{F_2}(p_m)-p_n\overline{F_2}(p_n)=\left(\frac{a_{11}}{2c_{11}}+\frac{b_{11}}{2c_{12}}\right)(p_n-p_m) \tag{3-48}$$

$$p_m\overline{F_2}(p_m)-p_o\overline{F_2}(p_o)=\frac{b_{11}}{2c_{12}}(p_n-p_m) \tag{3-49}$$

可得 $\left(\frac{a_{11}}{2c_{11}}+\frac{b_{11}}{2c_{12}}\right)(c_{11}-c_{12})\geqslant a_{11}-b_{11}$，代入 a_{11}，b_{11}，c_{11}，c_{12} 与假设

$\alpha_1 \in (0,\ 1)$ 矛盾。　　证毕。

根据引理，当企业投放定向广告的定向精度达到一定阈值时，企业必定在各自认为的“优势市场”和“竞争市场”都采取混合定价策略，而此时均衡价格存在且是唯一的。在 Nash 均衡条件下，两个竞争企业都在各自“优势市场”实行高价格策略以获取高额利润，而在“竞争市场”实行低价格策略以尽可能多地抢占市场份额以获取高额利润。

定理 3-8：当具有不同定向精度的企业 i 和企业 j 分别向细分市场投放定向广告时，每个企业必然在各自认为的“优势市场”和“竞争市场”实行混合定价策略，即在“优势市场”实行高价策略，其定价范围为 $p_{iL_i} \in \left[\frac{h_i\alpha_i r}{h_i\alpha_i + s\beta_i\beta_j},\ r\right]$；在“竞争市场”实行低价策略，其定价范围为 $p_{iS} \in \left[\frac{h_i\alpha_i r}{h_i\alpha_i + s\beta_i\beta_j}(1-\alpha_i\alpha_j),\ \frac{h_i\alpha_i r}{h_i\alpha_i + s\beta_i\beta_j}\right]$。随着定向精度的提高，企业倾向于提高优势市场价格以获取更大利益，而给予竞争市场较低价格以避免竞争。企业 i 和企业 j 在优势市场的均衡价格为 $p_{iL_i}^* = Qr + (1-Q)r\frac{h_i\alpha_i}{s\beta_i\beta_j}\ln\left(1-\frac{s\beta_i\beta_j}{h_i\alpha_i}\right)$ 和 $p_{jL_j}^* = \frac{rh_i\alpha_i}{s\beta_i\beta_j}\ln\left(1+\frac{s\beta_i\beta_j}{h_i\alpha_i}\right)$，而在竞争市场的均衡价格则为 $p_{iS}^* = p_{jS}^* = \frac{r(1-\alpha_i\alpha_j)h_i}{\alpha_j(h_i\alpha_i + s\beta_i\beta_j)}\ln\left(\frac{1}{1-\alpha_i\alpha_j}\right)$ 其中，$Q = \frac{h_i\alpha_i - h_j\alpha_j}{h_i\alpha_i + s\beta_i\beta_j}$。

证明：(1) 如果 $\alpha_1 = 0$，由引理 3-2 和引理 3-3，价格 p_{1L_1} 和 p_{1S} 出现重叠，并且 $\pi_i(p_{iL_i}, p_{iS}) = \pi_i(p_m, p_n) = \pi_i(p_n, p_m)$，此时，价格分布 p_{1L_1} 和 p_{1S} 能完全置换，这意味着 p_{1L_1} 和 p_{1S} 的分布完全相同。即当定向精度为 0 时，两企业的市场定价策略完全相同。

(2) 当 $\alpha_i \in (0,\ 1)$ 时，必然存在 p_{ki} 满足：p_{1L_1} 的策略分布区间为 $(p_{ki},\ r)$，且 p_{1S} 的策略分布区间为 $(p_n,\ p_{ki})$。同样，对于临界条件 $\overline{F_{i1}}(p_{ki}) = 1$，$\overline{F_{i2}}(p_n) = 1$，$\overline{F_{i2}}(p_{ki}) = 0$，并且 $\overline{F_{i1}}(r) = Q_i$，其中，$Q_i$ 是企业以保留价格 r 投放大众广告的概率，且 $Q_1Q_2 = 0$。如果 $\alpha_i = 0$，可知 $\overline{F_{i1}}(p) = \overline{F_{i2}}(p) = \overline{F_i}(p)$，并且企业 i 的定价临界条件满足 $\overline{F_i}(p_n) = 0$ 并且 $\overline{F_i}(p_n) = Q$。均衡价格条件可由式 (3-40) 和式 (3-41) 得出。在所有情况下，均衡解存在且唯一。因此 $\alpha_1,\ \alpha_2 \in (0,\ 1)$ 并且 $h_i Pr(l_i \mid L_i) \geqslant h_{3-i} Pr(l_{3-i} \mid L_{3-i})$，$i = 1,\ 2$，可得：

$$(h_i\alpha_i+s\beta_i\beta_j)p_k^*-Ah_i=h_i\alpha_i r-Ah_i \tag{3-50}$$

根据式（3－50），可得：

$$p_{k1}=p_{k2}=p_k^*=\frac{h_i\alpha_i r}{h_i\alpha_i+s\beta_i\beta_j} \tag{3-51}$$

$$p_k^* s-p_k^* s\alpha_i\alpha_j-A_i s=p_n s-A_i s \tag{3-52}$$

$$Q(h_i\alpha_i+s\beta_i\beta_j)r=h_i\alpha_i r-h_j\alpha_j r \tag{3-53}$$

根据式（3－53），可得：

$$Q=\frac{h_i\alpha_i-h_j\alpha_j}{h_i\alpha_i+s\beta_i\beta_j} \tag{3-54}$$

$$h_i\alpha_i p+s\beta_i\beta_j p\overline{F_{j1}}(p)=h_i\alpha_i r \tag{3-55}$$

根据式（3－55），可得：

$$\overline{F_{j1}}(p)=\frac{h_i\alpha_i(r-p)}{s\beta_i\beta_j p} \tag{3-56}$$

$$h_i\alpha_i p+s\beta_i\beta_j p\overline{F_{j1}}(p)=h_j\alpha_j r+s\beta_i\beta_j Qr \tag{3-57}$$

根据式（3－57），可得：

$$\overline{F_{j1}}(p)=\frac{h_j\alpha_j r+s\beta_i\beta_j Qr}{s\beta_i\beta_j p}-\frac{h_j\alpha_j}{s\beta_i\beta_j} \tag{3-58}$$

同理可得：

$$\overline{F_{i2}}(p)=\overline{F_{j2}}(p)=\frac{1-\alpha_i\alpha_j}{\alpha_i\alpha_j}\left[\frac{h_i\alpha_i r}{p(h_i\alpha_i+s\beta_i\beta_j)}-1\right] \tag{3-59}$$

在均衡条件下，企业 i 投放于优势市场的定向广告期望均衡价格为：

$$E(p_{iL_i}^*)=\int_{p_{ki}}^{r}p\,d\overline{F_{j1}}(p)=p\overline{F_{j1}}(p)\Big|_{p_{ki}}^{r}-\int_{p_{ki}}^{r}\overline{F_{j1}}(p)dp \tag{3-60}$$

$$p_{iL_i}^*=Qr+(1-Q)r\frac{h_i\alpha_i}{s\beta_i\beta_j}\ln\left(1-\frac{s\beta_i\beta_j}{h_i\alpha_i}\right) \tag{3-61}$$

同理可得：

$$p_{jLj}^* = \frac{rh_i\alpha_i}{s\beta_i\beta_j}\ln\left(1 + \frac{s\beta_i\beta_j}{h_i\alpha_i}\right) \tag{3-62}$$

$$p_{is}^* = p_{js}^* = \frac{r(1-\alpha_i\alpha_j)h_i}{\alpha_j(h_i\alpha_i + s\beta_i\beta_j)}\ln\left(\frac{1}{1-\alpha_i\alpha_j}\right) \tag{3-63}$$

因此，当定向精度为 0 时，其无法区分忠诚客户和无偏好客户，故企业只能采取大众广告向全部消费者投放广告，因而在所有市场的价格策略完全相同。而当企业的定向精度 $\alpha_i \in (0,\ 1)$ 时，虽然企业不能完全精确识别各自忠诚客户和无偏好客户，但仍能向其认为的“忠诚客户”和“无偏好客户”投放定向广告，并给予价格不敏感性客户以高价而给予价格敏感性客户以低价。　　证毕。

定理 3－8 揭示了双寡头企业投放不同定向精度的定向广告的竞争效应。研究表明：尽可能准确地识别忠诚客户和无偏好客户，并通过价格歧视攫取消费者剩余成为企业投放定向广告的动机。

3.2.4　定向精度对企业利润的调节作用

在双寡头市场环境下，当企业能分别向各自细分市场投放定向广告时，那么定向精度的变化如何影响企业的利润呢？如果一个拥有不完全定向精度的企业同大众广告企业进行竞争，是否拥有不完美定向精度的企业向细分市场投放定向广告的利润一定高于投放大众广告呢？针对该问题可得如下结论。

定理 3－9：当 $\alpha_i \in (0,1)$，$i=1,\ 2$ 时，如果 $h_i(\alpha_i - A_i) > h_j(\alpha_j - A_j)$，企业 i 的均衡收益为 $\pi_i^*(\alpha_1,\alpha_2) = \frac{h_i\alpha_i r}{h_i\alpha_i + s\beta_i\beta_j}(h_i\alpha_i + s\beta_i\beta_j + s - s\alpha_i\alpha_j) - A_i(h_i + s)$，而企业 j 的均衡利润则为 $\pi_i^*(\alpha_1,\alpha_2) = \frac{h_i\alpha_i r}{h_i\alpha_i + s\beta_i\beta_j}(h_i\alpha_i + s\beta_i\beta_j + s - s\alpha_i\alpha_j) - A_j(h_i + s)$，$\frac{\partial\pi_i^*(\alpha_i,\alpha_j)}{\partial\alpha_i} > 0$，$\frac{\partial^2\pi_i^*(\alpha_i,\alpha_j)}{\partial\alpha_i^2} < 0$，即企业投放定向广告的定向精度对均衡利润起先促进后阻碍的作用。

证明：由上述式（3－50）和式（3－52）可知：

$$\pi_{iL_i} = (h_i\alpha_i + s\beta_i\beta_j)p_k^* - Ah_i = h_i\alpha_i r - Ah_i \tag{3-64}$$

$$\pi_{iS} = p_n s - A_i s = p_k^*(1-\alpha_i\alpha_j)s - As \tag{3-65}$$

由式（3-39）和式（3-41）可知：

$$\pi_i^*(\alpha_1,\alpha_2)=h_i(\alpha_i r-A_i)+s\left[\frac{h_i\alpha_i r(1-\alpha_i\alpha_j)}{h_i\alpha_i+s\beta_i\beta_j}-A_i\right] \tag{3-66}$$

$$\pi_i^*(\alpha_1,\alpha_2)=\frac{h_i\alpha_i r}{h_i\alpha_i+s\beta_i\beta_j}(h_i\alpha_i+s\beta_i\beta_j+s-s\alpha_i\alpha_j)-A_i(h_i+s) \tag{3-67}$$

同理可得：

$$\pi_i^*(\alpha_1,\alpha_2)=\frac{h_i\alpha_i r}{h_i\alpha_i+s\beta_i\beta_j}(h_i\alpha_i+s\beta_i\beta_j+s-s\alpha_i\alpha_j)-A_j(h_j+s) \tag{3-68}$$

对企业 i 的利润分别求一阶导数和二阶导数 $\frac{\partial\pi_i^*(\alpha_i,\alpha_j)}{\partial\alpha_i}>0$，$\frac{\partial^2\pi_i^*(\alpha_i,\alpha_j)}{\partial\alpha_i^2}<0$。 证毕。

由定理3-9可知，随着定向精度的提高，企业均衡利润先增加后减小。考虑简单情况，即企业1具备不完美定向精度，企业2的定向精度为0，因此，企业2必然采取大众广告进行产品宣传。考虑市场对称情况，即两个企业拥有相同数目的忠诚客户 $h_1=h_2=h$。这种情况类似于企业1通过在线电子商务平台投放定向广告和产品营销，企业2通过线下的大众媒体广告进行产品营销，这两类企业的竞争具有现实意义。

定理3-10：在双寡头市场环境下，当企业采取不同的广告策略时，采取定向广告的企业利润随着其定向精度的提高而增加；而投放大众广告的企业利润则随着竞争企业的定向精度的提高而下降。当企业定向精度过低时，投放定向广告的企业利润可能低于投放大众广告的企业。而当企业的定向精度提高至 α_i^* 时，投放定向广告的企业利润高于投放大众广告的企业。

证明：当 $\alpha_2=0$，$\alpha_1>0$ 时，$\beta_1=\frac{h}{1-h}(1-\alpha_1)$，$\beta_2=\frac{h}{1-h}$，根据式（3-68）可得：

$$\pi_i^*(\alpha_1,0)=h(\alpha_1 r-A_1)+s\left(\frac{h\alpha_1 r}{h\alpha_1+s\beta_1\beta_2}-A_1\right) \tag{3-69}$$

对企业 i 的利润求关于 α_1 一阶导数得：

$$\frac{\partial \pi_i^*(\alpha_1^*,0)}{\partial \alpha_1}=hr+sr\frac{\partial\left(\frac{h\alpha_1}{h\alpha_1+s\beta_1\beta_2}\right)}{\partial \alpha_1} \tag{3-70}$$

由式（3-66）可知：

$$\pi_i^*(\alpha_1,0)=\frac{h\alpha_1 r}{h\alpha_1+s\beta_1\beta_2}(s\beta_1\beta_2+s)-A_2(h+s) \tag{3-71}$$

因此，当定向广告的定向精度提高至 α_i^* 时，投放定向广告的企业相比大众广告企业总是获利更高。　证毕。

令 $\frac{\partial \pi_2^*(\alpha_1,0)}{\partial \alpha_1 \mid \alpha_1=\alpha_1^*}=0$，取 $h=0.4$，$r=1$，$A_1=A_2=0.5$，$s=0.2$，则根据 Matlab7 仿真分析，考虑企业 1 投放定向广告而企业 2 投放大众广告时，定向精度变化与企业利润变化的关系，如图 3-3 所示。

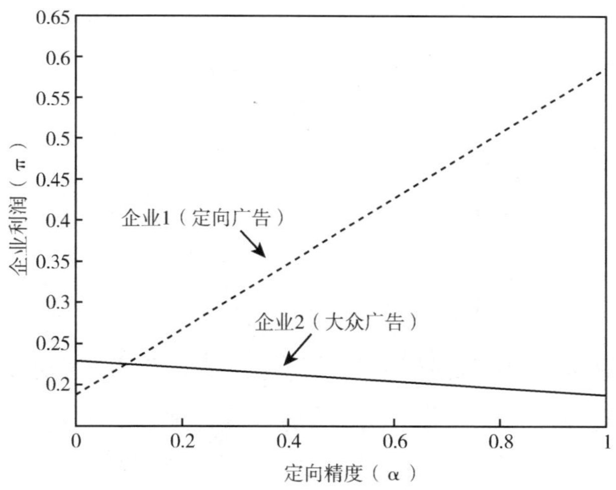

图 3-3　定向广告的定向精度（α）和企业利润（π）的关系

由定理 3-10 可知，当定向精度较低时，企业对细分市场的识别错误比例较高，原本投向自身“忠诚客户”的广告部分投向对方“忠诚客户”，从而导致广告浪费。随着定向精度的提高，企业能识别较多忠诚客户并实行高价策略；虽然部分广告错误地投向竞争企业的忠诚客户而浪费，但由于企业逐步形成局部市场垄断，一定程度上减少了企业间的激烈竞争，故其利润相比投放大众广告要高。相反，对大众广告企业，由于竞争企业在“竞争市场”投放定向广告并实行低价策略，抢占了市场份额，因而其利润随着竞争对手定向精度的提高而下降。

3.2.5 定向精度投资和企业利润关系

Iyer 等证明两个竞争性企业同时向细分市场投放定向广告会引起“囚徒困境”[10]。本节研究表明：具备不完美定向精度的企业向细分市场投放定向广告时，误定向效应是企业不完美定向的本质所决定的。因而，竞争企业的“双赢”也可能存在。为了简化研究，假设两个企业具备相同定向精度 $\alpha_1=\alpha_2=\alpha$，并拥有相同数目的忠诚客户，即两个企业呈镜像关系，此时两个企业处于均衡状态。显然，企业只有通过投资（资金、人力和物力等各种投入）以获得更高的定向精度才能建立新的市场均衡状态。假设定向精度的投资成本和定向精度变化满足 $I=\rho\alpha_i^2$。其中 ρ 表示定向精度投资系数，反映了单位定向精度下的企业成本投入。根据定理 3－9，可知：

$$\pi_i^*(\alpha,\alpha)=\frac{h\alpha r}{h\alpha+s\beta^2}(h\alpha+s+s\beta^2-s\alpha^2)-A(h+s) \tag{3-72}$$

$$\prod_i=\frac{h\alpha_i r}{h\alpha_i+s\beta^2}(h\alpha_i+s+s\beta^2-s\alpha_i^2)-A(h+s)-\rho\alpha_i^2 \tag{3-73}$$

可见，企业对定向精度进行有效投资与其均衡利润密切相关。

定理 3－11：在 Nash 均衡下的纯策略投资博弈中，如果两个企业的定向精度 $\alpha_i\in(0,1)$，当定向精度系数 ρ 较大时，拥有更多忠诚客户的企业倾向于获得更高的定向精度；而当定向精度系数 ρ 较小时，两个企业都将通过投资获得更高的定向精度；而当定向精度投资系数不大时，拥有较少忠诚客户的企业倾向于通过投资获得更高定向精度。

证明：根据式（3－71），可知：

$$\prod_i^*(\alpha,\alpha)=h\alpha r+\frac{hs\alpha r(1-h)^2(1-\alpha^2)}{h(1-h)^2\alpha+sh^2(1-\alpha)^2}-A(h+s)-\rho\alpha^2 \tag{3-74}$$

在均衡状态下，$\frac{\partial \prod_i}{\partial \alpha} = U_1 - U_2 = 0$，故可得：

$$U_1 = hr + \frac{hrs(1-h)^2(1-\alpha^2)}{h(1-h)^2\alpha + sh^2(1-\alpha)^2} \tag{3-75}$$

$$U_2 = 2\rho\alpha + \frac{2h\alpha^2 rs(1-h)^2}{h(1-h)^2\alpha + sh^2(1-\alpha)^2} + \frac{h\alpha rs(1-h)^2(1-\alpha^2)[h(1-h)^2 - 2sh^2(1-\alpha)]}{[h(1-h)^2\alpha + sh^2(1-\alpha)^2]^2} \tag{3-76}$$

显然，此时可求出 α^* 的值。而当 $\alpha_i \neq \alpha_j$ 时，必然有 $\frac{\partial^2 \prod_i}{\partial \alpha_i \partial \alpha_j} < 0$，这表明随着企业 i 的定向精度的提高，其获得定向精度的边际效用递减。而由于定向精度投资所需成本 $I = \rho\alpha^2$，因而定向精度系数与企业忠诚客户数目密切相关。若企业获得完美定向精度，则定向精度对竞争企业的边际效益为 0，即 $\left.\frac{\partial \prod_i}{\partial \alpha_i}\right|_{\alpha_j = 1} = 0$，在这种情况下，无论定向精度投资成本有多大，竞争对手企业将不进行定向精度投资。 证毕。

根据定理3-11可知，定向精度的投资对企业利润呈双向调节作用，即企业为获得较高的定向精度所需投资过高时，企业利润可能下降；反之则会提高企业利润。

本小节揭示了双寡头同质市场环境下企业投放定向广告的定向精度变化对企业利润的影响。结果发现：定向精度的优化选择对竞争企业的利润至关重要；定向精度的投资对企业利润呈双向调节作用；而现实中很多大企业倾向于通过投资建立客户识别系统以实现对客户准确分级，提高定向精度，通过定向广告更充分、有效地挖掘客户购买潜力[167]。因此，本小节结论对企业的广告投资策略非常重要。本小节假设即使是“忠诚消费者”，企业也必须向其投放产品广告。因为向该细分市场投放广告加深了“忠诚消费者”对产品品牌的认可度，进一步提高客户忠诚度；而消费者也能更准确地获知价格、位置等属性信息以方便其购买。

3.3　基于异质消费者市场的定向精度调节作用研究

3.3.1　问题提出

3.2 节研究了同质消费者市场下定向精度的调节作用以及企业的定向广告投放策略。模型缺陷在于：（1）当市场中的消费者类型很多时，该模型难以拟合真实市场状况。（2）同质消费者市场的相关假设虽然使企业实施定向广告的过程非常清晰，但是存在局限性，如市场中的某类消费者总是偏好同一品牌产品，这与实际情况存在差异性。随着定向技术水平的提高，企业能获得用户更完备的信息，从而能从多个维度区分消费者的不同需求。从消费者购买态度和要求区分，消费者可以分为习惯型、理智型、经济型、冲动型、感情型、疑虑型不定型等消费者。而从消费者在购买现场的情感反应区分又分为沉着型、温顺型、健谈型、反应型、激动型等。此外，消费者还可能从商品特性维度对产品需求产生差异，包括商品基本功能需求、商品质量性能、商品安全性能、商品便利程度、商品审美功能、商品情感功能需求、社会象征、服务等。

当前，随着电商平台依赖的定向技术的发展，消费者的偏好数据能很容易获得，并且企业能针对异质消费者市场的不同消费者群体投放定向广告。例如，当一个爱好足球的消费者正在专心浏览体育网页时，他可能接收到 Nike 足球鞋的广告；而另一个爱好围棋的消费者同样在浏览体育网页时，他则收不到相关 Nike 足球鞋的广告。在异质消费者市场环境中，提高定向水平能增强消费者对产品广告的点击率[168]，影响产品价格策略和市场竞争[169]。而在定向定价相关领域的研究中，Liu 和 Serses[170] 发现异质市场环境下，对消费者信息获取的准确程度与企业利润呈“U”形关系。可见，相比同质市场，异质市场由于消费者的偏好存在较大差异性，对消费者相关信息的识别程度将对市场竞争和价格策略等产生重要影响。

因此，本小节利用经典 Hotelling 模型研究连续异质型消费者市场下，企业投放定向广告的定向精度变化对企业利润和市场价格的影响。本小节的主要研究问题包括：

（1）针对连续异质的消费者市场，双寡头竞争企业如何在各自优势市场和竞争市场选择合适的定向精度以及定向广告强度策略？

（2）企业投放定向广告的定向精度变化对连续异质性双寡头市场有何影响？

（3）针对连续异质的消费者市场，考虑定向广告的定向精度作为内生变量时，企业如何对定向精度进行投资以获得最优利润？

3.3.2 模型假设和变量描述

根据 Hotelling 模型，构建双寡头企业 A 和企业 B 针对连续异质消费者投放定向广告时的价格竞争和广告竞争博弈模型[15,105]。其价格决策和广告决策过程如图 3－4 所示。

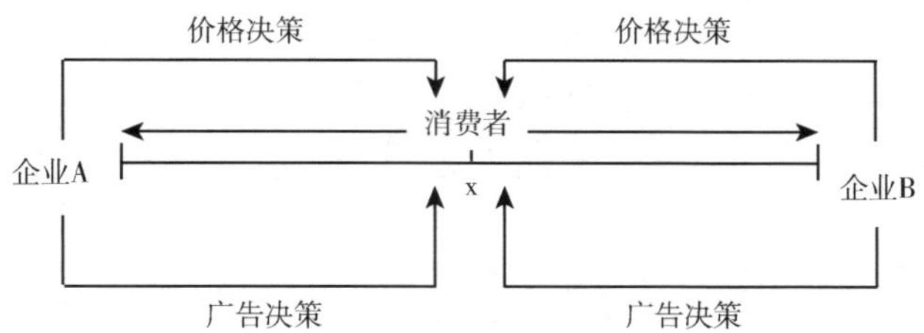

图3－4　基于连续异质消费者市场的企业广告决策示意图

（1）模型假设。

• 企业分别位于长度为 1 的线性城市的两端。企业向消费者提供的产品价格相同，均为 $p_i(i=A, B)$，产品的边际生产成本为 c。

• 所有消费者均匀分布在线性城市，并且标准化为 1。消费者消费 1 个单位产品具有相同的保留价格 v。x 表示消费者与企业 A 的距离。每个消费者如果接收到广告后必然购买至多一个单位的产品。消费者的效用函数表示为 $U_A(x)$ 和 $U_B(x)$。

• 通过购买产品，每个消费者产生了单位成本为 t 的运输成本。t 值越高表明消费者对某一偏好产品越忠诚。

• 广告是消费者获取产品详细信息的唯一来源。企业 i 的广告信息到达消

费者的概率为 ϕ_i，即广告强度，$0\leqslant\phi_i\leqslant1$。到达 ϕ_i 比例的消费者的广告总成本为 $A(\phi_i)$。这里认为 $A'(\phi_i)>0$ 并且 $A''(\phi_i)>0$。λ 表示为广告的成本参数。

• 定向精度是决策变量，并且被定义为 α_i，$\alpha_i\in[0,1]$，其表示为企业优势市场和竞争市场分别准确识别的消费者比例。

• 企业和消费者风险中性，不考虑广告溢出效应，即接收到企业 i 的广告反而购买企业 j 的产品[171]。

（2）效用函数和广告成本函数。

对于线性城市中的消费者 x，如果购买企业 A 或企业 B 的产品，其效用函数表示为：

$$\begin{cases}U_A(x)=v-p_A-tx\\U_B(x)=v-p_B-t(1-x)\end{cases}\tag{3-77}$$

因此，当双寡头企业都同时向消费者告诉两个产品的位置时，$\hat{x}$ 是边际消费者：

$$\hat{x}=\frac{t-p_A+p_B}{2t}\tag{3-78}$$

根据 Hotelling 模型，$[0,\hat{x}]$ 部分消费者市场是企业 A 的“优势市场”，$[\hat{x},1]$ 是其相对“劣势市场”。考虑双寡头市场的对称属性，企业 B 的市场结构与企业 A 刚好相反。在该模型中，市场结构是由双寡头企业的竞争价格所决定。这意味着企业的优势市场和劣势市场是可变的，并且这一假设与现实中双寡头市场的竞争非常吻合。

企业投放定向广告的成本函数可以表示为二次函数形式：

$$A(\phi_i)=\frac{\lambda}{2}\phi_i^2\tag{3-79}$$

（3）企业博弈顺序和消费者需求。

博弈顺序：第一阶段，两个企业同时选择产品价格；第二阶段，两个企业同时在各自的优势市场和劣势市场选择广告强度和定向精度。在本假设中，首先考虑了两个企业在其优势市场和劣势市场都具备相同定向精度。随后，拓展模型，并且认为由于在不同的市场部分的非对称信息特性，企业也可能在不同的市场具备不同的定向精度。

消费者需求：当企业选择其广告成本时，也需要同时考虑到消费者的需求。假设企业 i 和企业 j 同时以概率 ϕ_i 和 ϕ_j 投放广告。$(1-\phi_i)(1-\phi_j)$ 部分的消费者未接收到任何信息并且将不会从电子商务企业中购买任何产品。然而，$\phi_i(1-\phi_j)$ 比例的消费者只从企业 i 处接收广告并且从企业 j 进行购买。另外，比例为 $\phi_i\phi_j$ 的消费者同时从双寡头企业接收定向广告并且购买最为偏好的一个产品。

引理3-4：在均衡状态下，针对连续异质性消费者群体，企业 i 分别在 $[0, \hat{x}]$ 和 $[\hat{x}, 1]$ 部分消费者采取不同的广告投放概率 ϕ_i 和 ϕ_j 分别作为各自的广告强度。每个企业投放定向广告的定向精度与其优势市场的广告强度成正比，而与其劣势市场的广告强度成反比。

引理3-4表明双寡头竞争企业都有动机在其优势市场调整定向广告的定向精度。在均衡状态下，每个企业都在各自的优势市场和竞争对手的优势市场选择不同的广告强度。当竞争企业在优势市场的定向精度提高时，其投放到优势市场的广告强度也提高。显然，如果企业 i 的优势市场的消费者接收到其广告，消费者必定购买其产品。因此，有必要增加企业 i 在其认为的优势市场的广告强度。这意味着双寡头企业都应当增强各自优势市场的广告强度。本书认为这种效应为定向精度的广告成本节省效应。然而，当广告精度提高时，竞争对手在优势市场的广告强度也同样增强，结果，企业间的市场竞争可能更加激烈，我们称这种效应为定向精度的负向竞争效应。因此，这里强调了双寡头竞争企业的最优定向精度应当同时考虑这两种效应，从而产生企业的最大收益。

根据引理3-4，企业的广告策略选择定义为 (ϕ_i, ψ_i)，ϕ_i 表示企业 i 在其自认为的优势市场消费者投放广告的比例（其中，ϕ_A 表示企业 A 在市场 $[0, \hat{x}]$ 的广告强度；ϕ_B 表示企业 B 在市场 $[\hat{x}, 1]$ 的广告强度）。ψ_i 表示企业 i 在其自认为的竞争市场（相对劣势市场）的消费者投放广告的比例（其中，ψ_A 表示企业 A 在市场 $[\hat{x}, 1]$ 的广告强度，ψ_B 表示企业 B 在市场 $[0, \hat{x}]$ 的广告强度）。基于连续异质性双寡头市场的企业定向广告投放策略示意图见图3-5（相关推导见附录）。

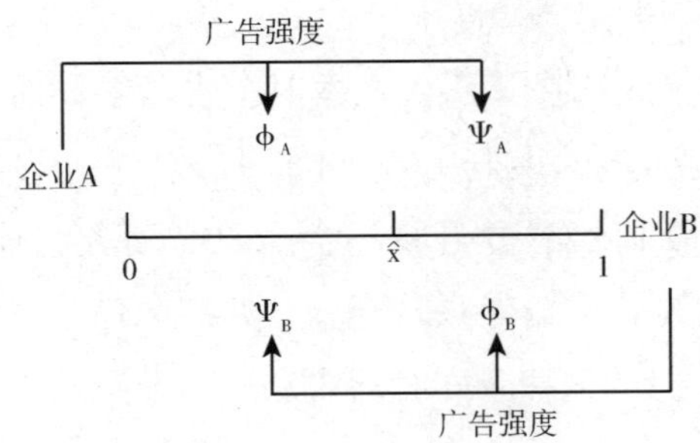

图3－5　基于连续异质消费者市场的企业定向广告投放策略图

3.3.3　基于不同定向精度的不完美定向广告

根据定向精度定义和引理3－4，构建了双寡头企业向连续异质消费者市场投放不完美定向广告的博弈模型。其中，目标函数为企业i的利润 π_i，该目标函数是包含 π_{i1}，π_{i2}，π_{i3}的分段函数。

$$\begin{cases}\pi_{i1}=m_i\phi_i\alpha_i-\dfrac{\lambda}{2}\phi_i^2 & (m_i<m_j-t)\\ \pi_{i2}=m_i\alpha_i\left[\hat{x}\phi_i+\psi_i(1-\hat{x})(1-\phi_j)\right]-\dfrac{\lambda}{2}\phi_i^2\hat{x}-\dfrac{\lambda}{2}\phi_i^2(1-\hat{x}) & (m_j-t<m_i<m_j+t)\\ \pi_{i3}=m_i\alpha_i\psi_i(1-\phi_j)-\dfrac{\lambda}{2}\psi_i^2 & (m_i>m_j+t)\end{cases} \tag{3-80}$$

在该模型中，参数 α_i 被定义为外生变量。$\hat{x}=\dfrac{t-m_i+m_j}{2t}$是双寡头企业i在优势市场和竞争市场的边际消费者。为了简化研究，企业i的价格—成本值定义为 $m_i=p_i-c$。同理，$m_j=p_j-c$。

当 $m_i<m_j-t$ 时，企业i由于其价格优势从而获得整个优势市场。然而，企业i投放定向广告并精确识别的客户为 $\phi_i\alpha_i$。这些客户一旦接收到定向广告必然购买产品。同时，企业j无优势市场，且企业i在竞争对手优势市场的广告强度为0。当 $m_j-t<m_i<m_j+t$ 时，边际消费者从企业A和企业B购买商品的平均概率为50%。因此，每个企业都有相对固定的优势市场。然而，由

于不完美定向，双寡头企业只能准确识别部分消费者。当 $m_i > m_j + t$ 时，企业 i 没有任何优势市场份额，但是其能从竞争企业 j 未投放广告的消费者中获得 $\alpha_i\psi_i(1-\phi_j)$ 收益。

根据上述模型，定理 3-12 推导了针对连续异质消费者市场的双寡头企业投放定向广告的均衡广告策略和定向强度的相互关系。

定理 3-12：给定双寡头竞争企业 i 和 j 的任意 m_i 和 m_j，均衡广告强度 $\phi_i^*(m_i, m_j)$ 和 $\psi_i^*(m_i, m_j)$ 是企业的均衡广告策略函数。

(1) 当 $m_i < m_j - t$ 时，企业 i 投放定向广告的定向精度 α_i 与其均衡广告强度成正比，其函数表达式为 $\psi_i^*(m_i, m_j) = \min\left\{\frac{m_i\alpha_i}{\lambda}, 1\right\}$，而定向精度 α_i 与双寡头企业 i 在其竞争市场的均衡广告强度无关。

(2) 当 $m_j - t < m_i < m_j + t$ 时，企业 i 的定向精度与其在优势市场投放定向广告的广告强度成正比。企业 j 的定向精度与企业 i 在优势市场投放定向广告强度成反比，即：

$$\begin{cases} \phi_i^*(m_i, m_j) = \min\left\{\dfrac{m_i\alpha_i}{\lambda}, 1\right\} \\ \psi_i^*(m_i, m_j) = \max\left\{0, \min\left\{1, \dfrac{m_i\alpha_i}{\lambda}\left(1 - \dfrac{m_j\alpha_j}{\lambda}\right)\right\}\right\} \end{cases} \tag{3-81}$$

(3) 当 $m_i > m_j + t$ 时，双寡头企业 i 在其竞争市场的广告强度依赖于竞争企业 j 的定向精度，即 $\psi_i^*(m_i, m_j) = \max\left\{0, \min\left\{1, \frac{m_i\alpha_i}{\lambda}\left(1 - \frac{m_j\alpha_j}{\lambda}\right)\right\}\right\}$，而定向精度 α_i 对 $\phi_i^*(m_i, m_j)$ 无任何影响，其取值范围是 $[0, 1]$。

注意到无论双寡头企业 i 的定向精度如何改变，则都存在 $\phi_i^*(m_i, m_j) \geqslant \psi_i^*(m_i, m_j)$。这意味着拥有不同定向精度的双寡头企业都可能向其优势市场投放更多的广告信息。

接下来，本书研究了拥有不同定向精度的双寡头企业的内在均衡。在均衡状态下，企业在连续的博弈阶段首先选择价格博弈，然后选择广告博弈，即选择基于不同定向精度的广告策略。在这种情况下，$m_i = m_j = m$ 满足利润对价格的一阶条件。根据上述模型，可以得出双寡头企业 i 的均衡收益函数和三阶不等式：

$$\pi_i^* = \frac{\alpha_i^2}{4t\lambda^3}(2\lambda^2 m_i^2 t - 2\lambda m_j \alpha_j m_i^2 t - 2\lambda m_j \alpha_j m_i^3 + 2\lambda m_j^2 \alpha_j m_i^2 + m_j^2 \alpha_j^2 m_i^2 t + m_j^2 \alpha_j^2 m_i^3 - m_j^3 \alpha_j^2 m_i^2) \tag{3-82}$$

$$P(m) = \alpha_j^2 m^3 - 2\alpha_j m^2(\lambda - \alpha_j t) - 4\alpha_j \lambda m t + 4\lambda^2 t \tag{3-83}$$

另外，当 $\phi_i=1$ 是至少其中一个双寡头企业的角均衡。每个企业的均衡广告强度都受企业的均衡定向精度的影响。

根据下述定理，博弈的 Nash 均衡依赖于广告成本参数 λ，水平差异参数 t 以及企业投放定向广告的定向精度 α_i。

定理 3-13： 双寡头企业进行广告和价格博弈时，其博弈的 Nash 均衡受到广告成本参数 λ，水平差异参数 t 以及定向广告的定向精度 α_i 的影响。

（1）如果 $\lambda \leqslant 2t$，角对称均衡表明市场由基于电商平台的定向广告的均衡广告强度细分。每一个双寡头企业都通过不完美定向广告告诉准确识别的客户。企业 A 和企业 B 的均衡广告和价格策略如下：

$$\begin{cases} \phi_A = \phi_B = \phi^* = 1 \\ \psi_A = \psi_B = \psi^* = 0 \\ m_A = m_B = m^* = t + \dfrac{\lambda}{2\alpha^*} \\ \alpha_A = \alpha_B = \alpha^* \end{cases} \tag{3-84}$$

定向精度与每一个双寡头企业的均衡收益成正比，即 $\pi^* = \frac{t}{2}\alpha^*$。

（2）如果 $\lambda > 2t$，双寡头企业进行博弈的唯一均衡是线性对称均衡，每一个企业都在其优势市场部分选择定向精度 α_i 并投放广告强度为 ϕ_i 的定向广告。而在竞争市场部分投放更低的广告强度 ψ_i。在均衡广告强度下，定向精度与广告强度关系如下：

$$\begin{cases} \phi_A = \phi_B = \phi^* = \dfrac{m\alpha_i}{\lambda} \\ \psi_A = \psi_B = \psi^* = \dfrac{m\alpha_i(1 - m\alpha_j)}{\lambda} \end{cases} \tag{3-85}$$

企业 i 的均衡收益与企业投放定向广告的定向精度平方成正比，如下：

$$\pi_i^* = \frac{\alpha_i^2 m^2[\lambda^2 + (\lambda - m\alpha_j)^2]}{4\lambda^3} \tag{3-86}$$

当广告成本较低时（$a \leqslant 2t$），每一个双寡头企业都将向连续异质消费者市场以不同的定向精度投放定向广告。每个企业均在优势市场以最大的广告强度投放定向广告。然而，当广告成本足够高时，两个企业可能分别向各自优势市场和竞争市场交叉投放定向广告。研究结果表明：企业的均衡收益依赖于企业向异质消费者市场投放定向广告的定向精度，企业定向广告的定向精度在优势市场和竞争市场起相反的作用。

推论 3-1：当 $\lambda > 2t$ 时，每一个双寡头企业的均衡收益随着其投放定向广告的定向精度的提高而增加，随着竞争对手的定向精度的提高而下降。在均衡状态下，每一个双寡头企业的收益随着定向广告参数 λ 的增加而提高，即 $\frac{dm^*}{d\lambda} > 0$。

在传统的双寡头企业营销模式下，两个企业向市场所有消费者投放大众广告，如电视广告或者报纸广告等。然而，随着定向识别技术的提高，双寡头企业能更准确识别消费者，并能在不同市场采取不同的价格策略和定向广告策略。本节接下来对双寡头企业使用不完美定向广告与投放大众广告竞争进行比较，从而进一步研究定向精度对价格和市场竞争可能带来的影响。正如 Tirole[146] 和 Brahim[15]，企业向所有消费者投放大众广告时，广告强度固定。因此，针对连续异质性消费者市场，企业投放不完美定向广告的产品定价（p^{it}）与投放大众广告的产品定价（p^r）进行比较后可知定理 3-14。

定理 3-14：（1）当 $\lambda \leqslant \frac{t}{2}$ 时，$p^r = c + t < p^{it} = c + t + \frac{\lambda}{2\alpha^*}$。

（2）当 $\frac{t}{2} \leqslant \lambda \leqslant 2t$ 时，$p^r = c + \sqrt{2\lambda t} < p^{it} = c + t + \frac{\lambda}{2\alpha^*}$，因为其满足如下表达式：$p^{it} - p^r = \left(\sqrt{t} - \sqrt{\frac{\lambda}{2\alpha^*}}\right)^2 + \left(\sqrt{\frac{2\lambda t}{\alpha^*}} - \sqrt{2\lambda t}\right) > 0$。

（3）当 $\lambda \geqslant \frac{t}{2}$ 时，$p^r \geqslant p^{it}$，如果满足如下条件：$P\left(\sqrt{\frac{2\lambda t}{\alpha_j}}\right) = 2\lambda(2\lambda t - \alpha_j m^2) < 0$。

推论 3-2：当 $\lambda \leqslant 2t$ 时，双寡头企业向连续异质消费者市场投放不完美定向广告的均衡价格高于企业向该市场投放大众广告时的均衡价格。反之，当 $\lambda \geqslant 2t$ 时，其均衡价格低于投放大众广告时的均衡价格。

3.3.4 定向精度的有效投资

由以上研究可以看出，双寡头企业针对连续异质消费者市场投放定向广告的定向精度与该企业投放定向广告所获得的利润成正比。因此，当某一双寡头企业具备更高的定向精度时即可以作为其竞争优势，因此，每一个双寡头企业都期望通过提高定向技术等获得更高的定向精度，而提高定向技术必然需要对其进行市场投资。投资的提高必然影响企业的利润，从而在一定程度上削弱企业的市场竞争优势。因此，本节需要进一步研究企业如何针对异质消费者市场进行定向精度投资从而获得最优定向精度。每一个双寡头企业的利润函数可以表示为如下模型：

$$\prod_i = \pi_i(\alpha_i) - k\alpha_i^2 \tag{3-87}$$

其中，$\pi_i(\alpha_i)$ 是具有不同定向精度的双寡头企业的期望收益，而 $k\alpha_i^2$ 则表示企业获得中等定向精度 α_i 所需要花费的成本。定向精度的程度意味着准确识别的消费者数量，这对双寡头竞争企业针对连续异质消费者市场选择最优的广告强度策略和价格策略至关重要。因此，本书将定向精度作为双寡头企业的内生性变量，认为其可以通过市场投资予以改变。根据定理 3－13，当 $\lambda \leqslant 2t$ 时，企业 i 的利润模型可以表示：

$$\prod_i = \frac{t\alpha_i}{2} - k\alpha_i^2, i = 1,2 \tag{3-88}$$

定理 3－15：（1）当 $t \leqslant 4k$ 时，$\alpha_i^* = \frac{t}{4k}$，$\prod_i^* = \frac{t^2}{16k}$，双寡头企业都将追求中等定向精度。

（2）当 $t \geqslant 4k$ 时，$\alpha_i^* = 1$，$\prod_i^* = \frac{t}{2} - k$，这意味着完美定向广告对企业是有利的。

当 $\lambda \geqslant 2t$ 时，双寡头企业 i 的利润可以表示为：

$$\prod_i = \frac{\alpha_i^2 m^2 [\lambda^2 + (\lambda - m\alpha_j)^2]}{4\lambda^3} - k\alpha_i^2, i = 1,2 \qquad (3-89)$$

定理 3-16：在均衡状态下，针对连续异质消费者市场，双寡头企业都寻求相同的定向精度，即（$\alpha_i = \alpha_j = \alpha^*$），企业均衡利润可以表示为 $\prod^* = \frac{\alpha^{*2} m^2 [\lambda^2 + (\lambda - m\alpha^*)^2]}{4\lambda^3} - k\alpha^{*2}$。

（1）当 $\alpha^* = \frac{2\lambda}{m} \leqslant 1$ 时，$\prod^* = \frac{2\lambda - 4k\lambda^2}{m^2}$。在这种条件下，双寡头企业都将追求中等定向精度以获取最大均衡利润。（2）当 $\frac{2\lambda}{m} > 1$，$\alpha^* = 1$ 并且存在 $\prod^* = \frac{m^2\ (2\lambda^2 - 2\lambda m + m^2)}{4\lambda^3} - k$ 时，这意味着双寡头企业选择的最优定向精度为 1，即双寡头企业向市场投放完美定向广告才能获得最大均衡利润。

根据以上定理，双寡头企业对最优定向精度的投资受到特定市场条件，即定向广告参数 λ 和均衡市场价格 m 的比率的制约。在当前大数据背景下，企业投放定向广告的定向技术不断提高，双寡头企业有很多种方式提高投放定向广告时的定向精度，例如，购买最先进的定向追踪技术或者从第三方购买异质消费者的准确市场数据以获得最详细的消费者信息。因此，可以得到推论 3-3。

推论 3-3：在均衡条件下，两个企业都将投资相同水平的定向精度。双寡头企业通过投资获得的最优定向精度在一定参数范围内受到运输成本和投资系数的影响。而且，完美定向精度并非总是对双寡头企业有利，而投放定向广告时选择中等程度的定向精度则是企业获得最优利润的最佳选择。

3.3.5　企业投放不完美定向广告与大众广告的市场竞争

根据模型看出，每一个双寡头企业投放定向广告的定向精度可能影响到竞争对手的广告策略。因此，接下来考虑不同类型的市场结构，即两个不同类型的竞争企业的市场竞争情况。例如，企业 i 通过电商平台获得了消费者的行为偏好信息并且能投放定向精度为 α_i 的定向广告。企业 j 由于技术条件所限，并未获得消费者的相关信息，因此企业 j 只能向全部消费者市场投放大众广告，即（$\alpha_i>0$，$\alpha_j=0$）。这意味着投放定向广告的企业直接面临选择大众广告策略的企业价格竞争和广告竞争。

因此，本书需要考虑定向精度是否能影响投放大众广告的竞争企业的广告策略。故企业 i 和企业 j 的利润函数可以表示为：

$$\pi_i=m_i\alpha_i[\hat{x}\phi_i+\psi_i(1-\hat{x})(1-\phi_j)]-\frac{\lambda}{2}\phi_i^2\hat{x}-\frac{\lambda}{2}\phi_i^2(1-\hat{x}) \quad (3-90)$$

$$\pi_j=m_j[(1-\hat{x})\phi_j+\phi_j\hat{x}(1-\phi_i)]-\frac{\lambda}{2}\phi_j^2 \quad (3-91)$$

根据博弈模型，选择不同广告策略的企业均衡利润表示为（π_i^*，π_j^*），可得定理 3－17。

定理 3－17：如果双寡头企业 i 通过电商平台依赖的定向广告以定向精度 α_i进行市场销售，而企业 j 通过大众广告进行传统的市场销售。在均衡状态下，两个企业都在博弈中采取相同的价格策略。企业 i 的均衡收益和企业 j 的均衡收益可以分别用下式表达：

$$\pi_i^*=\frac{m^2\alpha_i^2}{2\lambda}\left[-\frac{m^3\alpha_i}{2\lambda}-\left(\frac{\alpha_i}{2\lambda}-1\right)m^2-m+\frac{9}{8}\right],\ \pi_j^*=\frac{m^2\ (2\lambda-m\alpha_i)^2}{8\lambda^3}。$$

根据模型，比较采取不完美定向广告策略的双寡头企业在其优势市场和竞争市场的广告强度。然后，定向精度 α_i 对两个企业的利润的作用进行比较，可得到推论 3－4。

推论 3－4：在均衡状态下，针对连续异质消费者市场，当某一企业采取不完美定向广告策略同采取大众广告的企业进行市场竞争时，采取不完美定向广告的企业可能在其优势市场比竞争市场投放更多的广告。另外，当企业分别向自身优势市场和竞争市场分别投放不同强度的定向广告时，企业投放定向广告的定向精度与利润呈“U”形关系，而采取大众广告的企业利润则与采取不完美定向广告的企业的定向精度呈反向变化。

根据前述模型研究，尽管定向精度对企业的广告策略起到重要的作用。在我们的模型中，我们假定双寡头企业在各自的优势市场和竞争市场都具有相同的定向精度。然而，在实际的企业产品销售中由于存在信息的不对称性。企业可能在其优势市场获得比竞争市场更多的信息，从而有意识提高其在优势市场的定向精度。这意味着拥有不同定向精度的企业在不同的市场可能有不同的作用。因此，双寡头企业投放定向广告的定向精度与广告强度的相互作用关系由定理3－18详细阐述。

定理3－18：当双寡头企业分别在各自优势市场以不同定向精度 α_{is} 和 α_{js} 投放定向广告并在各自竞争市场以不同定向精度 α_{iw} 和 α_{jw} 投放定向广告时，如果 $\alpha_{is} > \frac{\alpha_{iw}(\lambda - m_j\alpha_j)}{\lambda}$，则存在 $\phi_i^* > \psi_i^*$；然而，如果存在 $\alpha_{is} < \frac{\alpha_{iw}(\lambda - m_j\alpha_j)}{\lambda}$，则必然存在 $\phi_i^* < \psi_i^*$。仅当 $\alpha_{is} = \frac{\alpha_{iw}(\lambda - m_j\alpha_j)}{\lambda}$ 时，企业i在优势市场的广告强度和竞争市场的广告强度相同。

针对连续异质性消费者市场，由于双寡头企业的均衡收益在各自的优势市场和竞争市场中都随投放定向广告的定向精度变化而变化。因此，企业i的均衡收益如下：

$$\pi_i = m_i\left[\frac{t - m_i + m_j}{2t}\phi_i\alpha_{iS} + \psi_i\frac{t + m_i - m_j}{2t}\alpha_{iw}(1 - \phi_j)\right] - \frac{\lambda}{2}\phi_i^2\frac{t - m_i + m_j}{2t} - \frac{\lambda}{2}\psi_i^2\frac{t + m_i - m_j}{2t} \quad (3-92)$$

另外，双寡头企业在其优势市场和竞争市场的均衡广告强度都分别受到竞争对手的定向精度的影响。

推论3－5：(1) 当 $m_i < m_j - t$ 时，双寡头企业i在优势市场的定向精度 α_{iS} 与广告强度成正比，即 $\phi_i^*(m_i, m_j) = \min\left\{\frac{m_i\alpha_{is}}{\lambda}, 1\right\}$ 并且 ψ_i^* 能取［0，1］中任意数值。

(2) 当 $m_j - t < m_i < m_j + t$ 时，双寡头企业i在竞争市场投放定向广告的定向精度 α_{iw} 与其在竞争市场的广告强度成正比。同时，双寡头企业j在优势市场的定向精度 α_{js} 与企业i在竞争市场的广告强度成反比。

$$\begin{cases} \phi_i^*(m_i, m_j) = \min\left\{\frac{m_i\alpha_{is}}{\lambda}, 1\right\} \\ \psi_i^*(m_i, m_j) = \max\left\{0, \min\left\{1, \frac{m_i\alpha_{iw}}{\lambda}\left(1 - \frac{m_j\alpha_{js}}{\lambda}\right)\right\}\right\} \end{cases} \quad (3-93)$$

(3) 对于 $m_i > m_j - t$，$\psi_i^*(m_i, m_j) = \max\left\{0, \min\left\{1, \frac{m_i\alpha_{iw}}{\lambda}\left(1 - \frac{m_j\alpha_{js}}{\lambda}\right)\right\}\right\}$ 并

且 $\phi_i^*(m_i, m_j)$ 可能取［0，1］范围内的任一数值。

这一推论表明：每一个双寡头企业在向连续异质性消费者市场投放定向广告过程中，无论是在其优势市场还是竞争市场都可能提高其定向精度。

然而，由于企业在优势市场的定向精度和竞争对手的广告强度呈反向关系，故两个企业都可能在各自认为的优势市场投放更多的定向广告。这意味着双寡头企业在优势市场获取更高的定向精度将成为企业进行市场竞争的潜在竞争优势，而随着市场竞争激烈程度的提高，这种优势将为企业获得更多的利润。

3.4 案例分析

本节将分析 2015 年 3 月至 2015 年 4 月 15 日期间，某品牌白酒利用移动 DSP（Demand - Side Platform）投放定向广告的真实案例（选自 ADpush 营销平台）。

（1）营销背景。

由于传统白酒具有较高的酒精度数，消费者在饮用时大多寻求酒精带来的刺激和尽兴感觉。而随着人们健康意识的提高，消费者对白酒饮用提出更高的要求：饮用舒适。于是，口感绵柔且饮后不上头、不口干、身体舒适，成为白酒品质创新的主旋律。作为一款概念型的产品，该品牌白酒追求的是白酒品质的极致，分子量小代谢快、微量成分更绵柔、包装独特简洁，符合当下人们的环保潮流。

（2）营销目标。

• 提高该白酒品牌的认知度、美誉度、树立品牌形象、提高目标受众的点击率。

• 提升该企业在社会公众中的地位，提升该品牌白酒的形象。

• 增加该品牌白酒与消费者的互动并且增加消费者对该品牌白酒的购买数量。

（3）营销策略。

• 精准人群：利用广告标示符（IDFA）收集河北全省数据并进行人群关

联分析，通过混合定向——“酒水人群” + “快速消费品人群” + “基本属性”对相应目标进行精准性搜索，寻找符合该品牌特性——微分子酒的目标受众群体。

• LBS 定向：利用 LBS 定向技术，配合该产品的品牌特性，将产品广告定向投放河北全省，并对白酒的主要销售区域进行相应覆盖，企业通过网络向消费者准确投放定向广告，带动线下的微分子酒销售。①选择城市定向——根据 DMP（Data Management Platform）数据库，对河北所有县级以上城市群特征进行分析，筛选出微分子酒适应覆盖的潜在城市，并将广告投放与这些城市。②选择商圈定向——根据 DMP 数据库，对河北全省的大中小商圈的特点和位置进行分析，定位出有线下专卖的商场、超市等区域并进行广告投放。

• 时段定向：充分分析河北省饮酒人群的饮酒习惯，在节假日及特定时段（如餐前，尤其是晚餐），提高广告投放的频率和力度，刺激消费者的冲动型消费。而在其他时段有选择的适量安排广告投放，如凌晨 2 点至上午 10 点尽量不安排广告投放。

（4）创意表现/技术应用。

利用 DSP 平台覆盖河北全省高效曝光，并通过多重定向等技术手段寻找目标受众，提升企业的 ROI（投资回报率），避免广告资源出现浪费。

• 技术应用：HTML5 技术实现、DSP 技术应用。

• 目标群体：中高端饮酒人群标签定向、LBS 商圈区域定向。

• 数据优化：广告频率控制、定向优化实现。

（5）执行过程/媒体表现。

• 广告强度控制优化：对广告投放频率和曝光次数进行适当控制，针对初次定向人群和品牌白酒专属人群适当控制定向精准性，使得广告能够覆盖较广的目标受众，既不会过多打扰受众，也不会因为过于准确造成广告曝光不足，提升精准投放的效果。

①考虑酒水行业的一般规律，针对初次精准定向人群，在 10 次以内广告曝光下，用户能点击广告，而对超过 10 次广告曝光仍无反馈的用户，应停止广告投放。

②根据历史相关数据，针对品牌白酒专属人群库，一般饮酒人群在 3 次

内即达到有效传播，将广告频次控制在 3 次以内，超过 3 次无明显效果的用户不对其进行投放。

• 转化率优化：通过投资构建大数据中心，并自动分析上百万条数据特征。提高定向广告投放的精准性，实时优化品牌白酒广告的转化率。通过相关技术的投资，使上线大数据预估模型比单纯人工优化效果提升 60% 以上，并且降低了广告主的成本。

• 多项优化措施联用提高定向精度。

①算法优化：不断提高算法的效率，提高对用户的识别准确性，保证尽可能地识别目标受众——白酒专属人群；同时允许一定的错误，扩大定向人群覆盖面。

②重定向执行：根据 DMP 数据库进行 IDFA 标签定向筛选后初次投放定向广告。通过 DSP 实时反馈行为数据，分目标人群行为偏好，对未点击或只浏览等不同行为方式的用户进行二次投放，并用更有创意的广告形式吸引找回的人群。

③物料优化：对比广告投放期内相关广告素材的实时数据并进行分析，去除将点击率低的素材和创意，提升受众对该品牌广告的点击率。

（6）营销效果和市场反馈。

企业在确保高效曝光的前提下，通过 DSP 定向广告投放，实际获得 234004951 次曝光量，总点击达到 1078596 次。实际广告曝光量超过计划的 228%；而广告的点击量则超过 100.2%，通过对广告精度的相应调节，广告效果是其他投放方式的 2～3 倍。

案例启示：该品牌白酒企业在投放定向广告时对定向精准性进行优化选择，如通过提高定向技术、算法优化或采取多种定向模式进行混合定向等提高定向精度，通过提高定向广告的定向精度提高了企业的利润。但在实践过程中，该企业对定向广告的定向精度控制在一定的范围，允许一定的定向错误，避免因为定向精度的提高而导致定向广告曝光不足，从而影响产品的品牌宣传。另外，该企业为了获取更高的定向精度，采取投资的方式提高定向技术和数据获取能力，如该企业通过构建大数据中心获取相关的定向数据，这增加了企业额外的成本支出。最终，该企业通过将定向精度投资控制在合理最优范围，有效地降低了成本，在提高定向精度的同时促进了企业利润。

3.5　本章小结

本章围绕不同市场环境下（垄断市场环境、双寡头同质竞争市场、双寡头连续异质市场）的企业投放定向广告的定向精准性与市场利润、产品价格和社会福利等关系问题进行研究。

针对单寡头市场，首先通过二维变量——准确度和识别度研究企业投放定向广告的精准性对企业利润影响问题。研究表明：（1）尽管企业投放定向广告能提高消费者需求和产品的匹配程度并且能显著降低广告浪费，然而更精准的定向并不意味着更高的社会福利。（2）相比大众广告，企业在投放定向广告时，准确度和识别度的变化可能降低消费者剩余和社会福利，最终的广告效果取决于准确度和识别度分别对广告强度和消费者剩余的相对作用效果。（3）当企业决定通过投资提高定向精准性时，企业应当沿不同方向对定向广告的准确度和识别度分别采取不同的投资策略。

针对竞争市场，由于不同企业间的准确度和识别度会产生交叉作用难以通过数学模型进行优化分析。因此，通过一维变量——定向精度来检验双寡头同质市场下企业的定向精度优化对企业利润、社会福利等的影响。结果发现：定向精度的优化选择对企业利润至关重要；定向精度的投资对企业利润呈双向调节作用。

针对双寡头连续异质市场，本章研究表明：（1）完美的定向并非总是对企业有利。而企业投放定向广告的定向精度变化将影响企业的广告强度和市场利润。（2）基于电商平台的定向精度具有两个相反的作用，其正向作用在于能通过定向更加准确地识别客户从而提高企业的利润，而负向作用在于定向精度的提高可能引起企业间激烈的市场竞争。最终作用取决于两个企业在优势市场和竞争市场的不同广告策略。（3）对定向精度的适度投资可以成为企业的一种潜在市场优势。只要定向成本不是太高，两个企业都可能追求更高的定向精度。而当使用不完美定向广告的企业同采取大众广告策略的企业进行市场竞争时，合适的定向精度总能成为企业的一个竞争优势。

第4章　定向广域度双向调节的作用机制研究

企业在投放定向广告的过程中考虑投放精准性的同时，还需要考虑定向广告需要覆盖的市场范围。企业可以向已有客户或潜在客户投放定向广告，或进一步对潜在客户进行市场细分，即企业可以向部分潜在客户或全部潜在客户投放定向广告。为此，本章研究企业定向广告的投放范围对企业利润的影响以及投放范围优化问题。首先，在明确问题的基础上，给出定向广域度这一概念，研究定向广告的定向广域度变化对双寡头企业市场竞争的影响；其次，考虑了存在错配损失下定向广域度对市场的调节作用；最后比较了双寡头企业不同广告策略的竞争均衡结果。研究发现定向广域度对企业均衡利润起双向调节作用，这为企业有效利用定向广告奠定理论基础。

4.1　问题提出

企业在投放定向广告过程中不仅需要考虑精准性，还需要考虑如何根据消费者群体的实际需要在不同的市场范围投放产品广告。广告群体范围的变化影响企业投放定向广告的商业效益。例如，腾讯公司能根据用户的IP地址识别用户所在的区域，并利用LBS（Location Based Service）技术将定向广告分别投向不同区域，如某个县级城市；或根据相关客户数据库，将定向广告投放于特定的城市商圈（已有客户）或城市商圈周边的部分消费者（潜在消费者）。这实际反映了企业可以针对已有客户还是潜在客户投放定向广告。故企业需要以客户为市场导向将消费者群体进行市场细分，并分别针对不同消费者群体范围采取不同的营销措施[172]。现有关于定向广告的研究一般认为投放的定向广告绝对精准并且投放在无偏好消费者市场，投放的区域范围相对固定[7,10,13]。而并未考虑到当企业投放不完美定向广告时，企业投放定向广告的范围可能发生变化。

随着定向技术的进步，企业投放定向广告的精准性有了很大提高。而精准性往往和定向广告的投放范围密切相关。当企业对消费者群体的识别程度较高时，往往需要缩小消费者群体的范围，而提高对市场的细分程度。当企业针对不同消费者群体范围投放定向广告时，往往按照消费者所处的地理位置、自然环境细分市场。例如，根据国家、地区、城市规模、气候、人口密度、地形地貌等方面的差异将整体市场分成不同的小市场。一般而言，企业往往只能针对局部小市场投放产品广告，而随着广告投放市场的范围变化，企业利润也发生变化。确定了定向广告投放的市场范围，才能寻找到潜在目标客户群体，从而根据客户的潜在市场需要投放定向广告。此外，由于产品在每一个细分市场的比重和相对价值各不相同，因此企业可以考虑放弃较小或无利可图的细分市场，向这部分细分市场投放定向广告可能并不能获得较高收益。另外，针对某些较小的市场，企业可以考虑将该市场与其他的相似需求市场进行合并，从而有针对性地投放定向广告。因此，如何选择最优的市场投放范围成为企业投放定向广告必须考虑的重要因素。

由于企业投放定向广告的市场范围是一个动态变量。企业可以通过投资如购买信息服务、数据库技术等获取目标用户的网络基本属性、效用偏好、消费特征等以扩大或缩小广告投放范围。此外，企业可以将定向广告投放到自身优势市场，也可以投向无偏好市场，甚至投向竞争对手市场。因此，为了更好地刻画该变量，本书提出了定向广域度的概念即定向广告投放的潜在目标消费群体区域与全部消费群体的比率，通过定向广域度来刻画企业投放定向广告的范围，定向广域度决定了企业投放定向广告的目标群体覆盖程度。显然，不同市场竞争环境下定向广域度的变化将直接影响企业的均衡价格和均衡利润。因此，本章主要研究的问题包括：

（1）企业投放定向广告的定向广域度对企业均衡利润有何影响？

（2）当双寡头竞争企业同时投放定向广告时，定向广域度变化对企业间市场竞争有何影响？

（3）当具备一定定向精度的企业与投放大众广告的企业竞争时，定向广域度的变化对定向广告企业和大众广告企业分别有何影响？

（4）定向广域度投资对企业有何影响？企业应当如何优化定向广域度投资？

4.2　模型假设和变量描述

供给端：假设市场由两个垄断企业 i 和企业 j（i，j = A，B）组成。两个企业相互竞争，并生产价格为 p_i 的同质产品。企业利润为 π_i。不失一般性，假设企业的边际生产成本为 0。

需求端：产品的市场总需求标准化为 1。每个消费者最多购买 1 单位的产品，所有消费者对产品的保留价格都相同，标准化为 1。根据 Varian[165] 和 Narasimhan[122] 对消费者偏好的分类，假设两个企业各自拥有一部分占市场比例为 α 的忠实消费者，由于信息不对称，企业并不能完全获得这些忠实消费者的信息，企业只能获得部分忠诚客户的信息。而其他消费者所占比例用 β 表示，这部分客户对两种品牌没有偏好，在企业 i 和企业 j 之间选择价格最低的产品。以上参数满足 $2\alpha + \beta = 1$，$\alpha \in (0,\ 0.5)$，$\beta \in (0,\ 1)$。

信息型定向广告：信息型定向广告的作用是向消费者传递产品的价格信息、属性和位置等。消费者只有收到企业的广告信息后才会购买产品，不考虑消费者主动搜索产品信息和主动屏蔽广告信息情况。

广告强度：根据 Grossman 和 Shapiro[6] 以及 Stahl[95] 的广告竞争模型，广告强度 ϕ_i 表示消费者能接收到企业 i 投放的广告概率，c 表示单位广告成本系数。假设投放 ϕ_i 水平的广告（大众广告）的总成本是 A。

定向广域度：定义为定向广告投放的潜在目标消费群体区域与全部消费群体的比率，用 ψ_i 表示（$\psi_i \in [0,1]$），则企业 i 投放定向广告的实际费用为 $A(\phi_i,\psi_i) = c\phi_i^2\psi_i/2$。假设企业不能准确识别自身忠诚客户和无偏好客户，则该企业投放定向广告的定向广域度 $\psi_i \in [0,\alpha+\beta]$。

因此，当企业投放定向广告时，其投放范围实际包含三部分群体：(1) 已有的忠诚客户群体；（2）无偏好客户中未接收到竞争企业广告的客户群体；(3) 与对手竞争无偏好市场中的客户群体。在这些潜在客户中，分别属于企业 i 的忠诚客户、竞争市场客户。对手竞争市场客户的比例分别为 x_{i1}，x_{i2}，x_{i3}。

则 $x_{i1} = \dfrac{\alpha\psi_i}{\alpha+\beta}\phi_i$；$x_{i2} = \dfrac{\beta\psi_i}{\alpha+\beta}\phi_i(1-\phi_j)$；$x_{i3} = \dfrac{\beta\psi_i\phi_i\phi_j}{\alpha+\beta}$。

市场：经过企业的广告宣传，市场中的消费者分为四部分：一部分消费者只考虑购买企业 i 的产品，其总数为 $x_{i1}+x_{i2}$；一部分消费者只考虑是否购买企业 j 的产品，其总数 $x_{j1}+x_{j2}$；对于企业 i 来说，一部分消费者在两个产品中进行选择，即竞争市场总数为 x_{i3}；对于企业 j 来说，这部分无偏好消费者的总数则为 x_{j3}。最后一部分消费者由于未接收到广告，无论其对哪种商品产生偏好，均不能发生购买行为，即无效市场。前两类消费者总和为企业的独占市场。

无效市场：$\frac{\beta\psi_i}{\alpha+\beta}(1-\phi_i)(1-\phi_j)$；独占市场：$D_i\equiv x_{i1}+x_{i2}=\frac{\psi_i}{\alpha+\beta}[a\phi_i+\beta\phi_i(1-\phi_j)]$；竞争市场：$D_{ij}\equiv x_{i3}=\frac{\beta\psi_i\phi_i\phi_j}{\alpha+\beta}$。

4.3　模型构建和均衡结果

4.3.1　双寡头企业进行大众广告竞争的均衡结果

当企业缺乏有效辨别不同类型消费者的能力时，企业只能采用大众广告方式向全部市场投放产品广告。这时，企业所花费的广告费用为 $c\phi_i^2/2$。企业的定价决策需要同时考虑企业的独占市场和竞争市场。从独占市场来看，产品价格越高，则企业所能获得的利润也越高；而从竞争市场来看，产品价格越低，企业才可能获得相应的市场。因此，企业的价格决策不存在纯策略均衡，这与 Iyer 等[10]和张建强[177]的研究类似。

设 p_i 的累计分布函数（CDF）为 $F_i(p)$，表示企业 i 定价小于 p 的概率。则企业利润：

$$\pi_i(p_i,\phi_i)=p_i[a\phi_i+\beta\phi_i(1-\phi_j)]+p_i\beta\phi_i\phi_j(1-F_j(p_i))-\frac{c}{2}\phi_i^2 \quad (4-1)$$

其中，$p_i[a\phi_i+\beta\phi_i(1-\phi_j)]$ 表示企业 i 从其独占市场所获得的收益，$p_i\beta\phi_i\phi_j(1-F_j(p_i))$ 表示企业 i 从竞争市场所获得的收益。$c\phi_i^2/2$ 表示企业的广告费用支出。可得定理 4－1。

定理 4－1：如果两竞争企业采用大众广告的市场营销方式，则其混合定价策略的累计分布函数为：$F^M(p)=1-\frac{(1-p)c}{p\beta}$，$p\in\left[\frac{c}{\beta+c},\ 1\right]$，均衡广告水平为 $\phi^M=\min\left\{\frac{\alpha+\beta}{\beta+c},\ 1\right\}$，企业均衡利润：当 $\alpha>c$ 时，$\pi^M=\alpha-\frac{c}{2}$。当 $\alpha\leqslant c$ 时，$\pi^M=\frac{c(\alpha+\beta)^2}{2(\beta+c)^2}$。

推论 4－1：两竞争企业投放大众广告时的均衡价格的期望值为 $E(p^M)=\frac{c}{\beta}\ln\frac{\beta+c}{c}$。即均衡价格的期望值与 β 成反比，与 c 成正比；当 $\alpha\leqslant c$ 时，均衡广告水平 ϕ^M 与 β 成正比，与 c 成反比；而当 $\alpha>c$ 时，均衡广告强度恒等于 1。

由定理 4－1 和推论 4－1 可知：企业投放大众广告的混合定价策略累计概率与成本和竞争市场的比值成反比。均衡广告水平与竞争市场比例呈线性关系。

仿真模拟与分析：

（1）当 β＝0.2，β＝0.6，c＝0.8 时，企业投放大众广告的 CDF 随 β 变化函数如图 4－1 所示。从图中可以看出，随着 β 的增大，CDF 曲线向右移动。

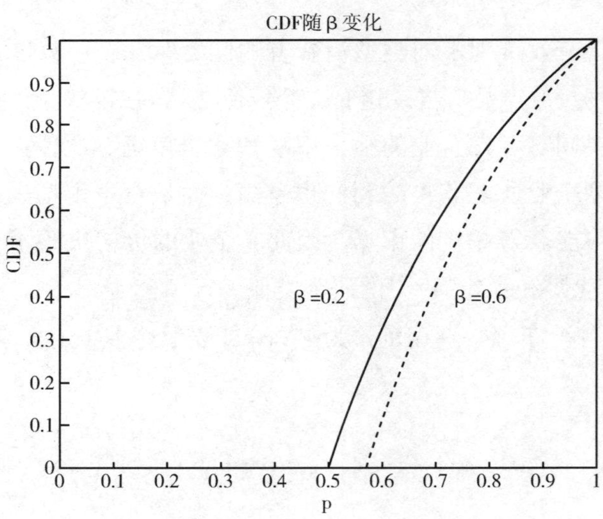

图 4－1　企业投放大众广告的 CDF 随 β 变化函数

（2）当 β＝0.6，c＝0.6；β＝0.2，c＝0.2 时，企业投放大众广告时 α 对企业均衡利润的影响如图 4－2 所示。从图中可以看出，当企业投放大众广告时，α与企业均衡利润成正相关，当α≤0.2时，直线斜率较小；而当α>0.2时，直线斜率迅速提高。两曲线在α=0.25出现交点。

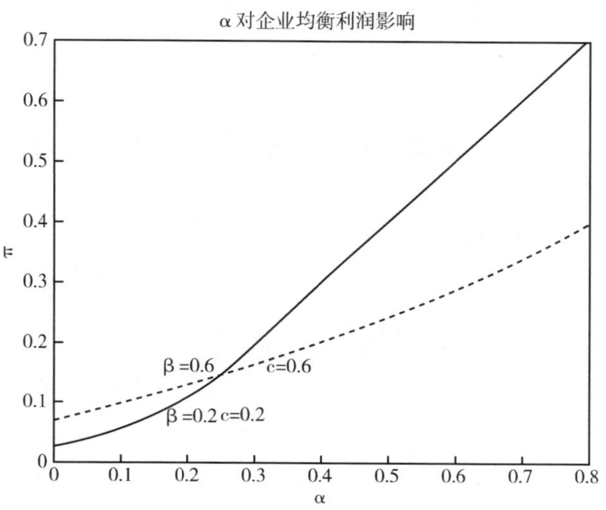

图4-2　企业投放大众广告时α对企业均衡利润的影响

（3）当β=0.2，β=0.6时，企业投放大众广告时的均衡价格期望值$E(p^M)$随c变化函数如图4-3所示。从图中可以看出，$E(p^M)$与c成正比，当β增大时，期望价格$E(p^M)$随c变化的函数曲线向下移动。

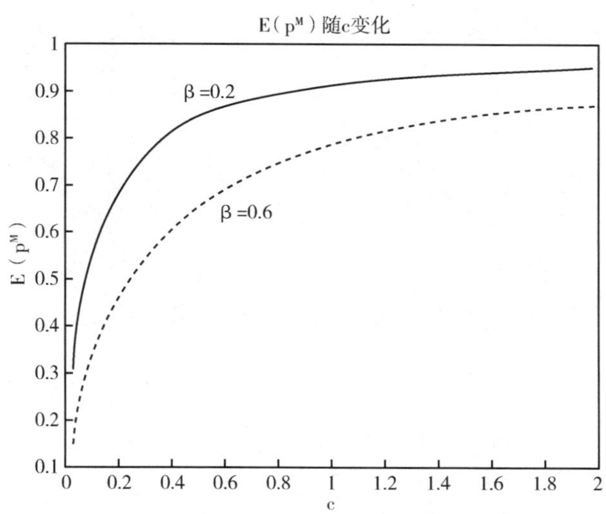

图4-3　企业投放大众广告时$E(p^M)$随c变化函数曲线

当企业投放大众广告时，企业的竞争市场规模、广告成本等因素变化将直接影响企业的价格策略和广告决策，最终影响企业的利润。当企业广告成本较低，优势市场范围较大时，企业利润较高；反之，当广告成本较高，竞争市场范围较大时，企业利润较小。

4.3.2 双寡头企业进行定向广告竞争的均衡结果

在电子商务时代，企业可以利用 cookie 追踪技术，准确获取消费者的相关网络浏览行为和购买行为，通过对这些行为进行分析，能为准确判断消费者对某产品的行为偏好。通过定向广告，企业可以将产品信息定向投向潜在消费者群体以避免广告浪费。然而，由于信息的不对称和某些消费者的购买行为使得企业难以准确识别消费者类型。例如，某一消费者刚好看到广告促销信息，连续多次购买可能会被企业误认为是忠诚客户；在潜在消费者中，企业无法准确地识别绝对忠诚客户和无偏好客户。因此，企业通过向潜在消费者投放定向广告以期获得最大收益，此时，企业的价格博弈满足混合策略均衡。

引理 4－1：当双寡头企业分别向其潜在消费者市场投放定向广告时，即使各自的定向广域度是随机变量，企业间的价格博弈仍然不存在纯策略均衡。

设 p_i 的累计分布函数（CDF）为 $F_i(p)$，表示企业 i 定价小于 p 的概率。企业 i 的利润模型如下：

$$\pi_i(p_i,\phi_i,\psi_i)=\frac{p_i\psi_i}{\alpha+\beta}[a\phi_i+\beta\phi_i(1-\phi_j)]+\frac{p_i\beta\psi_i\phi_i\phi_j}{\alpha+\beta}(1-F_j(p_i))-\frac{c}{2}\phi_i^2\psi_i \tag{4-2}$$

其中，第一项 $\frac{p_i\psi_i}{\alpha+\beta}[a\phi_i+\beta\phi_i(1-\phi_j)]$ 和第二项 $\frac{p_i\beta\psi_i\phi_i\phi_j}{\alpha+\beta}(1-F_j(p_i))$ 分别表示企业 i 投放定向广告到独占市场、竞争市场取得的收益；第三项 $\frac{c}{2}\phi_i^2\psi_i$ 表示企业投放定向广告到潜在消费者群体 $\psi_i\in[0,\alpha+\beta]$ 的实际广告支出。由于两企业的广告市场对称，因此，可以求得两企业博弈的对称均衡解，见定理 4－2。

定理4-2：如果两家企业采用定向广告的营销方式，定向广域度变量为$\psi_i \in [0, \alpha+\beta]$。则企业的均衡价格与定向广域度大小无关，企业的利润与定向广域度成正比。两家企业的混合定价策略的累计分布函数为$F^T(p) = 1 - \frac{(1-p)(\alpha+\beta)c}{p\beta}, p \in [p_{min}^T, 1]$，其中$p_{min}^T = \frac{c(\alpha+\beta)}{c(\alpha+\beta)+\beta}$。均衡广告水平为$\phi^T = \frac{a+\beta}{c(\alpha+\beta)+\beta}$，企业的均衡利润为$\pi_i = \frac{\psi_i c}{2}\left[\frac{(a+\beta)}{c(\alpha+\beta)+\beta}\right]^2$。企业的最大均衡利润是$\arg\pi_{imax} = \frac{(a+\beta)^3 c}{2[c(\alpha+\beta)+\beta]^2}$。

推论4-2：均衡价格的期望值$E(p^T) = \frac{c(\alpha+\beta)}{\beta}\ln\frac{c(\alpha+\beta)+\beta}{c(\alpha+\beta)}$，即均衡价格期望值与β成反比，与c成正比。

仿真模拟与分析：

（1）当β=0.6，β=0.2时，企业投放定向广告时混合价格策略的CDF随β的变化函数曲线，如图4-4所示。从图中可以看出，当企业投放定向广告时，随着β的增加，CDF函数曲线向左移动，曲线斜率减小。

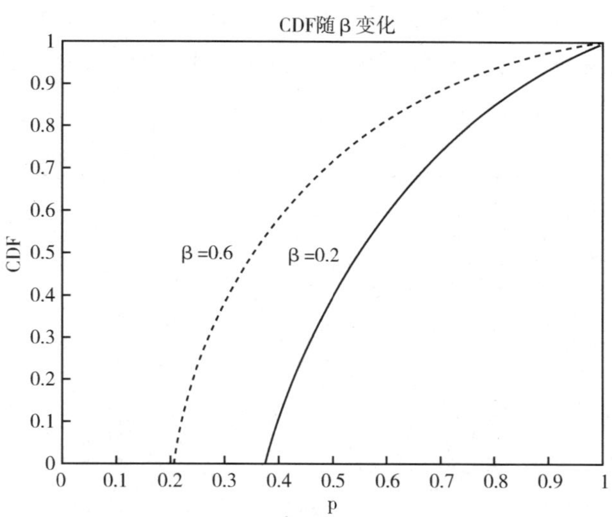

图4-4　企业投放大众广告时CDF随β变化函数曲线

（2）当c=0.2，c=0.8时，企业投放定向广告时的定向广告域ψ_i对企业均衡利润影响，如图4-5所示。从图中可以看出，当企业投放定向广告时，随着广告成本c的增加，曲线斜率增加。

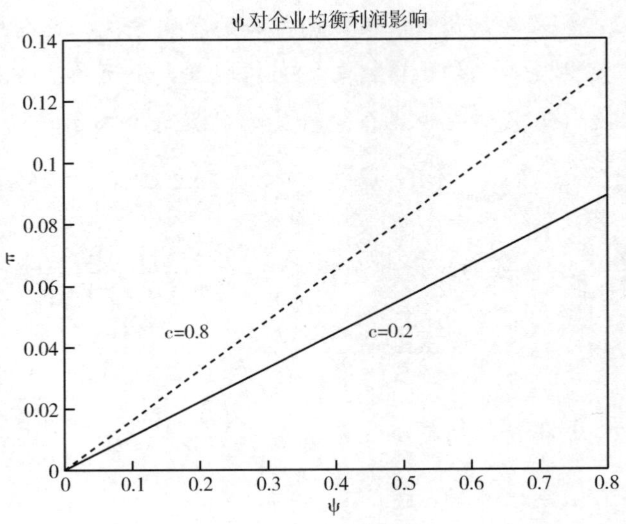

图 4-5　定向广域度 ψ_i 对企业利润影响

（3）当 $c=0.2$ 时，企业投放大众广告和定向广告的均衡价格的期望值 $E(p)$ 随 β 变化关系，如图 4-6 所示。从图中可以看出，随着 β 的增加，企业投放大众广告的均衡期望价格 $E(p^M)$ 和投放定向广告的均衡期望价格 $E(p^T)$ 都逐渐下降；对于同一 β 取值，企业投放大众广告的期望价格高于投放定向广告的期望价格，即 $E(p^M)>E(p^T)$。

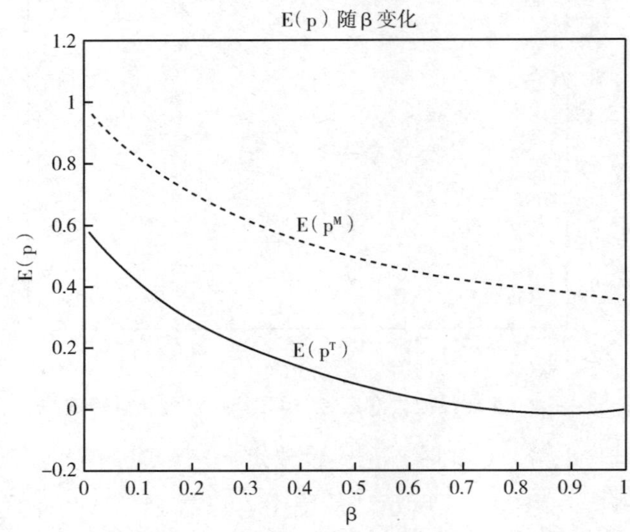

图 4-6　定向广告 $E(p^T)$ 与大众广告 $E(p^M)$ 随 β 变化情况

（4）当 $\beta=0.2$ 时，均衡价格的期望值 E(p) 随 c 变化关系，如图 4－7 所示。从图中可以看出，随着单位广告成本 c 的增加，期望价格 E(p) 逐渐增加；随着 β 的增加，E(p) 曲线向下移动，曲线斜率减小。

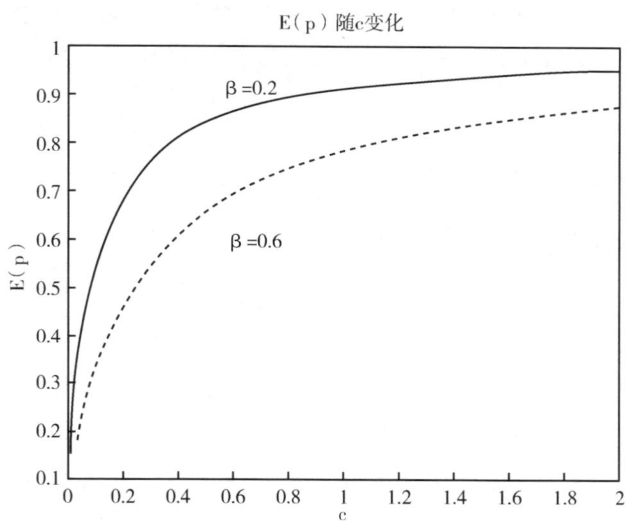

图 4－7　定向广告企业投放定向广告的期望价格 E(p) 随 c 变化

企业在投放定向广告时，由于均衡价格水平 p^T 与 c 成正比，均衡广告强度 ϕ^T 与 c 成反比。由于定向广告具有节约广告成本的作用，因此两企业投放定向广告时都将制定更低的期望价格和更高的广告水平，并且两个企业为了获得更大的利润，都不断扩大定向广域度，以获得更多的潜在消费者。而潜在消费者的增加迫使企业为了夺得对手竞争市场而降低价格，则市场竞争更加激烈。

推论 4－3： 当两家企业通过定向广告进行市场营销和价格竞争时，假设定向广告的定向广域度是一个控制变量，当定向广域度较小时，企业不能充分满足消费者对产品的市场需求。因此，两家企业都将尽可能地扩大广告投放的定向广域度，通过制定更低的期望价格和更高的广告水平而获利。总之，定向广域度的扩大加剧了企业间的市场竞争。

根据定理 4－1 和定理 4－2，比较投放大众广告和投向不同范围的定向广告的企业成本和利润，可得定理 4－3。

定理 4－3：

（1）与大众广告相比，当两竞争企业采取不完美定向广告时，两企业都将制定更低的价格和更高的广告水平。

（2）当 $c \geqslant \frac{\beta}{\sqrt{\psi_{max}}}$ 时，两企业采用定向广告的均衡利润高于采用大众广告获得的利润，即 $\pi^T > \pi^M$。反之，则 $\pi^M > \pi^T$。

由定理 4－3 可知，当采用不完美定向广告时，企业均衡利润可能高于或低于大众广告，这说明：投放定向广告并非总是对企业有利，这取决于广告成本系数与最大定向广域度的关系，这说明，企业投放定向广告的定向广域度对企业均衡利润的调节呈双向性。

4.3.3 定向广域度的双向调节作用

4.3.3.1 错配损失下定向广域度的调节作用

考虑当企业能识别自身忠诚客户，但不能区分竞争市场客户和对手忠诚客户时，定向广域度变化是否对企业利润仍有影响？这里考虑企业投放不完美定向广告下的错配损失，即当企业向竞争对手市场投放定向广告时，这种不精确属性可能对企业名誉、信用带来额外损失[43]。此时企业投放定向广告范围包括自身客户群体 α 和无偏好客户群体 $\frac{\beta(\psi_i-\alpha)}{\alpha+\beta}$ 及竞争对手客户群体 $\frac{\alpha(\psi_i-\alpha)}{\alpha+\beta}$，错配损失为 $\frac{\alpha\xi(\psi_i-\alpha)}{\alpha+\beta}$，其中 ξ 表示错配系数。同理，两个企业的价格博弈只能存在混合策略均衡。

假设 p_i 的累计分布函数（CDF）为 $F_i(p)$，表示企业 i 定价小于 p 的概率。建立企业 i 的利润模型如下：

$$\pi_i(p_i,\phi_i,\psi_i)=p_i\left[\alpha\phi_i+(\psi_i-\alpha)\frac{\beta}{\alpha+\beta}\phi_i(1-\phi_j)\right]+p_i(\psi_i-\alpha)\frac{\beta}{\alpha+\beta}\phi_i\phi_j(1-F_j(p_i))$$
$$-\frac{c}{2}\phi_i^2\psi_i-\frac{\xi\alpha(\psi_i-\alpha)}{\alpha+\beta}\phi_i \tag{4-3}$$

其中，第一项 $p_i\left[\alpha\phi_i+(\psi_i-\alpha)\frac{\beta}{\alpha+\beta}\phi_i(1-\phi_j)\right]$ 和第二项 $p_i(\psi_i-\alpha)\frac{\beta}{\alpha+\beta}\phi_i\phi_j(1-F_j(p_i))$ 分别表示企业 i 投放定向广告到独占市场、竞争市场取得的收益；第三项 $c\phi_i^2\psi_i/2$ 表示企业投放定向广告到潜在消费者群体 $\psi_i\in[\alpha,1]$

的实际广告支出；第四项$\frac{\xi\alpha(\psi_i-\alpha)}{\alpha+\beta}\phi_i$表示企业投放定向广告的错配损失。同理，可求得两企业博弈的均衡解，见定理4－4。

定理4－4：如果两企业采用定向广告的营销方式，定向广域度变量为$\psi_i\in[\alpha,1]$。投向无偏好客户和对手竞争客户分别为$(\psi_i-\alpha)\frac{\beta}{\alpha+\beta}$和$(\psi_i-\alpha)\frac{\alpha}{\alpha+\beta}$。则企业的均衡价格与定向广域度大小相关，企业的利润与定向广域度成正比。两企业的混合定价策略的累计分布函数为$F^*(p)=1-\frac{1-p}{p}\frac{\alpha^2+\psi_i\beta-\phi^T(\psi_i\beta-\alpha\beta)}{(\psi_i-\alpha)\beta\phi^T}$，$p\in[p_{min}^*,1]$。其中，最小均衡价格$p_{min}^*=1-\frac{\alpha^2+\psi_i\beta-\xi(\psi_i-\alpha)\alpha}{(\psi_i-\alpha)\beta+c\psi_i(\alpha+\beta)}\cdot\frac{(\psi_i\beta-\alpha\beta)}{(\alpha^2+\psi_i\beta)}$。均衡广告水平表示为$\phi^T=\frac{\alpha^2+\psi_i\beta-\xi(\psi_i-\alpha)\alpha}{(\psi_i-\alpha)\beta+c\psi_i(\alpha+\beta)}$，企业均衡利润表示为$\pi_i^*=\frac{c}{2}\left[\frac{\alpha^2+\psi_i\beta-\xi(\psi_i-\alpha)\alpha}{(\psi_i-\alpha)\beta+c\psi_i(\alpha+\beta)}\right]^2\psi_i$。

推论4－4：当企业将定向广告投向竞争对手市场并产生错配损失时，企业投放定向广告的定向广域度与错配损失成正比，企业的均衡广告水平和错配损失参数ξ成正比。企业的均衡利润在$\xi=\beta/\alpha$时取得最小值。相比大众广告，当企业投放定向广告的定向广域度$\psi_i\leqslant\min\left\{\frac{(\alpha^2+\xi\alpha^2)(\beta+c)+\alpha\beta(\alpha+\beta)}{(\beta+c\alpha+c\beta)(\alpha+\beta)-(\beta-\xi\alpha)(\beta+c)},1\right\}$时，有$\phi^T\geqslant\phi^M$，反之，$\phi^T<\phi^M$。

由定理4－4和推论4－4可以看出，随着企业定向广域度的扩大，企业的错配损失也进一步增大，即一方面企业在自身优势市场获得的利益更大；另一方面，随着定向广域度的增大，企业的错配损失也增大，这在一定程度上将减少企业的利润。

4.3.3.2　定向广域度投资效应对企业利润的影响

由于企业不可能无限地扩大广告投放市场，当针对特定区域市场投放广告时，需要额外费用，例如，通过购买大数据服务获取客户信息等，这里假设该费用为$T_i=\eta\psi_i^2$。其中，η表示成本系数。则企业通过投资广域度的利润函数可以表示为：

$$\pi_i(p_i,\phi_i,\psi_i)=\frac{p_i\psi_i}{\alpha+\beta}[a\phi_i+\beta\phi_i(1-\phi_j)]+\frac{p_i\beta\psi_i\phi_i\phi_j}{\alpha+\beta}(1-F_j(p_i))$$
$$-\frac{c}{2}\phi_i^2\psi_i-\eta\psi_i^2 \tag{4-4}$$

显然均衡广告水平不变而$\frac{\partial\pi_i}{\partial\psi_i}=\frac{[a\phi_i+\beta\phi_i(1-\phi_j)]}{\alpha+\beta}-c\phi_i^2-2\eta\psi_i=0$，即知均衡定向广域度。

定理 4-5：当考虑定向广域度投资效应时，企业投放定向广告的定向广域度与最优广告强度成倒"U"型关系，其中，最优广告强度为$\phi^T=\frac{a+\beta}{c(\alpha+\beta)+\beta}$。定向广域度与其投资成本系数成反比，即$\psi^*=\frac{\phi^*}{2\eta}\left[1-\left(\frac{\beta}{\alpha+\beta}+\frac{c}{2}\right)\phi^*\right]$。定向广域度和企业均衡利润呈倒"U"型关系，企业均衡利润为：$\pi^{T*}=\psi_i\frac{[(\alpha+\beta)\phi^*-\beta\phi^{*2}]}{(\alpha+\beta)}-\frac{c}{2}\phi^{*2}\psi_i-\eta\psi_i^2$。

仿真模拟与分析：

（1）当 $\beta=0.6$，$\alpha=0.2$ 和 $\beta=0.2$，$\alpha=0.4$ 时，$c=1$，$\eta=0.25$。定向广域度和最优广告强度的关系如图 4-8 所示。从图中可以看出，企业投放定向广告的定向广域度随广告强度先增加后减小；随着 $\beta=0.2$ 增长到 $\beta=0.6$，定向广域度反而下降。

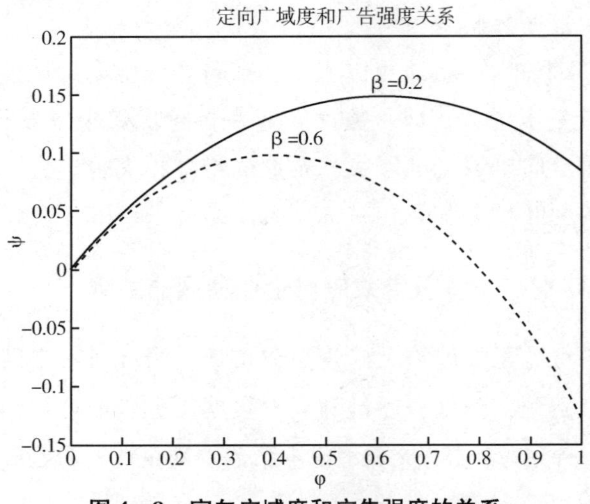

图 4-8　定向广域度和广告强度的关系

（2）当 $\beta=0.6$，$\alpha=0.2$ 和 $\beta=0.2$，$\alpha=0.4$ 时，$c=1$，$\eta=0.25$ 定向广域度与均衡利润的关系，如图 4－9 所示。从图中可以看出，企业均衡利润随定向广域度的增加先增加后减小。当 $\beta=0.2$ 变成 $\beta=0.6$ 时，企业均衡利润上升。

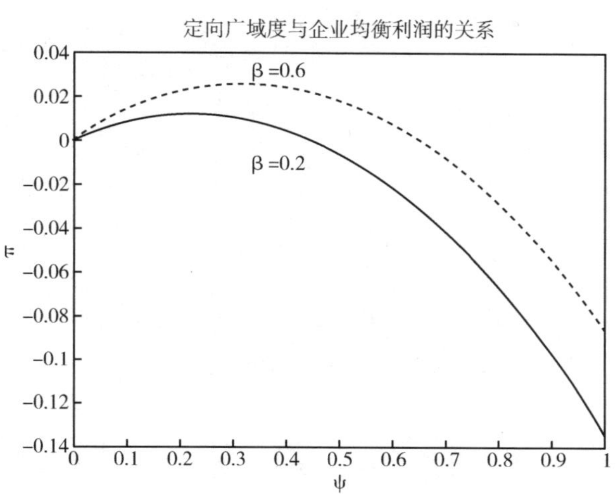

图 4－9　定向广域度和企业均衡利润的关系

根据定向广域度投资对企业利润影响的数学模型和仿真分析可知，当企业试图通过投资扩大定向广域度时，企业将面临定向广告投资成本和产品收益的双重矛盾：一方面，通过有效投资定向广域度，企业投放定向广告的定向范围进一步扩大，企业利润有所提高；另一方面，定向广域度的提高需要企业投放更多的定向广告，定向广告强度增加，相应的，定向广告费用增加，这在一定程度上会减少企业盈利。因此，定向广域度在企业定向广告投放中起双向调节作用；一方面，随着定向广域度的提高，投放定向广告提高了企业在优势市场的局部垄断程度，从而导致企业的均衡利润增加；另一方面，当定向广域度提高到较大时，企业在竞争市场的局部垄断被打破，市场竞争效应增强，因而企业均衡利润下降。可见，企业有动机通过投资手段对定向广域度进行调控。

4.3.4　双寡头企业不同广告策略的竞争均衡结果

当两家企业能选择不同的广告策略时，即如果一个企业选择定向广告投放到其忠诚客户市场和竞争市场，另一个企业选择大众广告投放，定向广告企业的定向广域度的变化是否会影响大众广告企业，并且是否会对广告水平和价格策略产生影响？这里不妨假设定向广告企业为 i，其定向广域度仍为 ψ_i；大众广告企业 j。所以得到企业 i 和企业 j 的利润模型：

$$\pi_i(p_i,\phi_i,\psi_i)=\frac{p_i\psi_i}{\alpha+\beta}[\alpha\phi_i+\beta\phi_i(1-\phi_j)]+\frac{p_i\beta\psi_i\phi_i\phi_j}{\alpha+\beta}(1-F_j(p_i))-\frac{c}{2}\phi_i^2\psi_i \tag{4-5}$$

$$\pi_j(p_j,\phi_j)=p_j[\alpha\phi_j+\beta\phi_j(1-\phi_i)]+p_j\beta\phi_i\phi_j(1-F_i(p_j))-\frac{c}{2}\phi_j^2 \tag{4-6}$$

设企业 i 的广告强度为 ϕ_T，大众企业 j 的广告强度为 ϕ_M，则可得到两家企业的价格策略和广告水平见定理 4 -6 和推论 4 -5。

定理 4 -6：如果两家企业同时采取不同的广告策略，其中一家企业采用定向广告策略，其定向广域度为 $\psi_T\in[0,\alpha+\beta]$，另一家企业采用大众广告策略，故该企业投放广告的范围为整个市场。(1) 选择定向广告策略的企业价格累计分布函数（CDF）可以表示为 $F^T(p)=1-\frac{1-p}{p}\frac{[\alpha+\beta(1-\phi_M)]}{\beta\phi_M}$，其中，$\frac{\alpha+\beta(1-\phi_M)}{\alpha+\beta}\leqslant p\leqslant 1$。(2) 选择大众广告策略的企业价格累计分布函数（CDF）则可以表示为 $F^M(p)=1-\frac{\alpha+\beta(1-\phi_M)}{p(\alpha+\beta)}\left[\alpha\phi_M+\alpha\phi_M(1-\phi_T)+\frac{\beta\psi_T\phi_T\phi_M}{\alpha+\beta}\right]-\frac{(2\alpha-\alpha\phi_T)(\alpha+\beta)}{\phi_T\psi_T}$，价格范围为：$\frac{\alpha+\beta(1-\phi_M)}{\alpha+\beta}\leqslant p\leqslant 1$。(3) 定向广告和大众广告企业的均衡广告水平分别为：$\phi_T=\frac{\alpha+\beta(1-\phi_M)}{c(\alpha+\beta)}$；$\phi_M=\frac{\frac{\beta}{\alpha+\beta}\left[\alpha+\alpha(1-\phi_T)+\frac{\beta\psi_T\phi_T}{\alpha+\beta}\right]}{\left\{2\frac{\beta}{\alpha+\beta}\left[\alpha+\alpha(1-\phi_T)+\frac{\beta\psi_T\phi_T}{\alpha+\beta}\right]+c\right\}}$。(4) 定向广告企业和大众广告企业的均衡利润可以表示为：$\pi_T^*=\frac{c}{2}\left[\frac{\alpha+\beta(1-\phi_M)}{c(\alpha+\beta)}\right]^2\psi_T$；$\pi_M^*=\frac{c}{2}\frac{\beta^2[\alpha(\alpha+\beta)^2+\alpha(\alpha+\beta)^2(1-\phi_T)+\beta\psi_T\phi_T]^2}{\{2\beta[\alpha(\alpha+\beta)^2+\alpha(1-\phi_T)(\alpha+\beta)^2+\beta\psi_T\phi_T]+c\beta\psi_T\phi_T\}^2}$

根据定理4－6，可以得到推论4－5。

推论4－5：当两家企业分别采用大众广告和定向广告策略进行市场营销时，定向广告企业的定向广域度并不影响企业自身的价格策略累计分布函数，相反会影响大众企业的价格策略累计分布函数；同时，与投放大众广告的企业相比，两者的最低价格相同。投放大众广告的企业均衡广告水平随定向广告企业的定向广域度扩大而降低。当定向广告企业的定向广域度扩大时，定向广告企业同大众广告企业的市场竞争更加激烈。但相比大众广告企业，定向广告企业仍然能从扩大定向广域度中获利。

由定理4－6和推论4－5可知：当定向广告企业的定向广域度扩大时，企业间的市场竞争会进一步加剧。当定向广域度较低时，企业在其忠诚客户市场的获利较少；而当定向广域度过高时，企业在竞争市场的获利减少。因此，企业在投放定向广告时需要选择合适的定向广域度以确保企业获得最大利润。根据以往研究[15]，使用定向广告其利润有可能会低于大众广告，但是并未探究其内在原因。而本书发现存在某一临界定向广告域可能对企业均衡利润产生影响，如下定理4－7。

定理4－7：假定一个企业采取定向广告进行市场营销，随着企业定向广告广域度的提高，企业的利润有可能下降（$\pi^T < \pi^{T*}$），而另一个企业采取大众广告其利润有可能高于定向广告企业（$\pi^M > \pi^T$），这取决于临界定向广域度 ψ_{T0} 的取值，当 $\psi > \psi_{T0}$ 时，定向广告企业的均衡利润必然高于大众企业，而当 $\psi = \psi_{T0}$ 时，定向广告企业的均衡利润与大众广告相同；而当 $\psi < \psi_{T0}$ 时，定向广告企业的均衡利润必然小于大众广告企业。

由定理4－7可知，企业在投放定向广告时，应该控制合适的定向广域度以获得最优利润。根据2×2博弈矩阵，企业可以选择定向广告或者大众广告，由于投放定向广告时，即使对手采取大众广告，定向广域度也能影响竞争对手的价格策略。因此，企业必然采取定向广告策略，为了达到最优利润，必然优化定向广域度。另外，本书可以继续拓展，考虑约束条件如假定企业投放广告的费用限额为 A_0，即 $\frac{c}{2}\phi_i^2\psi_i \leq A_0$，此时 $\psi_i \leq \frac{2A_0}{c}$，$\psi_i$ 很可能达不到临界定向广域度，投放定向广告的收益必然小于大众广告。

4.4 案例分析

某知名国际化妆品品牌希望通过移动 DSP 更好地将定向广告投放到合理的市场区域并获得较大的利润。经过市场调研发现：某城市中心商圈 2 公里范围内女性购物者到店消费的频率和数量较高。因此，该企业首先通过区域定向技术，将该产品准确地向该城市中心商圈 2 公里范围内的女性进行广告投放。此时，识别的女性用户占比几乎达到 100%。虽然，企业投放定向广告的定向范围非常明确，但由于该城市中心商圈的市场竞争激烈，其他化妆品品牌同该品牌的广告战和价格战都非常激烈，该企业并未获得预期收益。随后，该企业调整了定向广告策略，即将定向广告的投放范围予以扩大——该城市中心商圈附近 5 公里的女性目标人群。

通过大量向这些目标人群进行广告投放，使该营销活动最终得到了超过行业水准 9.6% 的广告点击率，女性用户占比达到了 93.8%，相比单纯向商圈中心投放定向广告，该企业通过调整广告投放范围的措施使其获得了高额的市场利润。此外，该企业还通过技术投资，引入最先进的定向技术，创新尝试了根据化妆品商场的地址库进行 LBS 定向，即能有效地控制广告的覆盖范围，最终使该企业对该品牌化妆品销售商场周边的市场推广远远超出预期。

案例启示：在激烈的市场竞争中，掌握定向广告技术的企业可以充分利用定向广域度参数的双向调节作用来改变市场竞争环境。一方面，利用定向广域度的正向调节作用，调整广告投放范围，挖掘潜在消费者市场，促进企业均衡利润；另一方面，尽可能减少其负向调节作用的影响，即特别需要注意的是过高的定向广域度有可能在降低竞争对手利润的同时也减少了自身的利润。故企业需要通过有效投资以获得最优的定向广域度，从而实现广告投放区域和用户需求的有效匹配。

4.5 本章小结

本章研究了双寡头市场定向广域度变化对企业广告和价格策略的影响，

结果表明：

（1）企业可以控制定向广域度的变化以更好地进行广告投放。一方面，当企业不能区分忠诚客户和无偏好客户时，两家企业都尽可能扩大其定向广域度，挖掘潜在消费者以期获得更大利润；另一方面，由于定向广域度的扩大，企业间的市场竞争进一步加剧，均衡价格下降。

（2）当定向广告费用参数 c 与最大定向广域度的平方根成反比时，投放定向广告与大众广告的企业均衡利润相同。这表明：定向广告的定向广域度对企业利润的调节呈现双向性，即过高或过低的定向广域度都会影响企业的均衡利润。

（3）企业投放定向广告的定向广域度会影响竞争对手的价格策略，故企业可通过扩大或者减少定向广域度来提高企业利润，并且通过投资手段获取最优的定向广域度。

第5章　基于混合渠道模式的定向广告策略研究

当企业具备一定的定向技术，并针对特定范围的消费者投放定向广告时，除了调节自身的定向精度和定向广域度，还需要充分考虑市场结构，特别是渠道环境的影响。不同的渠道环境将直接影响到定向广告投放的有效性和准确性。本章研究分析单一渠道下企业投放定向广告的均衡策略；在此基础上，考虑混合渠道分散决策和集中决策下企业的均衡策略，并对两种策略进行了比较；进一步讨论混合渠道模式下企业定向广告策略可能带来的潜在市场风险问题——即定向广告可能引起的渠道冲突。

5.1　问题提出

在传统市场环境下，制造商以批发价将大量产品直接销售给零售商，零售商则以高于批发价的零售价向消费者销售产品。制造商直接向消费者投放产品广告（见图5-1-b）。近年来，随着IT技术和电子商务的快速发展，制造商开始通过电子商务渠道直接向消费者进行产品销售，即电子渠道（见图5-1-a）。根据纽约时代杂志一项调研显示，大概42%的大型制造商都开始通过互联网向消费者直接销售产品，包括IBM、思科、Nike等[173]。这使传统零售渠道（制造商—零售商—消费者）中零售商的地位遭到挑战。电子渠道能吸引那些直接通过网络浏览产品进行购买的消费者，使其节省了时间成本和运输成本。另外，企业能通过电子渠道直接获取消费者的相关信息，便于开展有针对性的营销活动和提供个性化服务。

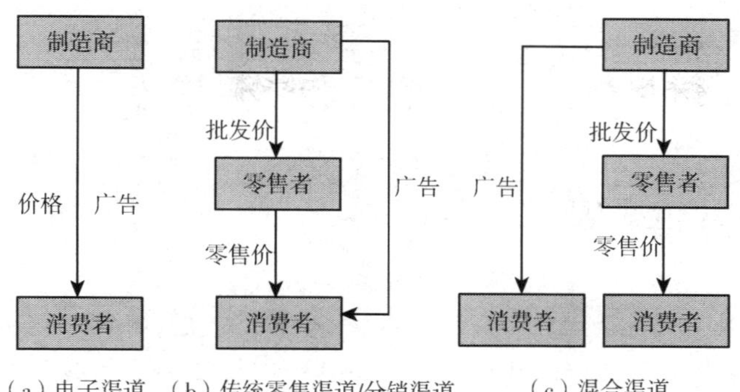

图5－1　制造商广告的三种销售渠道结构示意图

随着电子商务的发展，越来越多的制造商为了扩大产品销售量和市场覆盖率，在传统零售渠道基础上开辟电子渠道销售产品，即混合渠道（见图5－1－c）[174]。制造商开辟电子渠道直接向消费者投放产品和广告，很大程度上弥补了传统营销渠道的不足，加大了制造商的渠道权力。但是，一方面，由于电子渠道减少了流通环节和流通费用，广告和促销费用下降，产品的成本降低，通常会使电子渠道的价格低于传统渠道零售价格；另一方面，电子渠道和传统零售渠道成员可能相互抢占细分市场并产生促销冲突，零售商的市场份额和零售商的利润也将受到“挤压”。可见，采用混合渠道营销的制造商，在采用电子渠道的同时，必须处理好渠道冲突，否则会激化各渠道的矛盾。例如，LEVIS服装公司开辟电子渠道后引起传统零售商的联合抵制，最终迫使该公司关闭网上商店。制造商只有设定批发价加分销渠道价格的合同才能实现混合渠道供应链的协调[175]。

考虑到现有的关于定向广告的相关研究较少考虑复杂的渠道环境，而关于定向广告在渠道的应用研究大多从单一渠道考虑定向广告对制造商和消费者的影响，以及市场的均衡策略等。而随着制造商直接向潜在消费者市场投放定向广告，很可能定向广告通过影响渠道利润的分配方式损害渠道整体的利益，并对渠道冲突产生新的影响。因此，混合渠道下企业定向广告对渠道利润和渠道成员的影响成为研究的重点。本章对混合渠道下企业定向广告策略主要研究的问题包括：

（1）在混合渠道模式下，企业使用定向广告对渠道利润有何影响？

（2）在混合渠道模式下，使用定向广告究竟是加剧渠道矛盾还是减缓渠道矛盾？

5.2 模型假设和变量描述

5.2.1 模型假设

1. 需求端

• 假设消费者总数标准化为 1，均匀分布在长度为 1 的线性城市。

• 假设每个消费者接收到广告后必然购买，并且最多购买 1 单位产品，消费者对同一产品的价值评估为 V。

• 假设消费者购买商品的价格为 p。为了进一步区分市场价格，用 p_d 表示电子渠道产品价格，p_r 表示产品零售价格。

• 假设消费者购买商品的机会成本与距离零售商的位置 x 成正比，单位运输成本为 t。消费者购买产品的效用函数为：$u_s = V - p - tx$。

2. 供给端

• 假设传统零售渠道销售量用 Q_r 表示，电子渠道销售量用 Q_d 表示。

• 假设消费者通过传统零售渠道和电子渠道购买商品的价值感知存在差异，传统渠道中价值评估为 V 的商品在电子渠道中的价值为 θV。其中，$\theta \in (0, 1]$ 代表电子渠道的客户感知度或接受度[174]。Liang 和 Huang 等通过实证研究表明由于消费者在零售渠道可以现场试用，对产品的体验程度较好，其偏好度一般高于电子渠道[176]。

• 假设消费者使用混合渠道购买产品的条件是其效用大于 0，即电子渠道的效用函数：$\theta V - p_d \geqslant 0$。当边际消费者价值 $\theta V - p_d = 0$ 时，消费者从电子渠道和传统零售渠道购买产品无差异。

5.2.2 广告参数描述

假设制造商可以分别通过不同渠道向消费者投放大众广告或定向广告以传递产品价格和位置信息。

大众广告：假设企业 i 投向全部市场的广告成本为 $A_i = \lambda\varphi^2/2$。其中，λ 为广告成本参数，主要由企业投放广告的技术水平决定。

定向广告：假设参数 λ 足够大以保证均衡状态下的广告强度 $\varphi \leqslant 1$。当企业 i 向市场投放定向广告时，定向广告的成本满足 $A_i = l \cdot \lambda\varphi^2/2$。其中，系数 l 表示企业投放定向广告的有效区间长度。

5.3　单一渠道结构下的企业均衡策略分析

5.3.1　单一零售渠道结构下的大众广告均衡策略

在混合渠道下，当位于距离 $\hat{x}$ 的消费者通过传统零售渠道和电子渠道购买产品所获得的效用相等时，两个渠道间无差异性。

$$v - p_r - t\hat{x} = \theta v - p_d \tag{5-1}$$

由此可知，传统零售渠道的销售量 $Q_r = \hat{x}_r = \frac{(1-\theta)v + p_d - p_r}{t}$。消费者通过电子渠道进行购买的总销售量为 $Q_d = 1 - Q_r = \frac{t-(1-\theta)v - p_d + p_r}{t}$。

根据 Stackberg 动态博弈：制造商首先行动，其产品的批发价格为 ω，边际生产成本为 c_m。这一成本包括产品的制造成本和物流成本。为了简化分析，假设零售商向消费者进行产品销售时的相关商业成本为 0。零售商根据制造商制定的批发价格确定自身的零售价格 p_r。因此，构建制造商向消费者投放大众广告的优化模型：

$$\max_{\omega,\varphi} \pi_m = (\omega - c_m)\frac{v - p_r}{t}\varphi - \frac{\lambda}{2}\varphi^2 \tag{5-2}$$

$$\text{s.t.}\quad \max_{p_r} \pi_r = (p_r - \omega)\frac{v - p_r}{t}\varphi \tag{5-3}$$

根据逆向归纳法（backward induction）和一阶条件，$\frac{\partial \pi_r}{\partial p_r} = 0$，$\frac{\partial \pi_m}{\partial \omega} = 0$。

求得 $p_r = \frac{v + w}{2}$，代入式（5-3）的约束条件，可知：

$$p_r = \frac{3v + c_m}{4};\quad \omega = \frac{v + c_m}{2} \tag{5-4}$$

令$\frac{\partial \pi_m}{\partial \varphi}=0$，代入目标函数可知：

$$\varphi=\frac{(v-c_m)^2}{8\lambda t};\quad \pi_m=\frac{(v-c_m)^4}{128\lambda t^2};\quad \pi_r=\frac{(v-c_m)^4}{128\lambda t^2} \tag{5-5}$$

定理5-1：根据Stackberg动态博弈，在传统零售渠道集中决策条件下，当制造商使用大众广告向消费者进行市场营销时，产品的均衡零售价格为$p_r=\frac{3v+c_m}{4}$。制造商投放大众广告的均衡广告强度为$\varphi=\frac{(v-c_m)^2}{8\lambda t}$。零售商和制造商的均衡利润相同$\pi_r=\pi_m=\frac{(v-c_m)^4}{128\lambda t^2}$。分销渠道的总利润为$\pi=\pi_r+\pi_m=\frac{(v-c_m)^4}{64\lambda t^2}$。

根据定理5-1可知：当制造商向消费者投放大众广告时，在均衡状态下，制造商和零售商获得相同利润。

仿真模拟：

令$v=1$，$c_m=0.5$，$\lambda=1$，运用Maple 17.0可得图5-2，其中深色代表制造商利润随t变化；浅色代表零售商利润随t变化，实线代表分销渠道总利润随t变化。

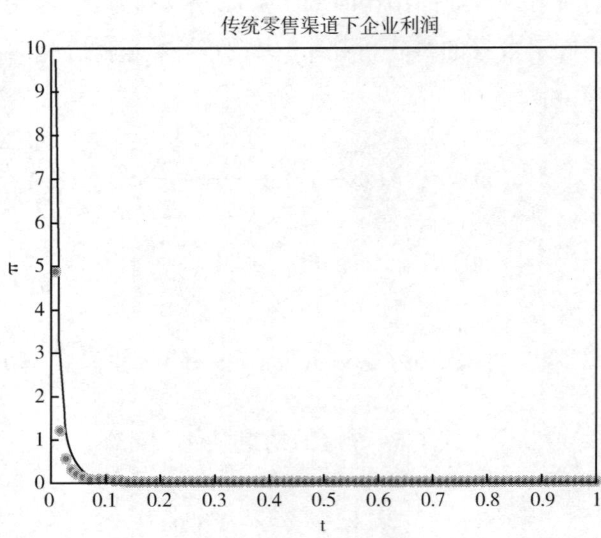

图5-2 传统零售渠道集中决策条件下企业利润随t变化

5.3.2　单一零售渠道结构下的定向广告均衡策略

根据Stackberg动态博弈：制造商首先行动，其产品批发价格为ω，边际成本为c_m。制造商投放定向广告的广告强度为φ，制造商投放定向广告的市场覆盖范围$l=\frac{v-p_r}{t}$。则通过单一零售渠道的企业定向广告均衡策略为如下模型：

$$\max_{\omega,\phi}\pi_m=(\omega-c_m)\frac{v-p_r}{t}\phi-\frac{\lambda}{2}\phi^2\frac{v-p_r}{t} \tag{5-6}$$

$$\text{s. t.}\quad \max_{p_r}\pi_r=(p_r-\omega)\frac{v-p_r}{t}\phi \tag{5-7}$$

求得$p_r=\frac{v+w}{2}$，代入（5-7）式的约束条件，可知：

$$p_r=\frac{5v+c_m}{6};\quad \omega=\frac{2v+c_m}{3} \tag{5-8}$$

另$\frac{\partial\pi_m}{\partial\phi}=0$，代入目标函数可知：

$$\phi=\frac{2(v-c_m)}{3\lambda};\quad \pi_m=\frac{(v-c_m)^3}{27\lambda t};\quad \pi_r=\frac{(v-c_m)^3}{54\lambda t} \tag{5-9}$$

定理5-2：根据Stackberg博弈，在分销渠道集中决策模式下，当制造商使用定向广告向消费者进行市场营销时，制造商攫取了总利润的$\frac{2}{3}$，（$\pi_m=2\pi_r$）。零售价格相比使用大众广告增长了$\Delta p_r^*=\frac{v-c_m}{12}$。渠道总利润为$\pi=\pi_r+\pi_m=\frac{(v-c_m)^3}{18\lambda t}$。当$v\geqslant\frac{32}{9}t+c_m$时，制造商在传统零售渠道使用大众广告的总利润不低于使用定向广告所获利润。反之，制造商使用大众广告的总利润总低于使用定向广告所获利润。

根据定理5-2可知，当制造商直接向消费者投放定向广告后，一方面，可以更好地向细分市场进行市场营销；另一方面，减少了企业广告投入的浪费。因而更有利于制造企业攫取更高的渠道利润。

仿真模拟：

令 $v=1$，$c_m=0.5$，$\lambda=1$，运用 Maple 17.0 可得图 5－3，其中深色代表制造商利润随 t 变化；浅色代表零售商利润随 t 变化。

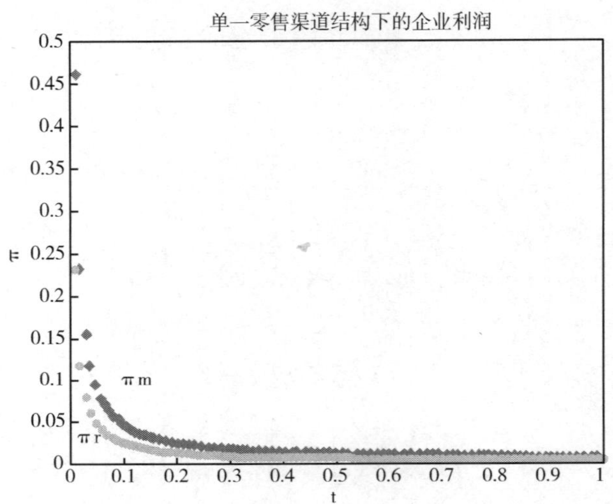

图 5－3　单一零售渠道结构下企业利润随 t 变化

5.4　混合渠道结构下的企业均衡策略分析

5.4.1　混合渠道分散化动态博弈决策模式

当制造商引入电子渠道时，将通过零售销售渠道和电子营销渠道同时进行产品销售。制造商和零售商各自将自身利润最大化作为目的进行决策。考虑制造商先动情况，即制造商决定产品的批发价格 p_r 和电子渠道价格 p_d，分别通过定向广告在零售渠道和电子渠道进行产品宣传。零售商观察到制造商的决策后，反馈确保自身的零售价格。零售商的批发价格 $\omega \leq p_d$。同样，假设零售商通过零售渠道进行营销的成本为 0。

当制造商投放定向广告时，消费者接收到广告的概率为 φ，则消费者接收到产品广告后必然购买产品。

零售商的利润函数表示为：

$$\max_{p_r,\phi}\pi_r=(p_r-\omega)\frac{(1-\theta)v+p_d-p_r}{t}\varphi \tag{5-10}$$

考虑价格博弈，$\frac{\partial\pi_r}{\partial p_r}=0$，$\frac{\partial^2\pi_r}{\partial p_r^2}<0$，可知：

$$p_r=\frac{(1-\theta)v+p_d+\omega}{2} \tag{5-11}$$

考虑制造商的利润情况，当企业使用定向广告时，可以在每个渠道都采用定向广告。其中第一项为制造商通过传统零售渠道进行产品销售获得的利润。其中第二项表示为采取电子渠道进行产品销售获得的利润。

构建制造商利润最大化模型：

$$\begin{aligned}\max_{\omega,p_d,p_r,\phi}\pi_m=&\left[(\omega-c_m)\frac{(1-\theta)v+p_d-p_r}{t}\varphi-\frac{\lambda}{2}\varphi^2\frac{(1-\theta)v+p_d-p_r}{t}\right]\\&+\left[p_d\frac{t-(1-\theta)v-p_d+p_r}{t}\phi-\frac{\lambda}{2}\phi^2\frac{t-(1-\theta)v-p_d+p_r}{t}\right]\end{aligned} \tag{5-12}$$

$$\text{s. t.}\quad \theta v-p_d\geqslant 0\ ,\quad p_r=\frac{(1-\theta)v+p_d+\omega}{2} \tag{5-13}$$

上述优化问题的 Lagrange 函数方程为：

$$\begin{aligned}F=&\left[(\omega-c_m)\frac{p_d-\omega+(1-\theta)v}{2t}\varphi-\frac{\lambda}{2}\varphi^2\frac{p_d-\omega+(1-\theta)v}{2t}\right]\\&+\left[p_d\left(1-\frac{p_d-\omega+(1-\theta)v}{2t}\right)\phi-\frac{\lambda}{2}\phi^2\left(1-\frac{p_d-\omega+(1-\theta)v}{2t}\right)\right]\\&+\xi(\theta v-p_d)\end{aligned} \tag{5-14}$$

根据 Kuhn－Tucker 条件，可知：

$$\begin{cases}\dfrac{\partial F}{\partial p_d}=\dfrac{(\omega-c_m)\varphi}{2t}+\phi\left(1-\dfrac{2p_d-\omega+(1-\theta)v}{2t}\right)+\dfrac{\lambda\phi^2}{4t}-\xi=0\\ \dfrac{\partial F}{\partial \omega}=\dfrac{(v-2\omega+c_m)(\omega-c_m)}{2t\lambda}+\dfrac{\lambda}{4t}\varphi^2+\dfrac{\theta^2v^2}{4t\lambda}=0\\ \xi(\theta v-p_d)=0\\ \dfrac{\partial F}{\partial \varphi}=(\omega-c_m)-\lambda\varphi=0\\ \dfrac{\partial F}{\partial \varphi}=(p_d-c_d)\left(1-\dfrac{p_d-\omega+(1-\theta)v}{2t}\right)-\lambda\left(1-\dfrac{p_d-\omega+(1-\theta)v}{2t}\right)\phi=0\end{cases}\tag{5-15}$$

考虑存在两种情况：（1）当 $\xi=0$ 时，化简式（5－15）后联立，方程组无解。（2）当 $\xi\neq0$ 时，则有 $p_d^*=\theta v$，$\phi=\dfrac{\theta v}{\lambda}$。可知：

$$\omega=\frac{(v+2c_m)+\sqrt{(v-c_m)^2+3\theta^2v^2}}{3}\tag{5-16}$$

$$\omega=\frac{(v-c_m)+\sqrt{(v-c_m)^2+3\theta^2v^2}}{3\lambda}\tag{5-17}$$

将 v 和 ω 代入（5－15）式可知：

$$p_r^*=\frac{v+w}{2}=\frac{(4v+2c_m)+\sqrt{(v-c_m)^2+3\theta^2v^2}}{6}\tag{5-18}$$

定理 5－3：在混合渠道模式下，当制造商直接向消费者投放定向广告并采用分散化动态博弈决策时，供应链存在唯一最优解。$p_d^*=\theta v$，$\omega=\dfrac{(v+2c_m)+\sqrt{(v-c_m)^2+3\theta^2v^2}}{3}$，$p_r^*=\dfrac{v+w}{2}=\dfrac{(4v+2c_m)+\sqrt{(v-c_m)^2+3\theta^2v^2}}{6}$。

仿真模拟：

令 $v=1$，$c_m=0.5$，运用 Maple 17.0 可得图 5－4，其中深色代表批发价格随客户感知度 θ 变化；浅色表示零售商均衡价格随客户感知度 θ 变化；

根据定理 5－3，分散化决策的目标是实现制造商投放广告后获得最优利润，故均衡条件下产品的均衡批发价和零售价也是唯一的。将混合渠道模式下投放定向广告与单一零售渠道直接投放定向广告进行比较，故可得如下定理5-4。

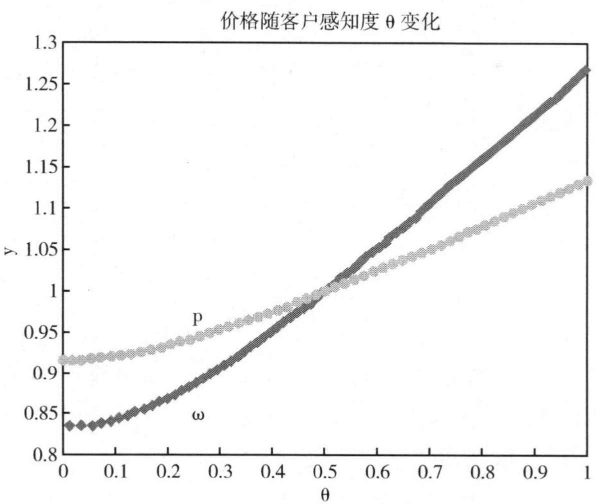

图5-4 混合渠道下价格随客户感知度θ变化

定理5-4：当企业使用混合渠道模式并通过定向广告分别向各渠道细分市场进行产品销售时，制造商给予零售商的批发价格提高。同时，零售商也将进一步提高商品的零售价格，相比单一零售渠道下使用定向广告更高。制造商通过零售渠道投放产品广告的广告强度进一步增加。均衡条件下，由于制造商相比零售商具有优势，通过零售渠道进行销售的市场总容量下降。

证明：比较直接通过零售渠道和混合渠道下销售商品批发价格差异，可知：

$$\Delta\omega=\frac{\sqrt{(v-c_m)^2+3\theta^2v^2}-(v-c_m)}{3}>0$$

比较直接通过零售渠道和混合渠道下商品零售价格的差异，可知：

$$\begin{aligned}\Delta p_r^* &=\frac{(4v+2c_m+\sqrt{(v-c_m)^2+3\theta^2v^2})}{6}-\frac{5v+c_m}{6}\\&=\frac{\sqrt{(v-c_m)^2+3\theta^2v^2}-(v-c_m)}{6}>0\end{aligned}$$

混合渠道下企业投放定向广告的均衡广告强度（ϕ_{dual}）：

$$\varphi_{dual} = \frac{(\omega - c_m)}{\lambda} = \frac{(v - c_m) + \sqrt{(v - c_m)^2 + 3\theta^2 v^2}}{3\lambda} > \frac{2(v - c_m)}{3\lambda} = \phi_r$$

比较混合渠道下零售商的市场总容量（Q_r^{dual}）和单一零售渠道下零售商的市场总容量（Q_r），可知：

$$\begin{aligned}\Delta Q_r &= \frac{2(v - c_m) - \sqrt{(v - c_m)^2 + 3\theta^2 v^2}}{6t} - \frac{v - c_m}{6t} \\ &= \frac{(v - c_m) - \sqrt{(v - c_m)^2 + 3\theta^2 v^2}}{6t} < 0\end{aligned}$$

当制造商增加了电子渠道营销时，由于制造商能通过定向广告有效选择市场，结果降低了零售商的市场份额，而零售商为了保持原有利润，必然提高零售价格，零售价格的提高迫使制造商提高批发价格。　　　　证毕。

由定理 5－4 可知，当制造商在混合渠道中使用定向广告时，将导致价格敏感的客户转向电子渠道，这在一定程度上促进了市场细分，对制造商有利，但是由于客户的流失，通过零售渠道购买产品的用户减少，零售商的利润越来越受到压缩。这表明，混合渠道模式下企业投放定向广告主要起到两个作用：首先进一步细分市场，并使市场聚集化效果更高，能有效地筛选出价格敏感性客户；其次加剧了零售渠道和电子渠道的冲突。

5.4.2　混合渠道集中化动态博弈决策模式

为了协调混合渠道的渠道冲突，首先考虑制造商在开辟电子渠道后，采取供应链集中化决策以供应链整体利润最大化为目标决定零售渠道和电子渠道的定向广告策略。

构建制造商利润最大化模型：

$$\begin{aligned}\max_{p_d^I, p_r^I, \varphi, \phi} \pi_m &= \left[p_r^I \frac{(1-\theta)v + p_d^I - p_r^I}{t}\varphi - \frac{\lambda}{2}\varphi^2 \frac{(1-\theta)v + p_d^I - p_r^I}{t}\right] \\ &+ \left[p_d^I \frac{t - (1-\theta)v - p_d^I + p_r^I}{t}\phi - \frac{\lambda}{2}\phi^2 \frac{t - (1-\theta)v - p_d^I + p_r^I}{t}\right]\end{aligned} \quad (5-19)$$

$$\text{s.t.}\quad \theta v - p_d \geqslant 0 \tag{5-20}$$

上述优化问题的 Lagrange 函数式为：

$$G = \left[p_r^I \frac{(1-\theta)v + p_d^I - p_r^I}{t}\varphi - \frac{\lambda}{2}\varphi^2 \frac{(1-\theta)v + p_d^I - p_r^I}{t}\right] + \left[p_d^I \frac{t-(1-\theta)v - p_d^I + p_r^I}{t}\phi - \frac{\lambda}{2}\phi^2 \frac{t-(1-\theta)v - p_d^I + p_r^I}{t}\right] + \zeta(\theta v - p_d^I) \tag{5-21}$$

根据 Kuhn – Tucker 条件，可知：

$$\begin{cases} \dfrac{\partial G}{\partial p_r^I} = \dfrac{(1-\theta)v + p_d^I - 2p_r^I}{t} + \dfrac{\lambda}{2t}\varphi^2 + \dfrac{p_d^I\varphi}{t} - \dfrac{\lambda\varphi^2}{2t} = 0 \\ \dfrac{\partial G}{\partial p_d^I} = \dfrac{p_r^I\varphi}{t} - \dfrac{\lambda}{2t}\varphi^2 + \dfrac{t-(1-\theta)v - 2p_d^I + p_r^I}{t}\phi + \dfrac{\lambda\phi^2}{2t} - \zeta = 0 \\ \dfrac{\partial G}{\partial \varphi} = p_r^I \dfrac{(1-\theta)v + p_d^I - p_r^I}{t} - \lambda\varphi \dfrac{(1-\theta)v + p_d^I - p_r^I}{t} = 0 \\ \dfrac{\partial G}{\partial \varphi} = p_d^I \dfrac{t-(1-\theta)v - p_d^I + p_r^I}{t} - \lambda\varphi \dfrac{t-(1-\theta)v - p_d^I + p_r^I}{t} = 0 \\ \dfrac{\partial G}{\partial \zeta} = \theta v - p_d^I \end{cases} \tag{5-22}$$

考虑存在两种情况：

（1）当 $\zeta=0$ 时，化简式（5 – 22）后联立，方程组无解

（2）当 $\zeta \neq 0$ 时，则有 $p_d^{*I} = \theta v$，$p_r^{*I} = \dfrac{(1+\sqrt{1+3\theta^2})v}{3}$，$\phi = \dfrac{\theta v}{\lambda}$，$\varphi = \dfrac{(1+\sqrt{1+3\theta^2})v}{3\lambda}$。

将混合渠道模式下零售价格、电子渠道价格和不同市场的广告强度代入利润函数可得：

$$\pi_d^I = \frac{(2-\sqrt{1+3\theta^2})(1+\sqrt{1+3\theta^2})^2 v^3}{54\lambda t} + \frac{[3t-(2-\sqrt{1+3\theta^2})v]v^2\theta^2}{6\lambda t} \tag{5-23}$$

即 $\pi_d^I = \dfrac{(2+3\theta^2)v^3 + (27t-18)v^2\theta^2 + (2+9\theta^2)v^3\sqrt{1+3\theta^2}}{54\lambda t}$

仿真模拟：

令 $v=1$，$c_m=0.5$，根据式（5-23）运用 Maple 17.0 可得三维图 5-5，表明制造商利润随 θ 和 t 变化情况。

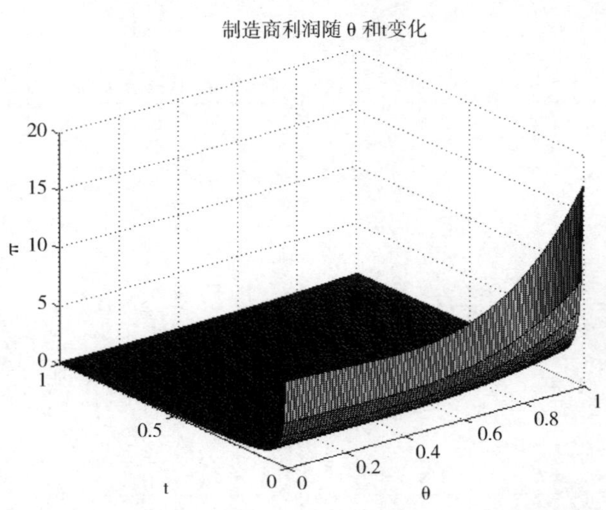

图 5-5　制造商利润随 θ 和 t 变化的三维图

定理 5-5：在混合渠道模式下，当制造商向消费者直接投放定向广告并采用垂直集中化动态博弈决策时，整个供应链存在全局唯一最优值。$p_r^{*I}=\frac{(1+\sqrt{1+3\theta^2})v}{3}$，$\phi=\frac{\theta v}{\lambda}$，$\varphi=\frac{(1+\sqrt{1+3\theta^2})v}{3\lambda}$。同时，混合渠道下制造商的通过传统零售渠道进行销售的产品数量 $Q_r^I=\frac{(2-\sqrt{1+3\theta^2})v}{3t}$，通过电子渠道进行销售的产品数量为 $Q_d^I=\frac{3t-(2-\sqrt{1+3\theta^2})v}{3t}$。供应链的总利润为 $\pi_d^I=\frac{(2+3\theta^2)v^3+(27t-18)v^2\theta^2+(2+9\theta^2)v^3\sqrt{1+3\theta^2}}{54\lambda t}$。

在供应链协调的情况下，企业通过分散化决策投放定向广告且消费者购买的产品数量与集中化决策下购买的产品数量相同。故有：

$$p_r(\omega)=\frac{1}{2}[(1-\theta)v+p_d+\omega]=\frac{v+\omega}{2} \tag{5-24}$$

故求得 $\omega=\frac{2(\sqrt{1+3\theta^2}-1)v}{3}$，协调后投向零售渠道的定向广告强度为：

$$\varphi=\frac{\omega-c_m}{\lambda}=\frac{2(\sqrt{1+3\theta^2}-1)v-3c_m}{3\lambda} \qquad (5-25)$$

定理5-6：由于制造商能够通过向细分市场消费者投放定向广告来影响产品的价格，当制造商在不同细分市场的广告强度策略 $(\varphi,\phi)=\left(\frac{2(\sqrt{1+3\theta^2}-1)v-3c_m}{3\lambda},\frac{\theta v}{\lambda}\right)$ 时，可实现混合渠道模式下零售渠道和电子渠道的有效协调。

根据定理5-6可知，制造商可以通过调整自身的广告决策变量来影响渠道批发价格和零售价格，通过广告强度参数变化引导零售商的价格决策，最终实现混合渠道的协调。显然，这一方法更能适应市场的瞬息变化，对制造商具有更好的操作性。这里并未考虑制造商和零售商签订价格契约和广告契约等方式对企业定向广告策略的影响。未来可进一步对该问题进行拓展并研究相关的混合渠道协调问题。

5.5　案例分析

某一国内著名精油品牌化妆品公司于2003年首次创立，产品类型主要包括精油、护肤品等多类产品。目前进驻国内主要的一二线城市，并在主要商圈建立具有企业品牌形象的销售专柜。产品技术由希腊某公司提供相关支持，而研发和检测则由法国某集团公司负责。该品牌精油由于创立时间较晚，客户的忠诚度和口碑难以和国际知名化妆品品牌进行对抗。随着电子商务的发展，该企业建立了依托电商平台的B2C网络旗舰店。通过网络商城针对精油品类的潜在消费者进行相应的定向广告投放。利用“双十一”促销环境在2011~2013年在细分品类市场取得了销量第一的数据。

起初，网络销售的火爆一定程度对线下的实体店模式产生了一定影响。随后，该公司调整了产品战略，在管理方面注重线上和线下的一致性和互补性。通过网络促销提高产品的知名度，并且扩大用户群，利用网络广告加大促销力度，迅速积累大量的资金。一方面，利用电子渠道针对的对象以及传统渠道进行销售的对象有所区别，并将网络积累的资金补充线下的销售渠道所需要的资金等；另一方面，在利用广告进行促销时调节广告强度并协调好线上、线下的相互关系，尽可能避免价格的巨大浮动，避免因为电子渠道的低价格而影响传统分销渠道的产品销售。最终通过有效的定向广告投放措施和价格策略，实现混合渠道的优化，并使多方需求得到满足，达到最大化的行业利益。

案例启示：企业在利用传统渠道的同时通过建立电子渠道进行定向广告投放时，应当优化渠道的结构。将两种渠道优势进行互补。其中传统分销渠道的优点是用户的体验度较高、商品售后服务和信用有保障，由于可以随时拿到产品减少了用户的时间成本。而这些则是电子渠道所不具备的。该精油公司利用电子渠道进行定向广告投入，短期内扩大了产品的知名度和市场覆盖率；通过传统渠道向消费者提供了更好的产品服务。并且通过调节广告强度和协调线上、线下的相互关系等，避免因为线上、线下的价格高差异性造成巨大的渠道冲突。充分发挥了定向广告和价格联用机制的优势，有效地缓解了渠道冲突并为企业获得了较高的收益。

5.6 本章小结

本章从供应链的角度研究了不同渠道模式下企业投放定向广告对制造商、零售商及渠道利润的影响。结果发现：

（1）当制造商通过混合渠道向消费者投放定向广告时，制造商将获得更高的利润，并且一定程度上可能加剧零售渠道和电子渠道的渠道冲突。

（2）当企业使用混合渠道模式并采用垂直集中化动态博弈决策时，供应链存在全局唯一最优值。

（3）企业可以通过调整定向广告的广告强度来协调零售渠道和电子渠道的渠道冲突，相比以往的制造商和零售商签订契约的方案，这一方法更能快速适应市场变化。

第6章　消费者行为对定向广告投放的影响研究

企业投放定向广告的目标对象是潜在消费者群体，而不同类型的消费者会对定向广告作出不同的反应。不同消费者的策略性行为会对企业的定向广告投放策略产生直接影响。在不同的市场环境下，消费者对广告的行为、态度往往有所区别，有的消费者对定向广告能接受，有的消费者出于隐私或其他因素考虑，可能并不接受定向广告，相反会采取广告屏蔽、信息隐藏等措施。因此，本章首先研究策略性消费者的不同行为对企业定向广告投放策略的影响问题；其次，研究企业如何针对消费者的广告屏蔽行为投放劝说型定向广告的问题。

6.1　策略性消费者的行为选择对定向广告投放影响

6.1.1　问题提出

面对企业普遍的价格歧视现象，越来越多的消费者会选择合适的时机购买产品以获得更大的消费者剩余，这类消费者往往被称为策略性消费者。此外，随着互联网的广泛应用，消费者也可以较容易获得产品价格、供应数量等市场信息而变得更具有策略性。例如，smartmoney.com 就为消费者提供了关于如何以较低价格购买电子阅读器（Kindle）的相关建议。策略性消费者往往追求最大化的消费者剩余，在其决策最优的购买时机时，他们会意识到偏好的某些产品可能在未来某时刻降价，并且会考虑未来的价格和获得产品的概率。可见，策略性消费者具有明显的“内生性”，其突出特征是，消费者会根据其对产品未来的价格和市场库存量作出判断，从而影响当前的购买决策。

如果企业忽略消费者的策略性购买行为而直接向所有消费者投放产品广告时，可能会遭受到重大损失[177]。策略性消费者提前或延迟购买以获得低价的行为也可能引起企业存货[178]、零售商订货时机的改变[179]。企业投放定向广告时需要对消费者准确识别，策略性消费者的选择性购买行为直接影响企业对消费者群体的准确识别，从而影响定向广告投放的准确性和企业的利润。因此，企业在产品定价和定向广告投放中需要考虑策略性消费者的购买选择行为。

企业在定向广告投放过程中，需要对客户进行筛选和市场细分。针对策略性消费者投放定向广告的实质是从消费者行为这个维度对客户市场进行细分。因此，本节研究的主要问题包括：

（1）如果消费者是策略性消费者，那么消费者的策略性选择行为是否会对企业的定向广告投放有影响？

（2）针对消费者不同的策略选择行为，如广告屏蔽或个人信息隐藏将对企业的利润有何影响？

（3）企业应当如何针对消费者的广告屏蔽行为和个人信息隐藏行为选择有效的定向广告投放策略呢？

针对上述问题，本节首先建立了基于策略性消费者购买行为的定向广告投放模型，然后讨论了消费者采取广告屏蔽或个人信息隐藏方式对企业定向广告投放的影响，并对两者作用进行对比以了解哪种方式对企业利润的影响更大。

6.1.2 模型假设和基准模型

供应端：市场由两个相互竞争的企业组成，分别用 i 和 j 表示。两个企业生产同质性产品，不失一般性，假设其边际生产成本为 0。

需求端：根据 Narasimhan[122] 的销售模型，假设市场由离散异质型的消费者组成，即消费者根据偏好的不同可以分为几类，但每类消费者是同质的。

假设企业i和企业j各自拥有一部分市场比例为β的忠实消费者，这些消费者对价格不敏感，只要商品价格低于其保留价格，只考虑购买其所忠实的品牌；其他消费者所占比例用α表示，这些顾客属于价格敏感性的顾客，对两种商品没有偏好，总是会在企业i或企业j之间选择价格最低的产品。这里把总市场标准化为1，从而得到$2\beta+\alpha=1$；消费者对每个产品的保留价格（产品价值感知）均为r（见图6－1）。

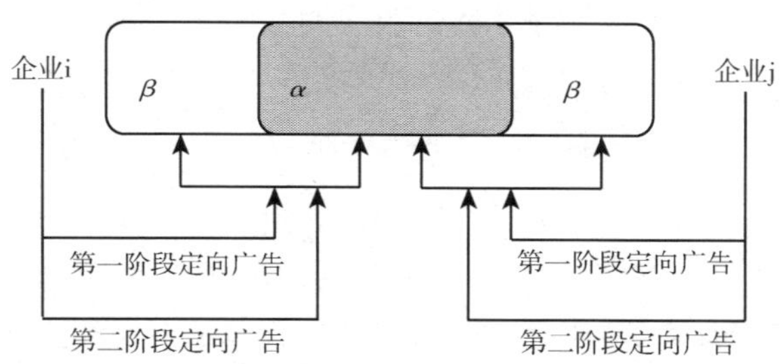

图6－1　基于策略性消费者投放定向广告的过程示意图

在市场的动态竞争环境下，企业能通过消费者购买行为而识别消费者。假定双寡头竞争企业进行两阶段博弈。在供给方，企业知道每部分消费者的总体大小，却不能识别每一个消费者类型，除非消费者购买该产品。故企业必须利用广告将潜在客户转化成为实际购买者[94]。这意味着任何一个企业在第一个阶段只有向所有消费者投放广告才能区分自身的忠诚客户和非忠诚客户。然而，由于在第一阶段，某些忠诚客户可能并不进行购买，而选择不同的策略，如主动广告屏蔽广告或者个人信息隐藏策略。导致在第二阶段企业不能完全识别所有消费者。假设两个企业的折现因子均为$\delta_F\in(0,1)$，在两个阶段企业都同时设定广告策略和价格策略。

在需求方，每个消费者在每个阶段最多购买一个单位的产品，所有消费者都能理性地预测到产品未来的可能价格并且采取购买策略以使其总剩余最大化。这意味着如果一个消费者是策略性消费者，其可能选择在第一阶段进行广告屏蔽并放弃购买，从而在第二阶段获得更有利的低价格。假定消费者的折现因子是$\delta_C\in(0,1)$。消费者和企业都是风险中性的。

首先考虑基准情况（即不考虑消费者购买历史而能自动识别消费者行为）：

因为每个企业在第二阶段都不依赖于历史购买行为，我们可以分阶段研究定向广告和定价博弈均衡。两个企业都能向其忠诚用户和非忠诚用户投放定向广告，显然在均衡状态下，企业能向其忠诚用户给予最大价格（消费者保留价格）并且非忠诚客户的价格等于其边际成本。假设投向所有消费者的广告成本为 A，因此，每个企业在第二阶段的收益至少为 $r\beta - A(\alpha+\beta)$。

在第一阶段，消费者是匿名的，因而每个企业只能设定一个价格。根据 Chen 和 Zhang [21] 同样的逻辑，显然第一阶段博弈不存在纯策略均衡。然而，唯一的混合策略均衡存在，当两个企业同时投放广告时，其均衡价格相同。这里假定价格满足集合 $P=\{p\in(p_{min},r)\}$。另外，企业的价格均衡分布并未聚集于一点。为了研究均衡分布，假设 p_{it} 是一个随机变量，p 是任意实数，$F_{it}(p)=P\{p_{it}\leqslant p\}$ 是企业 i 第 t 阶段价格低于 p 的概率。π_{it} 代表企业 i 第 t 阶段收益。

在混合均衡条件下，如果企业 i 向其全部忠诚客户和非忠诚客户投放广告并实行 $p\in P$ 的价格策略，此时竞争企业 j 支付更高的价格。企业 i 的期望收益为：

$$\pi_{i1}=\beta p+\alpha p[1-F_{j1}(p)]-A(\alpha+\beta) \tag{6-1}$$

企业 i 能总是保证其在忠诚客户方获得收益，即 $\pi_{imin}=\beta r-A\beta$。

引理 6-1：在基准条件下，第一阶段，如果 $r>A$，企业以 1 的概率投放定向广告；反之，企业投放定向广告时必然采取混合定价策略。当 $r=A$ 时企业投放定向广告的利润为 0。

定理 6-1：在基准条件下，如果企业具备完全定向广告投放能力时，第一阶段两个企业都采取混合定价策略，其累计分布函数为：$F_{j1}(p)=1-\frac{\beta(r-p)}{\alpha p}-\frac{A}{p},p\in\left[\frac{\beta r+A\alpha}{\alpha+\beta},r\right]$；企业在第一阶段可以获得的期望利润为 $\pi_{i1}=\beta r-A\beta$；两个阶段企业的总收益为 $(1+\delta_F)(\beta r-A\beta)$。

在基准条件下，两个企业在第一阶段都采取“高—低”价格策略，因而在第二阶段可以通过定向广告向客户进行定向定价。尽管两个阶段企业的定价策略不同，企业从每个阶段获得的利润相同，即企业两个阶段的总收益为：

$$\pi_i=\pi_{i1}+\pi_{i2}=(1+\delta_F)(\beta r-A\beta) \tag{6-2}$$

显然，如果企业不能识别消费者类型（策略性消费者还是非策略性消费者），则采用大众广告的期望收益显然低于定向广告。这表明：即便存在不同的购买阶段，基于消费者购买历史的定向广告投放依然对企业有利。

因此，竞争企业可以基于消费者购买历史行为来识别客户，根据客户行为选择最优的广告和定向定价策略。特别是在第一阶段仅一部分消费者购买某一企业的产品，那么该企业在第二阶段能识别他们。如果企业向两部分消费者都发送广告，则企业不能在第二阶段区分客户是否为价格敏感性客户。这意味着与基准情况不同，第二阶段博弈并非独立。因而，从第二阶段逆向推导子博弈完美均衡，并且认为任何一个消费者的购买行为都微乎其微，其单独的购买行为不会对另一个企业的价格策略产生任何影响。

6.1.3　模型拓展

当企业基于消费者购买历史行为识别客户时，企业的两阶段均衡策略与基准模型不同。为此，本节利用逆向归纳法（backward induction），根据第二阶段均衡逆向研究第一阶段均衡，最终确定企业的动态定向广告策略。

1. 第二阶段均衡

在第二阶段，企业的定价策略依赖于两个企业的价格竞争历史。假设 p_{it} 为企业 i 第 t 阶段价格。设 $p_{i1} > p_{j1}$ 或者 $p_{i1} < p_{j1}$，显然，这两个价格都低于消费者的最大意愿支付价格（保留价格 r）。在第一阶段均衡中价格相等的概率为 0。否则，任何一个企业都可能降低自身价格从而吸引全部无偏好客户。不失一般性，假设 $p_{i1} > p_{j1}$，无偏好消费者必定从企业 B 购买。因为如果无偏好消费者假装成为企业 A 的忠诚客户，其必定会在两个阶段都支付更高的价格。如果其在第一阶段购买，两个企业给予的价格不变，但消费者能获得正的剩余价值，并且 $p_{j1} < r$。同理，企业 B 的忠诚客户也必然在第一阶段购买。这意味着企业 B 可以通过定向广告向自身客户和所有的无偏好客户传递相同价格信息 p_{j2}。但是企业 A 能通过定向广告向自身客户给予价格 p_{i2}^{l} 而给予无偏好客户价格 p_{i2}^{s}。这里假设企业 A 中有占 $\psi(0 \leqslant \psi \leqslant 1)$ 比例的忠诚客户进行广告屏蔽，即企业能准确识别消费者的概率 $R_i = 1 - \psi_i$。则企业 A 向准确识别的忠诚客户销售并获得的最大收益：

$$\pi_A^1 = \beta(1 - \psi_i)(r - A) \tag{6-3}$$

然而，当企业 A 设定价格 p_{i2}^{s} 时，企业 A 必须和企业 B 竞争所有的无偏好客户，所有企业 B 的忠诚客户以及一部分已购买企业 A 的忠诚客户。显然，该市场的价格博弈与 Narasimhan[124] 价格分布模型类似。用同样的逻辑可知：该价格博弈存在唯一的混合策略均衡，并且存在两个价格分布函数 $F_{A2}^{s}(p_{A2}^{s})$ 和 $F_{B2}(p_{B2})$，其价格满足同样的价格分布（p_b，r），并且只有企业 B 存在一个价格质点即价格 r。由于在均衡中，企业 A 的忠诚客户因为第一阶段并未购买，故未被准确识别。因而在第二阶段，这里假设由于 ψβ 部分消费者被企业 A 认为是无偏好客户而继续投放定向广告。在第一阶段这部分忠诚消费者“伪装”成无偏好客户，而在这个阶段，只要接收广告，必将以该价格购买，并且对企业的利润贡献达到 $p_{A2}^{s}\psi$，另外，企业将总是向无偏好客户出售。当竞争对手给予高价时，其累计概率为 $F_{B2}(p_{A2}^{s})$，并且企业期望从无偏好客户获得的利润为 π_{A}^{s}。

$$\pi_{A}^{s}=[\psi\beta+F_{B2}(p_{A2}^{s})\alpha]p_{A2}^{s}-A(\alpha+\psi\beta) \tag{6-4}$$

在第二阶段，企业 B 使用定向广告策略获得的利润为：

$$\pi_{B2}=\beta r-A\beta=[\beta+F_{A2}^{s}(p_{B2})\alpha]p_{B2}-A(\alpha+\beta) \tag{6-5}$$

根据式（6-4）和式（6-5），求出均衡下价格分布：

$$F_{A2}^{s}(p)=\frac{\beta r+A\alpha}{p\alpha}-\frac{\beta}{\alpha};p\in[p_b,r] \tag{6-6}$$

当 $F_{A2}^{s}(p)=1$ 时，可知：$p_b=\dfrac{\beta r+A\alpha}{\beta+\alpha}$。

整理，且 $F_{B2}(p_{A2}^{s})=1$，可知企业 A 该部分利润为：

$$\pi_{A}^{s}=\frac{\beta(\alpha+\psi\beta)(r-A)}{\alpha+\beta} \tag{6-7}$$

企业 B 的价格累计函数为：

$$F_{B2}(p_{A2}^{s})=\frac{(\alpha+\psi\beta)(\beta r+A\alpha)}{\alpha p(\alpha+\beta)}-\frac{\psi\beta}{\alpha};p\in[p_b,r] \tag{6-8}$$

而当 $p>r$ 时，$F_{B2}(p_{A2}^{s})=0$；企业 A 第二阶段期望价格 $E(p_{A2}^{s})$ 表示为：

$$\int_{p_b}^{r} p\mathrm{d}F_{A2}(p_{A2}^{s}) = pF_{A2}(p_{A2}^{s})\Big|_{p_b}^{r} - \int_{p_b}^{r} F_{A2}(p_{A2}^{s})\mathrm{d}p \tag{6-9}$$

由此可知：$E(p_{A2}^{s}) = \frac{\beta r + A\alpha}{\alpha}\ln\frac{\beta+\alpha}{r(\beta r + A\alpha)}$。

所以企业 A 的第二阶段总收益为：

$$\begin{aligned}\pi_{A2} = \pi_A^s + \pi_A^1 &= \frac{\beta(\alpha+\psi\beta)(r-A)}{\alpha+\beta} + \beta(1-\psi)(r-A) \\ &= \beta(r-A)\left[1+\frac{\alpha(1-\psi)}{\alpha+\beta}\right]\end{aligned} \tag{6-10}$$

显然，只要 $\psi<1$，必然有 $\pi_{A2}>\pi_{B2}$。在均衡条件下，企业向策略性消费者投放定向广告总能够获利。

2. 第一阶段均衡

在第一阶段，企业做出定价决策，理性的预期到这种决策可能在第二阶段怎样影响企业的支付。同样，Narasimhan[122]在研究中阐述了这种情况不存在纯策略均衡，但是存在混合策略均衡。均衡分布函数是 $F_{i1}(p)$ 连续，但在价格区间（p_b，p_t）不存在质点。在均衡条件下，$p_b>0$ 并且 $p_t<r$。π_i 是两阶段企业 i 的均衡收益。则均衡推导如下：

如果 $p_{A1}>p_{B1}$，企业 A 的忠诚客户应当理性预期到企业 A 将在第二阶段通过定向广告向其定向传递价格信息。如果消费者接收广告并且在第一阶段购买，那么他将被认为是忠诚客户并且在第二阶段支付价格为 p_{A2}^{1}。其两阶段总剩余为 $r-p_{A1}+\delta_C(r-p_{A2}^{1})$。然而，如果消费者进行购买，他将最终作为“无偏好客户”进行购买，其购买价格为 p_{A2}^{s}。其期望价值为 $E(p_{A2}^{s})$。在那种情况下，他的总期望剩余为 $\delta_C[r-E(p_{A2}^{s})]$。因此，企业 A 的某一忠诚客户在下述条件就不会购买：

$$r-p_{A1}+\delta_C(r-p_{A2}^{1}) \geqslant \delta_C[r-E(p_{A2}^{s})] \tag{6-11}$$

$$p_{A1} \leqslant r-\delta_C[r-E(p_{A2}^{s})] = \bar{p} \tag{6-12}$$

其中，$\bar{p}$ 实际是企业 A 在任何第一阶段均衡支付的最高价格，并且 p_t 是价格支持。因此，$p_t>\bar{p}$ 并不是均衡状态。而均衡必然满足 $p_t=\bar{p}$，此时，一个企业在第一阶段获得固定收益并在第二阶段获得 $\beta r-A\beta$ 的利润。

在第一阶段，当企业 i 通过定向广告进行营销并传递价格 $p_{i1}\in(\hat{p}_b, p_t)$

时，其获得的利润为 $\beta p_{i1}-A\beta$。企业 i 同样以该价格向其无偏好客户进行销售，当企业 j 的价格更高时，企业 i 的期望利润为 $F_{j1}(p_{i1})\alpha p_{i1}-A\alpha$。该价格将影响企业 i 在第二阶段的收益。另外，企业 j 定价高于企业 i 的概率为 $F_{j1}(p_{i1})$，则企业 i 的期望收益为 $\beta(r-A)$。此时，企业 i 第二阶段期望收益为 $\pi_{A2}=\beta(r-A)\left[1+\frac{\alpha(1-\psi)}{\alpha+\beta}\right]$。因为存在混合价格策略，企业 i 的任何定价策略都会产生相同的期望收益，因此可得式（6－13），并且 $p_b<p_{i1}<p_t$。

$$\pi_i=[\beta+F_{j1}(p_{i1})\alpha]p_{i1}-A(\alpha+\beta)+\delta_F\left\{F_{j1}(p_{i1})\beta(r-A)+[1-F_{j1}(p_{i1})]\beta(r-A)\left[1+\frac{\alpha(1-\psi)}{\alpha+\beta}\right]\right\} \tag{6-13}$$

根据式（6－13）和均衡条件可得定理6－2。

定理6－2：当策略性消费者对企业定向广告采取“广告屏蔽”行为时，企业投放的定向广告将不能完全识别消费者。第一阶段两企业都采取混合定价策略，其累计分布函数为：$F_{j1}(p)=\frac{\beta(p_t-p)}{\alpha p-\delta_F\beta(r-A)\frac{\alpha(1-\psi)}{\alpha+\beta}}, p\in(\hat{p}_b,p_t)$；其中，$\hat{p}_b=\frac{\beta p_t}{\alpha+\beta}+\frac{\delta_F\alpha\beta(r-A)(1-\psi)}{(\alpha+\beta)^2}$；$p_t=(1-\delta_C)r+\delta_C\frac{\beta r+A\alpha}{\alpha}\ln\frac{\beta+\alpha}{r(\beta r+A\alpha)}$。企业在两阶段投放定向广告所获总收益表示为：$\beta p_t-A(\alpha+\beta)+\delta_F\beta(r-A)\times\left[1+\frac{\alpha(1-\psi)}{\alpha+\beta}\right]$。策略性消费者的广告屏蔽概率 ψ 越大，企业均衡价格越低，企业总利润也下降。

通过与基准情况比较，当企业进行客户识别时，如果存在 $\pi_i=\pi_{i\,bench}$，可知：当 $0\leqslant\bar{\delta}_F\leqslant1$ 时，必然有定理6－3。

$$\beta p_t-A(\alpha+\beta)+\bar{\delta}_F\beta(r-A)\left[1+\frac{\alpha(1-\psi)}{\alpha+\beta}\right]=(1+\bar{\delta}_F)(\beta r-A\beta) \tag{6-14}$$

$$\bar{\delta}_F=\frac{(\beta r+A\alpha-\beta p_t)(\alpha+\beta)}{\beta(r-A)\alpha(1-\psi)} \tag{6-15}$$

定理6－3：当消费者采取广告屏蔽等策略性行为时，基于消费者购买历史的定向广告投放对所有竞争企业依然有利。如果 $\delta_F>\bar{\delta}_F$，由于消费者屏蔽策略引起价格竞争效应减缓，竞争效应和广告屏蔽概率成反比，即广告屏蔽概率越高，企业越倾向于投放更多定向广告以获取更高利润。

根据定理6－3，当消费者广告屏蔽概率提高时，企业倾向于投放更多定向广告以获取更高利润，此时价格竞争效应减缓，企业更倾向于提高产品价格而获利。

6.1.4　个人信息隐藏和直接广告屏蔽

考虑消费者的另一种策略行为——个人信息隐藏。如果忠诚客户中有 θ 比例的消费者采取主动隐藏个人信息的方式，以避免企业通过定向广告传递的高价信息时，这部分消费者同样将自身伪装成无偏好客户。此时，这些忠诚客户也知道企业采用行为依赖的歧视性定价策略。因此，他们必然在第一阶段不购买，而第二阶段，企业不得不继续给其无偏好客户价格信息，以期望他们在第二阶段购买。由于消费者预期到企业的价格策略，故企业只能给予其优势性价格。即此时，企业不投放广告信息也可以获得收益，其收益函数可表示为：

$$\pi_i = [\beta + F_{j1}(p_{i1})\alpha]p_{i1} - A(\alpha+\beta) + \delta_F\Big\{F_{j1}(p_{i1})\beta(r-A) + [1-F_{j1}(p_{i1})]\Big[(\beta r - A\beta) + \frac{\beta(r-A)\alpha - \theta\beta(\beta A + \alpha r)}{\alpha+\beta}\Big]\Big\} \quad (6-16)$$

同理，根据子博弈均衡可得定理6－4。

定理6－4：当策略性消费者采用隐藏个人信息策略时，企业投放的定向广告将不能完全识别每一个消费者类型。在第一阶段两个企业都采取混合定价策略 $p \in (\hat{p}_c, p_t)$，则价格的累计分布函数（CDF）为 $F_{j1}(p) = \dfrac{\beta(p_t - p)}{\alpha p - \delta_F\Big[\beta(r-A) - \dfrac{\beta(r-A)\alpha - \theta\beta(\beta A+\alpha r)}{\alpha+\beta}\Big]}$。其中，$\hat{p}_c = \dfrac{\beta p_t}{(\alpha+\beta)} + \delta_F\Big[\dfrac{\beta(r-A)\alpha - \theta\beta(\beta A+\alpha r)}{(\alpha+\beta)^2}\Big]$；$p_t = (1-\delta_C)r + \delta_C\dfrac{\beta r + A\alpha}{\alpha}\ln\dfrac{\beta+\alpha}{r(\beta r + A\alpha)}$。企业两阶段总收益为：$\beta p_t - A(\alpha+\beta) + \delta_F\Big[(\beta r - A\beta) + \dfrac{\beta(r-A)\alpha - \theta\beta(\beta A+\alpha r)}{\alpha+\beta}\Big]$。

策略性消费者隐藏个人信息的概率越大，企业的均衡价格越低，企业总利润下降。

通过与基准情况比较，当企业进行客户识别时，如果存在 $\pi_i = \pi_{i\,bench}$，可知：当 $0 \leqslant \bar{\delta}_{F2} \leqslant 1$ 时，必然有定理 6－5。

定理 6－5：当消费者采取个人信息隐藏的策略行为时，基于消费者购买历史的定向广告投放对所有竞争企业依然有利。如果 $\delta_F > \bar{\delta}_F$，消费者信息隐藏策略导致企业价格竞争效应减缓，竞争效应和广告隐藏概率成反比，故消费者对个人信息隐藏概率越高，企业投放定向广告时相对损失越大。

比较直接广告屏蔽和个人信息隐藏对企业的影响：个人信息隐藏对企业的不利影响更大，企业的定向广告投放成本更高，而企业的总利润更低。

定理 6－6：相比消费者直接屏蔽广告而言，当消费者采取个人信息隐藏时，企业投放定向广告的成本提高，企业的均衡价格更低，企业的利润也降低。因此，当消费者个人信息隐藏频率较高时，企业倾向于投放少量定向广告以获取更高利润。对消费者而言，如果期望获得更高的收益，则应尽可能隐藏个人信息而非直接广告屏蔽。

可见，对企业而言，面对采取广告屏蔽策略的策略性消费者，如果企业清楚知道客户的相关信息，则企业不应停止投放定向广告，恰恰相反，应当继续加大定向广告的投放力度。反之，如果企业对客户个人信息并不清楚，一方面，企业应适当减少定向广告的投放力度；另一方面，企业应尽可能获得消费者的准确信息从而再投放定向广告。

对策略性消费者而言，面对企业定向广告，如果消费者是广告厌恶型，此时消费者最好的策略是尽可能地隐藏自身一切信息，从而迫使企业在第二阶段给予消费者低价。

6.2 消费者广告屏蔽效应对企业定向广告的投放影响

6.2.1 问题提出

随着信息技术和电子商务的发展，企业能通过静态 IP 地址、用户认证、

cookie 等手段有效获知消费者的购买行为及偏好，从而直接向潜在消费者投放定向广告，实现产品和潜在消费者的有效匹配，从而提升广告的社会价值。在蓬勃发展的电子商务时代，企业（广告发布商）和消费者的供需关系更加密切。一方面，企业希望尽可能地向不同消费者提供个性化的产品和服务，提供真正满足消费者不同需求类型的产品广告，即通过定向投放广告以减少广告浪费；另一方面，消费者希望企业发送定向广告时应尽可能少地侵犯和影响消费者的隐私或其他利益。因此，消费者对企业定向广告的需求行为也呈现双向性，即“接受”或“屏蔽”广告行为，这有别于对传统媒体（电视、报纸、广播）广告的态度。

当企业向消费者发送定向广告时，大量商业信息直接传递至消费者，导致消费者逐渐成为“信息编辑器”，并对其不感兴趣的广告信息产生“厌烦感”，即使某些广告信息确实和消费者的需求相关，消费者也可能采取“屏蔽”策略，如跳过广告、自定义广告过滤等[180]。此外，由于 IP 地址、cookie 等涉及消费者隐私，为保护自身利益，消费者也会主动屏蔽定向广告[181]。例如，消费者可以利用广告屏蔽大师软件针对广告进行屏蔽，该软件采用了 ad block plus 的 chinalist 规则，可以查看被屏蔽的元素及屏蔽对应的规则。可见，定向广告屏蔽技术的广泛应用，很可能损害定向广告投放的有效性，造成广告浪费，企业投放定向广告的市场效果反而有可能不如大众广告。相比信息型定向广告单纯地向消费者传递产品信息，劝说型定向广告更多地对消费者进行产品说服，更容易引起消费者对该产品广告的反感。某些企业的欺骗性、夸大性以及误导性的广告宣传可能引起某些消费者的负面情绪，一定程度上可能提高了其屏蔽广告的概率，从而影响企业的定向广告投放策略[182]。

因此，针对消费者可能采取的广告屏蔽措施，企业如何选择相对应的广告策略则成为研究重点。本节研究的问题主要包括：

（1）如果消费者能有效掌握广告屏蔽技术，这对企业投放劝说型定向广告会有怎样的影响？

（2）针对消费者可能采取的屏蔽行为，企业应当如何选择最优的定向广告策略并发送有针对性的定向广告？

针对这些问题，本书假设当消费者能够充分利用广告屏蔽技术时，企业应当如何根据消费者的预期屏蔽情况制定不同的定向广告投放策略，即企业通过向目标用户投放劝说型定向广告，一方面，提升广告产品的价值，扩大该产品的市场需求；另一方面，提高广告投放的针对性，减少相应的广告浪费。

6.2.2 模型构建

假设博弈的参与人是企业和消费者。一方面，企业充分掌握消费者信息，可以向消费者定向投放劝说型广告以提升产品价值；另一方面，消费者充分掌握了广告屏蔽技术，可以有效选择“屏蔽”或“接受”广告。博弈双方都追求自身利益最大化。

（1）$N=\{1,2\}$ 为局中人集合。其中，1 代表企业，2 代表消费者。两者皆为理性人。

（2）$\phi=\{\phi_0,\phi_1\}$ 是企业投放广告的策略空间。其中 $\phi=\phi_0$ 表示企业通过广告反映产品是低端品牌（低价格），其单位广告成本为 $A(\phi_0)$。$\phi=\phi_1$ 表示企业通过广告反映产品是高端品牌（高价格），其单位广告成本为 $A(\phi_1)$。此时企业通过不同广告策略塑造不同品牌形象。企业知道 ϕ 的取值；消费者不知道 ϕ 的值，但知道 ϕ 的概率分布 $P\{\phi=\phi_1\}=\alpha$，$P\{\phi=\phi_0\}=1-\alpha$。

（3）$M=\{p_1,\ p_0\}$ 表示企业通过广告传递的产品的价值空间。其中，p_1 和 p_0 分别表示产品的不同价格（$p_1>p_0$），直接反映了企业的高端或低端品牌策略。

（4）$I=\{i_1,\ i_0\}$ 表示消费者针对企业广告的策略空间。其中，i_1 表示消费者“接受”广告的策略；i_0 表示消费者“屏蔽”广告的策略。

（5）博弈的时序。第一阶段：企业知道 ϕ 的取值，因此，企业选择信号 $m(\phi)=p_k\in M$，（$k=0,\ 1$）；第二阶段：消费者接收到信号 p_k（$k=0,\ 1$）后形成关于产品类型 ϕ 的判断，$\beta_k=P\{\phi=\phi_1\mid m=p_k\}$，（$k=0,\ 1$）。用 V 表示消费者对高端品牌的保留价格，即消费者愿意支付该产品的最高价格；用 W 表示消费者对低端品牌的保留价格。其中，$V+\Delta v$ 表示高端（高质量）品牌劝说型广告对消费者的价值。$W+\Delta w$ 表示低端（低质量）

品牌劝说型广告对消费者的价值。$V > W$ 并且 $\Delta v > \Delta w$。c 表示低端（低质量）产品通过广告掩饰成为高端（高质量）产品所需要付出的掩饰成本。对于给定 ϕ_k，p_k，$i_k(k=0, 1)$，用 μ 表示企业的支付函数，v 表示消费者的支付函数。则在不同的策略空间下，企业和消费者的支付函数则可以表示如下：

$\mu(\phi_1, p_1, i_1) = p_1 - A(\phi_1)$；　$v(\phi_1, p_1, i_1) = V + \Delta v - p_1$；

$\mu(\phi_1, p_1, i_0) = -A(\phi_1)$；　$v(\phi_1, p_1, i_0) = 0$；

$\mu(\phi_1, p_0, i_1) = p_0 - A(\phi_1)$；　$v(\phi_1, p_0, i_1) = W + \Delta v - p_0$；

$\mu(\phi_1, p_0, i_0) = -A(\phi_1)$；　$v(\phi_1, p_0, i_0) = 0$；

$\mu(\phi_0, p_1, i_1) = p_1 - A(\phi_0) - c$；　$v(\phi_0, p_1, i_1) = V + \Delta w - p_1$；

$\mu(\phi_0, p_1, i_0) = -A(\phi_0) - c$；　$v(\phi_0, p_1, i_0) = 0$；

$\mu(\phi_0, p_0, i_1) = p_0 - A(\phi_0)$；　$v(\phi_0, p_0, i_1) = W + \Delta w - p_0$；

$\mu(\phi_0, p_0, i_0) = -A(\phi_0)$；　$v(\phi_0, p_0, i_0) = 0$。

而企业投放劝说型定向广告与消费者进行广告屏蔽间的博弈树如图 6-2 所示。

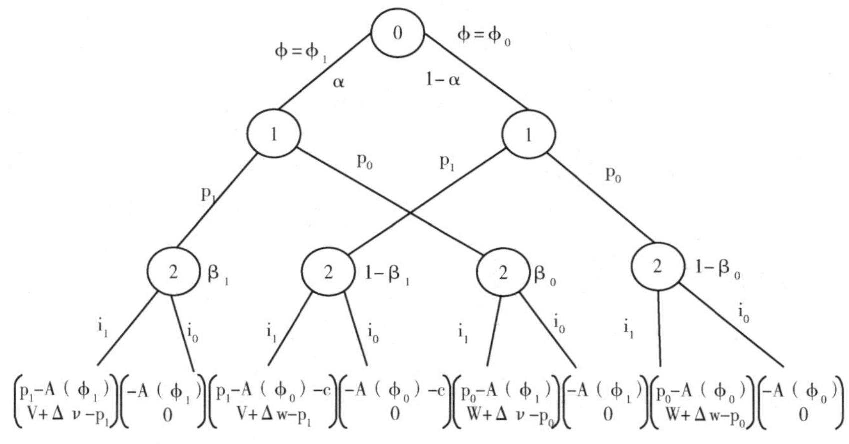

图 6-2　企业定向广告投放和消费者广告屏蔽关系博弈树

一方面，企业能以不同概率向消费者定向传递不同类型的广告信息；另一方面，消费者对该信息的类型推断及其策略选择也有所不同。因而企业和消费者间的信号传递博弈最终形成精炼贝叶斯均衡[183]。

引理 6-1：信号传递博弈的精炼贝叶斯均衡是由策略组合 $(m^*(\theta), a^*(\theta))$

和参与人 2 关于参与人 1 的类型推断 $\mu^* = p(\theta \mid m)$ 构成，它们满足：

(1) $m^*(\theta) \in \arg\max u_1(m,\ a^*(\theta),\ \theta)$;

(2) $a^*(\theta) \in \arg\max \sum_{\theta \in \Theta} u * u_2(m,\ a,\ \theta)$;

(3) $\mu^* = p(\theta \mid m)$ 是参与人 2 使用贝叶斯法则 $p(\theta_i \mid m_j) = p(\theta_i) \Big/ \sum_{\theta_i \in \Theta_j} p(\theta_i)$，$\Theta_j$ 表示在参与人的策略 $m^*(\theta)$ 中，选择发送信号为 m_j 的所有类型的集合，即 $\Theta_j = \{\theta \mid m^*(\theta) = m_j\}$ 从 θ 的先验概率 $p(\theta)$ 和观察到的信号 m 而得到。

因此，根据引理 6－1 的贝叶斯法则通过逆推法分别得出企业投放广告和消费者屏蔽广告的均衡策略空间。

6.2.3 消费者根据广告信号推断形成的最优行动策略

在博弈的第二阶段，消费者接收到企业传递的劝说型定向广告价格信号 $M\{\Phi\} = p_0$ 或 $M\{\Phi\} = p_1$，形成对该产品类型的推断，这里假设消费者推断的概率分别是 β_0 或 β_1，选择行动 $i(p_k) = i \in I$，最大化自己的期望支付，即求解最大化问题：$\max\limits_{i \in I} \sum_{\phi \in \Phi} v(\phi, p, i) p(\phi | p)$。

(1) 如果 $p = p_1$，则消费者必然有如下最大化期望支付：

$$\begin{aligned}
&\max_{i \in I} \sum_{\phi \in \Phi} v(\phi, p_1, i) p(\phi \mid p_1) \\
&= \max_{i \in I} \{ v(\phi_1, p_1, i)\beta_1 + v(\phi_0, p_1, i)(1 - \beta_1) \} \\
&= \max_{i \in I} \{ v(\phi_1, p_1, i_1)\beta_1 + v(\phi_0, p_1, i_1)(1 - \beta_1), \\
&\quad v(\phi_1, p_1, i_0)\beta_1 + v(\phi_0, p_1, i_0)(1 - \beta_1) \} \\
&= \max_{i \in I} \{ (V + \Delta v - p_1)\beta_1 + (V + \Delta w - p_1)(1 - \beta_1), 0 \}
\end{aligned}$$

可以得到：

$$i(p_1) = \begin{cases} i_1; & \beta_1 > \dfrac{p_1 - V - \Delta w}{\Delta v - \Delta w} \\ i_0; & \beta_1 \leqslant \dfrac{p_1 - V - \Delta w}{\Delta v - \Delta w} \end{cases}$$

（2）如果 $p = p_0$，则消费者必然有如下最大化期望支付：

$$\max_{i \in I} \sum_{\phi \in \Phi} v(\phi, p_0, i) p(\phi \mid p_0)$$
$$= \max_{i \in I} \{ v(\phi_1, p_0, i) \beta_0 + v(\phi_0, p_0, i)(1 - \beta_0) \}$$
$$= \max_{i \in I} \{ v(\phi_1, p_0, i_1) \beta_0 + v(\phi_0, p_0, i_1)(1 - \beta_0),$$
$$v(\phi_1, p_0, i_0) \beta_0 + v(\phi_0, p_0, i_0)(1 - \beta_0) \}$$
$$= \max_{i \in I} \{ (W + \Delta v - p_0) \beta_0 + (W + \Delta w - p_0)(1 - \beta_0), 0 \}$$，可以得到：

$$i(p_0) = \begin{cases} i_1; & \beta_0 > \dfrac{p_0 - W - \Delta w}{\Delta v - \Delta w} \\ i_0; & \beta_0 \leqslant \dfrac{p_0 - W - \Delta w}{\Delta v - \Delta w} \end{cases}$$

故消费者推断依存的子博弈精炼贝叶斯策略：

(1) $\beta = (\beta_1, \beta_0) \in D_1 = \left\{ 1 \geqslant \beta_1 > \dfrac{p_1 - V - \Delta w}{\Delta v - \Delta w},\quad 1 \geqslant \beta_0 > \dfrac{p_0 - W - \Delta w}{\Delta v - \Delta w} \right\}$，

$i_\beta(p) \equiv i_1$

即当概率 $\beta = (\beta_1, \beta_0) \in D_1$ 时，消费者的理性选择是接受产品广告。

(2) $\beta = (\beta_1, \beta_0) \in D_2 = \left\{ 0 \leqslant \beta_1 \leqslant \dfrac{p_1 - V - \Delta w}{\Delta v - \Delta w},\quad 0 \leqslant \beta_0 \leqslant \dfrac{p_0 - W - \Delta w}{\Delta v - \Delta w} \right\}$，

$i_\beta(p) \equiv i_0$

即当概率 $\beta = (\beta_1, \beta_0) \in D_2$ 时，消费者的理性选择是屏蔽产品广告。

(3) $\beta = (\beta_1, \beta_0) \in D_3 = \left\{ 0 \leqslant \beta_1 \leqslant \dfrac{p_1 - V - \Delta w}{\Delta v - \Delta w},\quad 1 \geqslant \beta_0 > \dfrac{p_0 - W - \Delta w}{\Delta v - \Delta w} \right\}$，

$$i_\beta(p) = \begin{cases} i_1; p = p_0 \\ i_0; p = p_1 \end{cases}$$

即当概率 $\beta = (\beta_1, \beta_0) \in D_3$ 时，消费者有两种理性选择：当 $p = p_0$ 时，消费者选择接受广告；当 $p = p_1$ 时，消费者选择屏蔽广告。

(4) $\beta = (\beta_1, \beta_0) \in D_4 = \left\{ 1 \geqslant \beta_1 > \dfrac{p_1 - V - \Delta w}{\Delta v - \Delta w},\quad 0 \leqslant \beta_0 \leqslant \dfrac{p_0 - W - \Delta w}{\Delta v - \Delta w} \right\}$，

$$i_\beta(p) = \begin{cases} i_1; p = p_1 \\ i_0; p = p_0 \end{cases}$$

即当概率 $\beta = (\beta_1, \beta_0) \in D_4$ 时，消费者有两种理性选择：当 $p = p_1$ 时，消

费者选择接受广告；当 $p=p_0$ 时，消费者选择屏蔽广告。

根据以上结果，可以得出：

定理 6-7：当消费者对产品类型（高端或低端品牌）推断的概率分布为 $\beta=(\beta_1,\beta_0)\in D_i$ 时，消费者具有不同的理性选择：当概率 $\beta\in D_1$ 时，消费者的理性选择是接受产品广告；当概率 $\beta\in D_2$ 时，消费者的理性选择是屏蔽产品广告；当概率 $\beta\in D_3$ 时，消费者的理性选择取决于广告反映的价格水平（质量），当价格较低时，消费者应接受广告，反之，屏蔽广告。当概率 $\beta\in D_4$ 时，消费者的理性选择亦取决于广告反映的价格水平，当价格较低时，消费者应屏蔽广告；反之，接受广告。

6.2.4 企业根据消费者屏蔽行为形成的最优行动策略

企业观察到消费者行为信号后，对消费者类型进行判断，然后选择相应广告投放策略。因此，分别得出区域 $D_i(i=1,2,3,4)$ 中企业针对消费者的子博弈精炼贝叶斯均衡策略。即第一阶段，对于 $\beta=(\beta_1,\beta_0)\in D_i$，固定消费者策略 $i_\beta(p)$，对于 $\phi_k\in\phi$，求 $m(\phi)=p\in M$ 满足的最大化问题：

6.2.4.1 区域 D_1 中企业针对消费者的贝叶斯均衡策略

企业的最大支付函数 $\max\limits_{p\in M}u(\phi,p,i_\beta(p))$，对于 $\beta\in D_1$，$i_\beta(p)\equiv i_1$ 时：

（1）若 $\phi=\phi_1$ 时，则企业必然有如下最大化期望支付：

$$\begin{aligned}\max_{p\in M}u(\phi_1,p,i_1)&=\max\{u(\phi_1,p_1,i_1),u(\phi_1,p_0,i_1)\}\\&=\max\{p_1-A(\phi_1),p_1-A(\phi_0)\}\text{；即 } m(\phi)=p_1\text{ 时}\\&=p_1-A(\phi_1)\end{aligned}$$

（2）若 $\phi=\phi_0$ 时，则企业必然有如下最大化期望支付：

$$\begin{aligned}\max_{p\in M}u(\phi_0,p,i_1)&=\max\{u(\phi_0,p_1,i_1),u(\phi_0,p_0,i_1)\}\\&=\max\{p_1-A(\phi_0)-c,p_0-A(\phi_0)\}\end{aligned}$$

$$\text{从而：}u=\begin{cases}p_1-A(\phi_0)-c & c\leqslant p_1-p_0\\ p_0-A(\phi_0) & c>p_1-p_0\end{cases}\text{；即 } m(\phi)=\begin{cases}p_1; & c\leqslant p_1-p_0\\ p_0; & c>p_1-p_0\end{cases}$$

（3）企业针对消费者的子博弈精炼贝叶斯策略：

当 $p=p_1$，$\phi=\phi_1$ 时，企业的策略是向消费者传递高端品牌信息，其收益为 $m(\phi_1)=p_1-A(\phi_1)$。当 $\beta=(\beta_1,\beta_0)\in D_1$，$\phi=\phi_0$ 时，如果 $c\leqslant p_1-p_0$，即掩饰成本较小时，企业仍需向消费者传递高端品牌信息，企业的最终收益为 $p_1-A(\phi_0)-c$；如果 $c>p_1-p_0$，即掩饰成本较大时，企业需向消费者传递低端品牌信息，其最终收益为 $p_0-A(\phi_0)$

6.2.4.2　区域 D_2 中企业针对消费者的贝叶斯均衡策略

企业的最大支付函数 $\max_{p\in M}u(\phi,p,i_\beta(p))$，对于 $\beta\in D_2$，$i_\beta(p)\equiv i_0$ 时：

（1）若 $\phi=\phi_1$ 时，则企业必然有如下最大化期望支付：

$$\begin{aligned}\max_{p\in M}u(\phi_1,p,i_0)&=\max\{u(\phi_1,p_1,i_0),u(\phi_1,p_0,i_0)\}\\&=\max\{-A(\phi_1),-A(\phi_1)\}\text{；即 }m(\phi)=p_1\text{ 或 }p_0\\&=-A(\phi_1)\end{aligned}$$

此时，企业可选择自由选择这两种广告策略。

（2）若 $\phi=\phi_0$ 时，则企业必然有如下最大化期望支付：

$$\begin{aligned}\max_{p\in M}u(\phi_0,p,i_0)&=\max\{u(\phi_0,p_1,i_0),u(\phi_0,p_0,i_0)\}\\&=\max\{-A(\phi_0)-c,p_0-A(\phi_0)\}\text{；即 }m(\phi)=p_0\\&=-A(\phi_0)\end{aligned}$$

此时，企业应选择低端品牌（$p=p_0$）广告策略。

（3）企业针对消费者的子博弈精炼贝叶斯策略：

在区域 D_2 中，当 $\phi=\phi_1$ 时，企业可以自由选择低端或高端品牌广告策略，其收益为 $-A(\phi_1)$；当 $\phi=\phi_0$ 时，企业的策略是向消费者传递低端品牌信息，其收益为 $-A(\phi_0)$。

6.2.4.3　区域 D_3 中企业针对消费者的贝叶斯均衡策略

企业的最大支付函数 $\max_{p\in M}u(\phi,p,i_\beta(p))$，对于 $\beta\in D_3,i_\beta(p)=\begin{cases}i_1;\ p=p_1\\i_0;\ p=p_0\end{cases}$ 时：

（1）若 $\phi=\phi_1$ 时，则企业最大化期望支付如下：

$$\begin{aligned}\max_{p\in M}u(\phi_1,p,i)&=\max\{u(\phi_1,p_1,i_0),u(\phi_1,p_0,i_1)\}\\&=\max\{-A(\phi_1),p_0-A(\phi_1)\};\text{ 即 } m(\phi)=p_0\\&=p_0-A(\phi_1)\end{aligned}$$

此时，企业应选择低端品牌（$p=p_0$）广告策略。

（2）若 $\phi=\phi_0$ 时，则企业最大化期望支付如下：

$$\begin{aligned}\max_{p\in M}u(\phi_0,p,i)&=\max\{u(\phi_0,p_1,i_0),u(\phi_0,p_0,i_1)\}\\&=\max\{-A(\phi_0)-c,p_0-A(\phi_0)\};\text{ 即 } m(\phi)=p_0\\&=p_0-A(\phi_0)\end{aligned}$$

此时，企业选择低端品牌（$p=p_0$）广告策略。

（3）企业针对消费者的子博弈精炼贝叶斯策略：

在区域 D_3 中，无论 ϕ 取何值，企业的最佳策略都是向消费者传递低端品牌信息。

6.2.4.4 区域 D_4 中企业针对消费者的贝叶斯均衡策略

企业的最大支付函数 $\max_{p\in M}u(\phi,p,i_\beta(p))$，对于 $\beta\in D_4,i_\beta(p)=\begin{cases}i_1;\ p=p_0\\i_0;\ p=p_1\end{cases}$ 时：

（1）若 $\phi=\phi_1$ 时，则企业最大化期望支付如下：

$$\begin{aligned}\max_{p\in M}u(\phi_1,p,i)&=\max\{u(\phi_1,p_1,i_1),u(\phi_1,p_0,i_0)\}\\&=\max\{p_1-A(\phi_1),-A(\phi_0)\};\text{ 即 } m(\phi)=p_1\\&=p_1-A(\phi_1)\end{aligned}$$

此时，企业应选择高端品牌（$p=p_1$）广告策略。

（2）若 $\phi=\phi_0$ 时，则企业最大化期望支付如下：

$$\begin{aligned}\max_{p\in M}u(\phi_0,p,i)&=\max\{u(\phi_0,p_1,i_1),u(\phi_0,p_0,i_0)\}\\&=\max\{p_1-A(\phi_1)-c,-A(\phi_0)\};\text{ 即 } m(\phi)=\begin{cases}p_1;\ c\leqslant p_1\\p_0;\ c>p_1\end{cases}\end{aligned}$$

此时，企业采取任何一种广告策略都依赖于掩饰成本。

（3）企业针对消费者的子博弈精炼贝叶斯策略：

在区域 D_4 中，当 $c \leqslant p_1$ 时，企业应选择低端品牌广告策略。当 $c > p_1$ 且 $\phi = \phi_1$ 时，企业应选择高端品牌广告策略；当 $c > p_1$ 且 $\phi = \phi_0$ 时，企业应选择低端品牌广告策略。

根据以上结果，可以得到：

定理 6－8：当消费者对产品类型（高端/低端品牌）推断的概率分布为 $\beta = (\beta_1, \beta_0) \in D_i$ 时，根据消费者的行动信号，企业有不同的理性选择。当 $\beta \in D_1$ 时，企业的不同广告投放策略依赖于掩饰成本；当 $\beta \in D_2$ 时，企业的两种广告投放策略收益均为负值；当 $\beta \in D_3$ 时，企业应实行低端品牌广告投放策略。当 $\beta \in D_4$ 时，如果掩饰成本较小，企业应实行高端品牌广告投放策略；反之，实行低端品牌广告投放策略。

6.2.5　基于信号传递博弈的广告投放优化策略

根据前两阶段企业根据消费者对劝说型广告可能的选择策略得出贝叶斯均衡策略；从而在区域 D_i（$i = 1, 2, 3, 4$）中得出两者分离均衡（不同类型信号发送者以 1 的概率选择不同信号，信号准确地揭示出类型）与混同均衡（不同类型的信号发送者选择相同的信号，接受者不修正先验概率）策略。

6.2.5.1　区域 D_1 中企业与消费者的贝叶斯均衡

根据 6.2.3（1）和 6.2.4.1，当 $\beta \in D_1$，$i_\beta(p) \equiv i_1$，若 $c \leqslant p_1 - p_0$，$m(\phi) \equiv p_1$，此时应有推断概率满足 $1 \geqslant \beta_1 = \alpha > \frac{p_1 - V - \Delta w}{\Delta v - \Delta w}$，即 $p_1 > V + \Delta w$；此外，$1 \geqslant \beta_0 > \frac{p_0 - W - \Delta w}{\Delta v - \Delta w}$，即 $p_0 < W + \Delta v$。故在区域 D_1 中，企业与消费者的贝叶斯均衡可以表示为：

（1）当 $c \leqslant p_1 - p_0$，$\alpha > \frac{p_1 - V - \Delta w}{\Delta v - \Delta w}$ 时，$p_0 < W + \Delta v$，$p_1 > V + \Delta w$ 时，企业和消费者存在混同均衡：即 $m(\phi) \equiv p_1$，$\beta_1 = \alpha$，$\beta_0 > \frac{p_0 - W - \Delta w}{\Delta v - \Delta w}$，$i_\beta(p) \equiv i_1$。

（2）当 $c > p_1 - p_0$，$m(\phi) = \begin{cases} p_1; & \phi = \phi_0 \\ p_0; & \phi = \phi_1 \end{cases}$ 时，推断概率应满足 $\beta_1 = 1 > \frac{p_1 - V - \Delta w}{\Delta v - \Delta w}$，即 $p_1 < V + \Delta v$。因此，企业和消费者存在分离均衡。即当 $c > p_1 - p_0$，$p_1 < V + \Delta v$，$p_0 < W + \Delta w$ 时，两者有分离均衡：即 $m(\phi) = \begin{cases} p_1; & \phi = \phi_1 \\ p_0; & \phi = \phi_0 \end{cases}$；$\beta_1 = 1$；$\beta_0 = 0$；$i_\beta(p) \equiv i_1$。

6.2.5.2 区域 D_2 中企业与消费者的贝叶斯均衡

根据6.2.3（2）和6.2.4.2，当 $\beta \in D_2$，$i_\beta(p) \equiv i_0$，$m(\phi) \equiv p_0$，此时推断概率应当满足条件 $0 \leqslant \beta_0 = \alpha \leqslant \frac{p_0 - W - \Delta w}{\Delta v - \Delta w}$，又 $0 \leqslant \beta_1 \leqslant \frac{p_1 - V - \Delta w}{\Delta v - \Delta w}$，即 $p_0 \geqslant W + \Delta w$，$p_1 \geqslant V + \Delta w$。

（1）当 $\alpha \leqslant \frac{p_0 - W - \Delta w}{\Delta v - \Delta w}$ 并且 $p_0 \geqslant W + \Delta w$，$p_1 \geqslant V + \Delta w$ 时，企业和消费者存在混同均衡：即 $m(\phi) \equiv p_0$；$\beta_0 = \alpha$；$0 \leqslant \beta_1 \leqslant \frac{p_1 - V - \Delta w}{\Delta v - \Delta w}$；$i_\beta(p) \equiv i_0$。

（2）当 $m(\phi) = \begin{cases} p_1; & \phi = \phi_1 \\ p_0; & \phi = \phi_0 \end{cases}$ 时，则相应的推断概率为 $\beta_1 = 1 \leqslant \frac{p_1 - V - \Delta w}{\Delta v - \Delta w}$，即 $p_1 \geqslant V + \Delta v$；$\beta_0 = 0 \leqslant \frac{p_0 - W - \Delta w}{\Delta v - \Delta w}$，即 $p_0 \geqslant W + \Delta w$。因此，可知在 $p_1 \geqslant V + \Delta v$，$p_0 \geqslant W + \Delta w$ 时，企业和消费者存在分离均衡：即：

$$m(\phi) = \begin{cases} p_1; & \phi = \phi_1 \\ p_0; & \phi = \phi_0 \end{cases}; \ \beta_1 = 1; \ \beta_0 = 0; \ i_\beta(p) \equiv i_0$$

6.2.5.3 区域 D_3 中企业与消费者的贝叶斯均衡

根据6.2.3（3）和6.2.4.3，当 $\beta \in D_3$，$i_\beta(p) = \begin{cases} i_1; & p = p_1 \\ i_0; & p = p_0 \end{cases}$，$m(\phi) \equiv p_0$ 时，则相应的推断概率应当满足条件为：$1 \geqslant \beta_0 = \alpha > \frac{p_0 - W - \Delta w}{\Delta v - \Delta w}$，即 $p_0 < W + \Delta v$。此

时，由于$0\leqslant\beta_1\leqslant\frac{p_1-V-\Delta w}{\Delta v-\Delta w}$，即$p_1>V+\Delta w$。因此，在$\alpha>\frac{p_0-W-\Delta w}{\Delta v-\Delta w}$和$p_0<W+\Delta v$，$p_1>V+\Delta w$条件下，企业和消费者存在混同均衡。

即$m(\phi)\equiv p_0$；$\beta_0=\alpha$；$0\leqslant\beta_1\leqslant\frac{p_1-V-\Delta w}{\Delta v-\Delta w}$；$i_\beta(p)=\begin{cases}i_1; & p=p_1\\ i_0; & p=p_0\end{cases}$。

6.2.5.4 区域D_4中企业与消费者的贝叶斯均衡

根据6.2.3（4）和6.2.4.4，当$\beta\in D_4$，$1\geqslant\beta_1>\frac{p_1-V-\Delta w}{\Delta v-\Delta w}$时，$0\leqslant\beta_0\leqslant\frac{p_0-W-\Delta w}{\Delta v-\Delta w}$，$i_\beta(p)=\begin{cases}i_1; & p=p_1\\ i_0; & p=p_0\end{cases}$。当$p_1\geqslant c$时，$m(\phi)\equiv p_1$；当$p_1<c$时，$m(\phi)=\begin{cases}p_1 & \phi=\phi_1\\ p_0 & \phi=\phi_0\end{cases}$。因此，企业和消费者的均衡策略如下：

（1）当$p_1<\min(c,v)$，$p_0\geqslant W+\Delta w$时，企业和消费者存在如下的分离均衡：即$\beta_1=1$，$\beta_0=0$，$i_\beta(p)=\begin{cases}i_1; & p=p_1\\ i_0; & p=p_0\end{cases}$。

（2）当$c\leqslant p_1<v$，$p_0\geqslant W+\Delta w$，$\alpha\geqslant\frac{p_1-V-\Delta w}{\Delta v-\Delta w}$时，企业和消费者存在混同均衡：即$m(\phi)\equiv p_1$；$\beta_1=\alpha$；$0\leqslant\beta_0\leqslant\frac{p_0-W-\Delta w}{\Delta v-\Delta w}$；$i_\beta(p)=\begin{cases}i_0; & p=p_0\\ i_1; & p=p_1\end{cases}$。

根据以上结果，得出：

定理6-9：当消费者对产品类型（高端或低端品牌）推断的概率分布为$\beta=(\beta_1,\beta_0)\in D_i$时，企业根据消费者的屏蔽策略推断做出投放不同类型品牌广告的策略，其结果满足贝叶斯均衡。当$\beta\in D_1$，D_2，D_4时，企业和消费者同时存在混同均衡和分离均衡策略。而当$\beta\in D_3$时，企业和消费者只存在混同均衡策略。

根据定理6-9，当消费者对产品类型的推断在不同的区域时，企业和消费者都能根据对方传递的信号进行决策，从而存在不同的均衡策略。因此，企业应当针对消费者的屏蔽情况，及时调整定向广告策略以实现劝说型定向广告投入达到最优化。根据以上结果，得出：

推论6-1：企业应当针对消费者的屏蔽策略采取不同的广告策略，当预期消费者屏蔽的概率较高时，应当实行低端品牌广告策略，塑造低端品牌形象，减少广告损失。反之，当预期消费者屏蔽概率较低时，应当实行高端品牌广告策略，塑造高端品牌形象，加强广告投入以扩大市场需求。

6.3 本章小结

本书针对策略性消费者的不同行为，研究企业相应的定向广告投放策略。首先针对策略性消费者选择行为对定向广告投放的影响和企业利润问题展开研究。结果表明：

（1）即使消费者是策略性消费者，企业针对消费者进行定向广告投放依然会获利，但利润相比非策略性消费者有所下降。

（2）由于消费者采取不同的策略行为，对企业而言，面对进行直接广告屏蔽的用户，企业不应当停止投放定向广告；恰恰相反，必须加大定向广告的投放力度。

（3）如果企业投放定向广告时由于消费者进行个人信息隐藏而对客户信息不清楚，那么企业应适当减少定向广告的投放。

随后，针对消费者可能采取的广告屏蔽措施，研究了企业如何选择相对应的广告策略问题。研究结果表明：

（1）在理性的前提下，企业应当先通过预期不同类型的消费者对广告的屏蔽情况，根据屏蔽概率区间，针对特定消费者，采取不同的广告策略（高端或低端品牌策略）投放劝说型定向广告以实现企业利益最大化。

（2）一方面，针对不同屏蔽概率的消费者投放不同类型的劝说型定向广告，可以有效地减少由于消费者屏蔽广告对企业带来的直接广告损失；另一方面，通过考虑消费者的屏蔽因素，企业可以更加有效地针对消费者发送满足其潜在需求类型的广告（高端或低端品牌），进一步细分市场，扩大市场需求，提高广告投入的针对性。

第 7 章　考虑消费者属性的定向广告投放策略研究

消费者的行为特征对企业的定向广告投放策略会产生直接影响。同时，消费者自身的属性特征如消费者偏好、消费者价值取向等也会影响企业定向广告策略。一方面，消费者偏好存在着差异性和不确定性，与消费者习惯或所处市场环境密切相关；另一方面，在竞争市场环境下，企业由于资金、技术、管理等的差异，在投放定向广告时的市场成本差异很大，可能并非完全对称。另外，从企业角度出发，根据客户消费行为和消费特征等变量能测量出客户为企业创造的价值，该客户价值衡量了客户对于企业的相对重要性，是企业进行市场差异化决策的重要标准。因此，本章首先讨论了基于消费者偏好的企业定向广告投放策略，研究了不对称企业投放定向广告的策略优化问题。其次讨论了消费者的价值属性对企业广告投放策略的影响，通过优化理论阐述了企业的最优定向广告策略。

7.1　基于消费者偏好的非对称企业定向广告投放策略

7.1.1　问题提出

消费者偏好是消费者对特定商品或商标等产生特殊的信任，重复、习惯性地对该商品进行购买，或根据自己的意愿对可供消费的商品或商品组合进行排序，反映了消费者个人的需要、兴趣和对该商品的喜好程度。消费者偏好往往由消费价值观或消费审美取向所影响。常见的偏好主要有：习惯、方便、寻求名气等。偏好的重要性质在于偏好的有序化，即消费者对商品或商品组合的偏好程度是有顺序的。

消费者对产品的偏好具有如下特征：（1）偏好具有差异性。在现实中，不同消费者对同样产品的偏好可能明显不同，如手机市场中对苹果系列产品酷爱的“果粉”可能对某一款苹果智能手机具有强烈的需求欲望，并愿意以较高的价格来购买；但对一般消费者来说就不存在这么强烈的需求动机；而对智能手机盲（使用老年机）来说，由于操作复杂，此苹果手机则可能没有太高价值。故企业投放定向广告时需要根据偏好细分客户类型，如针对“果粉”用户应该提高广告强度，而对智能手机盲应该停止投放定向广告。（2）偏好存在不确定性。由于产品存在一定的生命周期、市场替代品很多等因素，故消费者对产品的偏好很难具有稳定性，往往呈动态变化。例如，对手机而言，消费者刚开始比较偏向诺基亚品牌，后来转向摩托罗拉，最后可能对苹果情有独衷。针对这一特征，企业投放定向广告时需要考虑消费者偏好的动态变化，提高对客户动态偏好的准确识别程度。如当企业观察到消费者准备转向该产品时应当提高广告强度。（3）价值决定性。产品的价值取决于消费者的消费体验或心理感受，其价格是消费者可以接收的期望价格，故消费者偏好在很大程度上决定着产品的定价高低。因此，消费者的不同偏好对产品的定价策略、定向广告策略等都具有重要影响。

另外，在研究双寡头垄断市场环境下企业投放定向广告对市场的影响时，一般假设两个企业是同质的双寡头企业。即企业的定价策略、广告策略等几乎相同，市场差异性较小。而现实中，企业由于融资渠道、企业定向技术获取能力、企业市场决策、企业规模和管理等存在差异，在投放定向广告时的成本投入和经营成本往往差距很大，故企业呈现不对称性。

本节研究的主要问题包括：

（1）企业投放定向广告并采取歧视性定价策略对不同偏好消费者究竟有何影响？

（2）当企业具备完全定向能力时，投放定向广告并采取歧视性定价策略是否比采取大众广告和非歧视性定价策略有优势？

（3）当企业不具备完全定向能力时，向消费者投放定向广告是否总能获利？

针对这些问题，本节研究了非对称双寡头企业投放定向广告和大众广告的均衡利润的区别，并证明当企业投放定向广告时能获得更高的利润。随后研究了企业投放定向广告在实行歧视性定价策略和非歧视性定价策略下企业利润的变化，结果发现：价格歧视能给予特定消费者更低价格，而对消费者群体更富有弹性。

7.1.2　模型假设

供给端：市场由企业 A 和企业 B 组成，其边际生产成本为 c，每个消费者最多购买 1 单位产品。假设市场需求弹性为 0，消费者由群体 α 和群体 β 组成。其中群体 α 偏好企业 A 产品，即企业 A 和企业 B 的产品价格完全相同时仍从企业 A 处购买。群体 β 则偏好企业 B 的产品。参数 θ 和 $1-\theta$ 分别代表企业 A 和 B 的市场份额。

需求端：消费者的转换成本定义为，当同时接收到企业 A 和企业 B 的广告后，引起消费者购买竞争品牌的最小价格差异。消费者对两个品牌的保留价格均为 r。转换成本即消费者对某一品牌的忠诚度。这种差异性可以认为是消费者购买产品的地理位置的差异性。对于 α 群体，p_i 表示企业 i 给予消费者的价格。$p_A \leqslant p_B + l_\alpha$ 则消费者选择品牌 A；若 $p_A > p_B + l_\alpha$ 则消费者选择品牌 B。

同理，p_i^β 表示企业 i 向消费群体 β 提供的产品价格。如果 $p_B \leqslant p_A + l_\beta$，则选择品牌 B；否则当 $p_B > p_A + l_\beta$ 时，消费者选择品牌 A。定义 $F_i(x)$ 是群体 i（$i=\alpha, \beta$）的忠诚度小于或等于 x 的概率，假定消费者对某一品牌的忠诚度在 $[0, l_i]$ 呈均匀分布：

$$F_i(x)=\begin{cases}0 & (x<0)\\ x/l_i & (0\leqslant x\leqslant l_i)\\ 1 & (x>l_i)\end{cases} \tag{7-1}$$

广告：假设当企业 A 和企业 B 选择投放大众广告时，其在群体 α 和群体 β 投放广告的强度相同，即分别为 ϕ_A 和 ϕ_B。广告成本为 $A(\phi)=a\phi_A^2/2$[15,27]。假设当企业 A 和企业 B 同时选择投放定向广告时，企业 A 向 α 群体投放定向

广告的强度为 ϕ_A，向群体 β 投放定向广告的强度为 ψ_A；企业 B 向群体 α 投放定向广告的强度为 ψ_B，向群体 β 投放定向广告的强度为 ϕ_B。如果消费者同时接收到两个企业广告，则消费者只购买其中最为偏好的产品；分别考虑非歧视性定价（$p_i=\bar{p}_i$）和歧视性定价（$p_i\neq\bar{p}_i$）情况。

7.1.3 模型构建

7.1.3.1 企业 A 和企业 B 都实行大众广告和非歧视性定价策略

（1）分别构建企业 A 和企业 B 的利润模型。

企业 A 和企业 B 的市场需求为：

$$Q_A=\phi_A(1-\phi_B)+\phi_A\phi_B\{\theta[1-F_\alpha(p_A-p_B)]+(1-\theta)F_\beta(p_B-p_A)\} \quad (7-2)$$

$$Q_B=\phi_B(1-\phi_A)+\phi_A\phi_B\{\theta F_\alpha(p_A-p_B)+(1-\theta)[1-F_\beta(p_B-p_A)]\} \quad (7-3)$$

因此，当企业 i 投放大众广告时，企业 i（i = A，B）的利润模型为：

$$\pi_i=(p_i-c)Q_i-\frac{a}{2}\phi_i^2(i=A,B) \quad (7-4)$$

消费者对企业 A 和企业 B 的忠诚度模型表示为：

$$F_\alpha(p_A-p_B)=\begin{cases}0 & (p_A-p_B<0)\\ \dfrac{p_A-p_B}{l_\alpha} & (0\leqslant p_A-p_B<l_\alpha)\\ 1 & (p_A-p_B>l_\alpha)\end{cases} \quad (7-5)$$

$$F_\beta(p_A-p_B)=\begin{cases}0 & (p_B-p_A<0)\\ \dfrac{p_B-p_A}{l_\beta} & (0\leqslant p_A-p_B<l_\beta)\\ 1 & (p_B-p_A>l_\beta)\end{cases} \quad (7-6)$$

显然，本模型是对 Hotelling 模型的非对称企业市场需求的拓展模型。

当 $l_\alpha=l_\beta=t$ 时，并且 $\theta=1/2$，消费者对企业 A 的产品需求类似于（$t+p_B-p_A)/2t$，消费者对企业 B 的产品需求类似于（$t+p_A-p_B)/2t$。

（2）均衡分析。

根据上述模型，首先研究企业 A 和企业 B 竞争时的产品均衡价格和均衡广告策略，显然，对于企业 A 和 B 不同的广告水平 ϕ_A 和 ϕ_B，必然存在如下定理 7－1。

定理 7－1：当 $r < \frac{l_\beta}{1-\theta} + c$ 时，企业 A 和企业 B 的纯策略 Nash 均衡存在，即 $p_A = p_B = r$；当 $\frac{l_\beta}{1-\theta} + c < r < \frac{l_\beta}{1-\theta} + l_\alpha + c$ 时，企业 A 和企业 B 仍然存在纯策略 Nash 均衡，此时，$p_A = p_B = r - l_\alpha$，并且满足 $\phi_B < \frac{l_\alpha}{l_\alpha + (r - l_\alpha - c)\theta}$；当 $r > \frac{l_\beta}{1-\theta} + l_\alpha + c$ 时，企业 A 和企业 B 不存在价格的纯策略纳什均衡，然而必然存在混合策略的 Nash 均衡。

证明：根据上述模型（7－2）和模型（7－4），得出企业 A 的利润模型。

$$\begin{aligned}\pi_A = (p_A - c)\{\phi_A(1-\phi_B) + \phi_A\phi_B\{\theta[1 - F_\alpha(p_A - p_B)] \\ + (1-\theta)F_\beta(p_B - p_A)\}\} - \frac{a}{2}\phi_A^2\end{aligned} \tag{7-7}$$

（Ⅰ）验证（r，r）是两个企业的一个纯策略均衡。当 $p_i = r + \varepsilon$ 时，ε 是任意小正数，任何消费者无论是否接收到广告都不会购买企业 A 或企业 B 的产品。此时，企业 A 和企业 B 的利润分别为 $\pi_A(r, \phi_A) = -a\phi_A^2/2$；$\pi_B(r, \phi_B) = -a\phi_B^2/2$。

（Ⅱ）当 $p_A = r - l_\beta < p_B = r$ 时，即企业 A 降价，在优势市场其利润仍然保持不变，但在竞争市场其最低价格低于消费者的转换成本。因此，企业 A 的优势市场和竞争市场份额都不变，市场利润下降。如果企业 A 选择降价到 $r - l_\beta - \varepsilon$，则企业 A 同时获得其原有市场和竞争市场。因此，企业没有动力降价到 $r - l_\beta - \varepsilon$，而只要满足下式，即：

$r - l_\beta - c - \varepsilon[\phi_A(1 - \phi_B + \phi_A\phi_B)] < (r-c)[\phi_A(1 - \phi_B + \theta\phi_A\phi_B)]$，即 $\varepsilon > (r-c)(1-\theta)\phi_B - l_\beta$。

可以看出，只要满足条件 $r < \frac{l_\beta}{1-\theta} + c$，这种价格偏离将不能使企业获利。

相反，只要满足 $r > \frac{l_\beta}{1-\theta} + c$，必然存在任意小正数 ε。因此，当 $r < \frac{l_\beta}{1-\theta} + c$ 时，企业 A 和企业 B 的价格决策（r，r）是一个纯策略 Nash 均衡。

（Ⅲ）当 $r > \frac{l_\beta}{1-\theta} + c$ 时，可证（$r - l_\alpha$，$r - l_\beta$）是企业 A 的纯策略均衡。当企业 B 降价试图抢占企业 A 的市场时，如果企业 B 不降价，市场份额必然减少。

在此情况下可知企业 A 的利润为：

$$\pi_A = (r - l_\alpha - c)[\phi_A(1 - \phi_B + \theta\phi_A\phi_B] - \frac{a}{2}\phi_A^2$$

显然，如果企业 A 试图实行高价策略，则必然实行 $p_A = r$，此时比较 $(r - l_\alpha - c)[(1 - \phi_B) + \theta\phi_B] < (r - c)(1 - \phi_B)$，即 $\phi_B < \frac{l_\alpha}{l_\alpha + (r - l_\alpha - c)\theta}$。这意味着（$r - l_\alpha$，$r - l_\beta$）是企业 A 的纯策略均衡，仅当 $1 > \phi_B > \frac{l_\alpha}{l_\alpha + (r - l_\alpha - c)\theta}$ 时，$r > l_\alpha + c$。

（Ⅳ）考虑更低的价格，即 $p_i = r - l_\alpha - l_\beta - \varepsilon$，则偏离价格 $p_i = r - l_\alpha - l_\beta$ 是可以获利的，仅当 $(r - l_\alpha - l_\beta - \varepsilon - c)\phi_A > (r - l_\alpha - c)[\phi_A(1 - \phi_B) + \theta\phi_A\phi_B]$ 时，这必然要求 $1 > \phi_B > \frac{l_\beta + \varepsilon}{(r - l_\alpha - c)(1 - \theta)} > 0$。即当 $\varepsilon \to 0$ 时，必然有 $r > \frac{l_\beta}{1-\theta} + l_\alpha + c$ 不存在纯策略均衡，而存在混合策略均衡。　　证毕。

（3）不同均衡条件下的企业利润。

（Ⅰ）当 $r < \frac{l_\beta}{1-\theta} + c$ 时，根据式（7-4）和式（7-5）可知：

$$\pi_A(p_A, \phi_A) = (r - c)[\phi_A(1 - \phi_B) + \theta\phi_A\phi_B] - \frac{a}{2}\phi_A^2 \tag{7-8}$$

$$\pi_B(p_A, \phi_A) = (r - c)[\phi_B(1 - \phi_A) + (1 - \theta)\phi_A\phi_B] - \frac{a}{2}\phi_B^2 \tag{7-9}$$

根据企业利润对广告强度的一阶条件$\left(\frac{\partial\pi_A}{\partial\phi_A} = 0, \frac{\partial\pi_B}{\partial\phi_B} = 0\right)$，而由于企业利

润对广告强度的二阶条件$\left(\frac{\partial^2\pi_A}{\partial\phi_A^2}<0,\frac{\partial^2\pi_B}{\partial\phi_B^2}<0\right)$，故求得企业 A 和企业 B 的均衡广告强度分别为：

$$\phi_A^* = \frac{a(r-c)-(r-c)^2(1-\theta)}{a^2-(r-c)^2(1-\theta)\theta} \tag{7-10}$$

$$\phi_B^* = \frac{a(r-c)-(r-c)^2\theta}{a^2-(r-c)^2(1-\theta)\theta} \tag{7-11}$$

企业 A 和企业 B 的均衡利润分别为：

$$\pi_A^*(r,\phi_A^*) = \frac{a}{2}\left[\frac{a(r-c)-(r-c)^2(1-\theta)}{a^2-(r-c)^2(1-\theta)\theta}\right]^2 \tag{7-12}$$

$$\pi_A^*(r,\phi_B^*) = \frac{a}{2}\left[\frac{a(r-c)-(r-c)^2\theta}{a^2-(r-c)^2(1-\theta)\theta}\right]^2 \tag{7-13}$$

当 $\theta>0.5$ 时，比较 $\phi_A^*-\phi_B^*>0$，即可知 $\phi_A^*>\phi_B^*$。

仿真模拟与分析：

令 $r-c=1$，$a=2$，由式（7-10）和式（7-11）得到图 7-1。由式（7-12）和式（7-13）可得图 7-2。

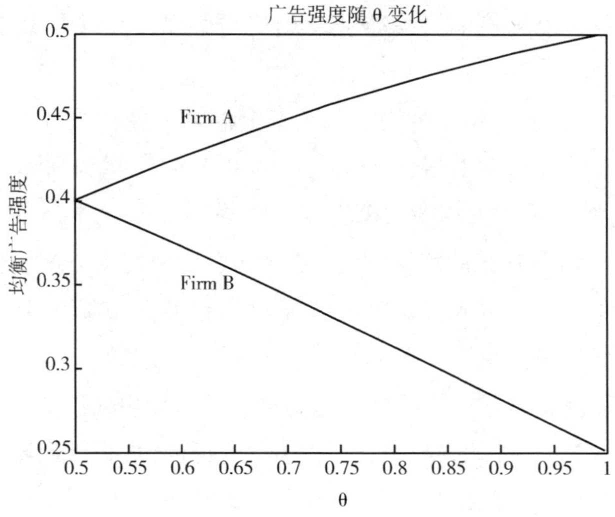

图 7-1　企业 A 和企业 B 的均衡广告强度随 θ 变化

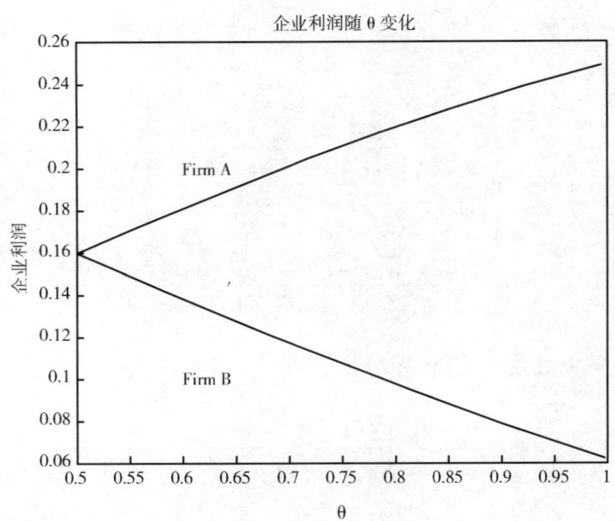

图 7-2　企业 A 和企业 B 的均衡利润随 θ 变化

• 图 7-1 表示企业 A 和企业 B 的均衡广告强度随 θ 变化情况。其中，企业 A 的广告强度随 θ 的提高而增强；相反，企业 B 的广告强度则随 θ 的提高而降低。当 θ=0.5 时，两者的均衡广告强度相同（$\phi_A^* = \phi_B^* = 0.4$）。随着 θ 的提高，企业 A 和企业 B 以不同的方向改变企业定向广告的广告强度。这表明：非对称企业的市场份额影响企业均衡广告强度，市场份额越高，企业的均衡广告强度越高。

• 图 7-2 表示企业 A 和企业 B 的均衡利润随 θ 变化情况。其中，企业 A 的均衡利润随 θ 的提高而增强；相反，企业 B 的均衡利润则随 θ 的提高而降低。当 θ=0.5 时，两者的均衡均衡广告利润相同（$\pi_A^* = \pi_B^* = 0.16$）。随着 θ 的提高，企业 A 和企业 B 的均衡利润 π_A^* 和 π_B^* 呈现相反方向的变化，并与企业广告强度的变化方向相同。这表明：非对称企业的市场份额影响企业均衡利润，企业的市场份额越高，其均衡利润也越高。因此，为了获得高额的市场利润，非对称企业双方都将尽可能提高自身的市场份额。

推论 7-1：在 Nash 均衡状态下，企业 A 的均衡广告强度和均衡利润都随市场份额的增加而增加，企业 B 的均衡广告强度和均衡利润随市场份额的增加而减小。当企业 A 和企业 B 市场份额相同时，各自的均衡广告强度和均衡利润分别相等。

（Ⅱ）当$\frac{l_\beta}{1-\theta}+c<r<\frac{l_\beta}{1-\theta}+l_\alpha+c$时，根据式（7－4）和式（7－5）可知：

$$\pi_A(p_A,\phi_A)=(r-l_\alpha-c)[\phi_A(1-\phi_B)+\phi_A\phi_B\theta]-\frac{a}{2}\phi_A^2 \quad (7-14)$$

$$\pi_B(p_A,\phi_A)=(r-l_\alpha-c)[\phi_B(1-\phi_A)+(1-\theta)\phi_A\phi_B]-\frac{a}{2}\phi_B^2 \quad (7-15)$$

根据企业利润对广告强度的一阶条件$\left(\frac{\partial\pi_A}{\partial\phi_A}=0,\frac{\partial\pi_B}{\partial\phi_B}=0\right)$，而由于企业利润对广告强度的二阶条件$\left(\frac{\partial^2\pi_A}{\partial\phi_A^2}<0,\frac{\partial^2\pi_B}{\partial\phi_B^2}<0\right)$，故求得企业 A 和企业 B 的均衡广告强度分别为：

$$\phi_A^*=\frac{a(r-l_\alpha-c)-(r-l_\alpha-c)^2(1-\theta)}{a^2-(r-l_\alpha-c)^2(1-\theta)\theta} \quad (7-16)$$

$$\phi_B^*=\frac{a(r-l_\alpha-c)-(r-l_\alpha-c)^2\theta}{a^2-(r-l_\alpha-c)^2(1-\theta)\theta} \quad (7-17)$$

企业 A 和企业 B 的均衡利润分别为：

$$\pi_A^*(r,\phi_A^*)=\frac{a}{2}\left[\frac{a(r-l_\alpha-c)-(r-l_\alpha-c)^2(1-\theta)}{a^2-(r-l_\alpha-c)^2(1-\theta)\theta}\right]^2 \quad (7-18)$$

$$\pi_A^*(r,\phi_B^*)=\frac{a}{2}\left[\frac{a(r-l_\alpha-c)-(r-l_\alpha-c)^2\theta}{a^2-(r-l_\alpha-c)^2(1-\theta)\theta}\right]^2 \quad (7-19)$$

当$\theta>0.5$时，比较$\phi_A^*-\phi_B^*>0$，即可知$\phi_A^*>\phi_B^*$。

仿真模拟与分析：

令$r-l_\alpha-c=0.8$，$a=2$，由式（7－16）和式（7－17）得到图 7－3。由式（7－18）和式（7－19）可得图 7－4。

• 图 7－3 表示当$\frac{l_\beta}{1-\theta}+c<r<\frac{l_\beta}{1-\theta}+l_\alpha+c$时，企业 A 和企业 B 的广告强度随$\theta$变化情况。其中，企业 A 的广告强度随$\theta$的提高而增强；相反，企业 B 的广告强度则随$\theta$的提高而降低。当$\theta=0.5$时，两者的均衡广告强度相同（$\phi_A^*=\phi_B^*=0.33$）。这表明：企业 A 和企业 B 随着$\theta$的提高而以不同的方向改变定向广告的广告强度。

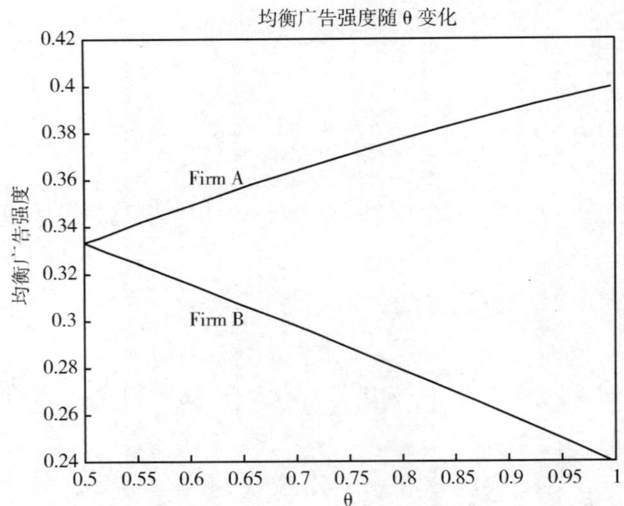

图 7-3 企业 A 和企业 B 的均衡广告强度随 θ 变化

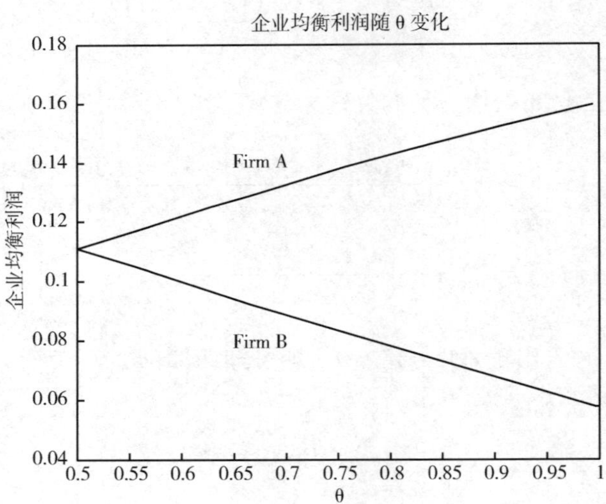

图 7-4 企业 A 和企业 B 的均衡利润随 θ 变化

• 图 7-4 表示当$\frac{l_\beta}{1-\theta}+c<r<\frac{l_\beta}{1-\theta}+l_\alpha+c$时，企业 A 和企业 B 的均衡利润随 θ 变化情况。其中，企业 A 的均衡利润随 θ 的提高而增强；相反，企业 B 的均衡利润则随 θ 的提高而降低。当 θ=0.5 时，两者的均衡广告利润相

同（$\pi_A^* = \pi_B^* = 0.11$）。这表明：随着 θ 的提高，企业 A 和企业 B 的均衡利润 π_A^* 和 π_B^* 呈现相反方向的变化，并与企业广告强度的变化方向相同。

可见，对于非对称企业而言，企业的规模会影响定向广告的投放强度和均衡利润。

（Ⅲ）当 $r > \frac{l_\beta}{1-\theta} + l_\alpha + c$ 时，根据式（7－4）和式（7－5）可知：

$$\pi_A(p_A, \phi_A) = (p_A - c)\{\phi_A(1-\phi_B) + \phi_A\phi_B\theta[1 - F_\alpha(p_A - p_B)]\} - \frac{a}{2}\phi_A^2 \tag{7-20}$$

$$\pi_B(p_B, \phi_B) = (p_B - c)\{\phi_B(1-\phi_A) + \phi_A\phi_B[\theta F_\alpha(p_A - p_B) + (1-\theta)]\} - \frac{a}{2}\phi_B^2 \tag{7-21}$$

同理，根据企业利润对广告强度的一阶条件$\left(\frac{\partial\pi_A}{\partial\phi_A} = 0, \frac{\partial\pi_B}{\partial\phi_B} = 0\right)$，可知企业 A 和企业 B 的均衡广告强度分别为：

$$\phi_A^* = \frac{a(p_A - c) + (p_A - c)(p_B - c)\{\theta[1 - F_\alpha(p_A - p_B)] - 1\}}{a^2 - (p_A - c)(p_B - c)\{\theta[1 - F_\alpha(p_A - p_B)] - 1\}[\theta F_\alpha(p_A - p_B) - \theta]} \tag{7-22}$$

$$\phi_B^* = \frac{a(p_B - c) + (p_A - c)(p_B - c)[\theta F_\alpha(p_A - p_B) - \theta]}{a^2 - (p_A - c)(p_B - c)[\theta F_\alpha(p_A - p_B) - \theta]\{\theta[1 - F_\alpha(p_A - p_B)] - 1\}} \tag{7-23}$$

显然，针对企业 A 和企业 B 不同的广告强度 ϕ_A 和 ϕ_B，必然存在如下定理 7－2。

定理 7－2：当非对称性企业 A 和企业 B 针对消费者投放大众广告时，在纯策略均衡情况下（$p_A = p_B = r$）或（$p_A = p_B = r - l_\alpha$）下，拥有较多偏好客户的企业投放广告的强度将高于竞争对手企业（$\phi_A^* > \phi_B^*$）；两个企业所获最优利润与企业均衡状况下所投入广告的总费用相同。在混合均衡策略下，当 $p_A - p_B < l_\alpha\left(1 - \frac{1}{2\theta}\right)$时，必然有 $\phi_A^* > \phi_B^*$。而当 $p_A - p_B > l_\alpha\left(1 - \frac{1}{2\theta}\right)$时，必然有 $\phi_A^* < \phi_B^*$。

证明：当 $p_A - p_B < l_\alpha\left(1 - \frac{1}{2\theta}\right)$时，必然存在 $\theta[1 - F_\alpha(p_A - p_B)] - 1 >$

$\theta F_{\alpha}(p_A - p_B) - \theta$。故存在 $a(p_A - c) + (p_A - c)(p_B - c)\{\theta[1 - F_{\alpha}(p_A - p_B)] - 1\} > a(p_A - c) + (p_A - c)(p_B - c)[\theta F_{\alpha}(p_A - p_B) - \theta]$，必然有 $\phi_A^* > \phi_B^*$。同理，当 $p_A - p_B > l_{\alpha}\left(1 - \frac{1}{2\theta}\right)$时，必然存在 $\phi_A^* < \phi_B^*$。证毕。

7.1.3.2 企业A和企业B都实行定向广告和非歧视性定价策略

(1) 分别构建企业A和企业B的利润模型。

当企业A和企业B同时向各自目标消费者群体投放定向广告时，针对细分市场（企业的优势市场U和竞争市场S）投放的定向广告强度不同，但并未对不同细分市场的消费者实行歧视性定价策略，则建立企业A的利润模型如下：

$$\pi_A(p_A, \phi_A) = \pi_{AU} + \pi_{AS} \tag{7-24}$$

$$\pi_{AU} = \theta(p_A - c)\{\phi_A(1 - \psi_B) + \phi_A\psi_B[1 - F_{\alpha}(p_A - p_B)]\} - \frac{a}{2}\phi_A^2\theta \tag{7-25}$$

$$\pi_{AS} = (1 - \theta)(p_A - c)\{\psi_A(1 - \phi_B) + \psi_A\phi_B F_{\beta}(p_B - p_A)\} - \frac{a}{2}\psi_A^2(1 - \theta) \tag{7-26}$$

同理，建立企业B的利润模型如下：

$$\pi_B(p_B, \phi_B) = \pi_{BU} + \pi_{BS} \tag{7-27}$$

$$\pi_{BU} = \theta(p_B - c)[\psi_B(1 - \phi_A) + \phi_A\psi_B F_{\alpha}(p_A - p_B)] - \frac{a}{2}\psi_B^2\theta \tag{7-28}$$

$$\pi_{BS} = (1 - \theta)(p_B - c)\{\phi_B(1 - \psi_A) + \psi_A\phi_B[1 - F_{\beta}(p_B - p_A)]\} - \frac{a}{2}\phi_B^2(1 - \theta) \tag{7-29}$$

在基准条件下，假设任何一个企业都不能针对细分市场实行价格歧视，考虑Nash均衡下价格博弈的可能性：在企业规模非对称属性下，企业A相比企业B有更高的Betrand价格，相同的Betrand价格，以及更高的Betrand价格。用反证法易知，企业在其优势市场必然给予消费者尽可能的高价以获得更多的利润[131]。故得引理7-1。

引理7-1：当两个企业都不能针对细分市场实行价格歧视，但能通过定向广告向消费者传递产品信息时，在任何纯策略 Nash 均衡条件下，当 $\theta > \frac{1}{2}$ 时，企业 A 必然有略高的 Betrand 价格，即 $p_A^* > p_B^*$；当 $\theta = \frac{1}{2}$ 时，企业 A 和企业 B 呈完全对称，此时价格为 $p_A^* = p_B^*$；当 $\theta < \frac{1}{2}$时，企业 B 必然有略高的 Betrand 价格，即 $p_B^* > p_A^*$。

在纯策略均衡条件下，根据企业利润对广告强度的一阶条件，可知企业 A 和企业 B 的均衡广告强度分别为 $(\phi_A^*, \psi_A^*) = \left(\frac{\partial \pi_A}{\partial \phi_A}, \frac{\partial \pi_A}{\partial \psi_A}\right), (\phi_B^*, \psi_B^*) = \left(\frac{\partial \pi_B}{\partial \phi_B}, \frac{\partial \pi_B}{\partial \psi_B}\right)$。故可知企业 A 和企业 B 在各自优势市场和竞争市场的广告强度分别为：

$$\phi_A^* = \frac{(p_A - c)}{a}\left[1 - \psi_B \frac{p_A - p_B}{l_\alpha}\right] \tag{7-30}$$

$$\psi_A^* = \min\left\{\frac{(p_A - c)}{a}\left[1 - \frac{p_A - c}{a}\right], 1\right\} \tag{7-31}$$

$$\phi_B^* = \min\left\{\frac{p_B - c}{a}, 1\right\} \tag{7-32}$$

$$\psi_B^* = \frac{(p_B - c)}{a}\left[1 - \phi_A \frac{l_\alpha - (p_A - p_B)}{l_\alpha}\right] \tag{7-33}$$

根据式（7-30）~式（7-33），比较 ϕ_A^*，ψ_A^*和 ϕ_B^*，ψ_B^*，则易得定理 7-3。

定理 7-3：当两个企业不能针对细分市场的消费者实行歧视性定价策略时，则两个企业分别在各自优势市场和竞争市场投放不同强度的定向广告。其中，企业 A 的广告强度策略为（ϕ_A，ψ_A），企业 B 在两个市场分别投放的广告强度策略为（ϕ_B，ψ_B）。在均衡状态下，企业 A 和企业 B 的均衡广告强度分别为（ϕ_A^*，ψ_A^*）和（ϕ_B^*，ψ_B^*），则两个企业分别在各自优势市场投放更高强度的定向广告。

根据定理 7-3，将式（7-30）~式（7-33）分别代入模型（7-4），根据企业利润对广告强度的一阶条件，可得到如下推论 7-2。

推论 7-2：在均衡状态下，企业 A 在优势市场投放定向广告的均衡广告强度和企业 B 在竞争市场投放定向广告的均衡广告强度分别表示为 $\phi_A^* = \frac{l_\alpha^2 a(p_A - c) - l_\alpha(p_A - c)(p_B - c)(p_A - p_B)}{l_\alpha^2 a^2 + (p_A - c)(p_B - c)(p_A - p_B - l_\alpha)(p_A - p_B)}$

$\psi_B^* = \frac{l_\alpha^2 a(p_B - c) + l_\alpha(p_B - c)(p_A - c)(p_A - p_B - l_\alpha)}{l_\alpha^2 a^2 + (p_B - c)(p_A - c)(p_A - p_B)(p_A - p_B - l_\alpha)}$。而当 $p_A - p_B = l_\alpha$ 时，企业 A 在优势市场投放定向广告的均衡广告强度和企业 B 在竞争市场投放定向广告的均衡广告强度为 $\phi_A^* = \min\left\{\frac{(p_A - c)}{a}\left[1 - \frac{(p_B - c)}{a}\right], 1\right\}$，$\psi_B^* = \min\left\{\frac{(p_B - c)}{a}, 1\right\}$。

7.1.3.3 企业 A 和企业 B 都实行定向广告和歧视性定价策略

分别构建企业 A 和企业 B 的利润模型。当企业 A 和企业 B 同时向消费者投放定向广告时，针对细分市场（企业的优势市场 U 和竞争市场 S）投放的定向广告强度不同，并同时实行歧视性定价策略。其中，针对优势市场的价格分别为 p_{AU} 和 p_{BU}；针对竞争市场的价格分别为 p_{AS} 和 p_{BS}；则建立企业 A 在优势市场和竞争市场投放定向广告并实行价格歧视的利润模型如下：

$$\pi_{AU} = \theta(p_{AU} - c)\{\phi_A(1 - \psi_B) + \phi_A\psi_B[1 - F_\alpha(p_{AU} - p_{BS})]\} - \frac{a}{2}\phi_A^2\theta \tag{7-34}$$

$$\pi_{AS} = (1-\theta)(p_{AS} - c)\{\psi_A(1 - \phi_B) + \psi_A\phi_B F_\beta(p_{BU} - p_{AS})]\} - \frac{a}{2}\psi_A^2(1-\theta) \tag{7-35}$$

同理，建立企业 B 在优势市场和竞争市场投放定向广告并实行价格歧视的利润模型如下：

$$\pi_{BS} = \theta(p_{BS} - c)\{\psi_A(1 - \phi_A) + \phi_A\psi_B F_\alpha(p_{AU} - p_{BS})\} - \frac{a}{2}\psi_B^2\theta \tag{7-36}$$

$$\pi_{BU} = (1-\theta)(p_{BU} - c)\{\phi_B(1 - \psi_A) + \psi_A\phi_B[1 - F_\beta(p_{BU} - p_{AS})]\} - \frac{a}{2}\phi_B^2(1-\theta) \tag{7-37}$$

根据式（7－24）和式（7－34）～式（7－37），在 Nash 均衡条件下，在纯策略均衡条件下，根据企业利润对广告强度的一阶条件，可知：$(\phi_A^*,\psi_A^*)=\left(\frac{\partial\pi_A}{\partial\phi_A},\frac{\partial\pi_A}{\partial\psi_A}\right),(\phi_B^*,\psi_B^*)=\left(\frac{\partial\pi_B}{\partial\phi_B},\frac{\partial\pi_B}{\partial\psi_B}\right)$。将式（7－5）和式（7－6）式分别代入式（7－34）～式（7－37），则可得到如下定理 7－4。

定理 7－4： 当两个企业均能向细分市场消费者实行歧视性定价策略时，两企业分别在各自优势市场和竞争市场投放不同强度的定向广告。其中，企业 A 投放的广告强度为（ϕ_A，ψ_A）。企业 B 投放的广告强度为（ϕ_B，ψ_B）。在 Nash 均衡条件下，企业 A 和企业 B 的均衡广告强度分别为（ϕ_A^*，ψ_A^*）和（ϕ_B^*，ψ_B^*）。其中，$\phi_A^*=\frac{(p_{AU}-c)}{a}\left(1-\psi_B\frac{p_{AU}-p_{BS}}{l_\alpha}\right),\phi_B^*=\min\left\{\frac{p_{BS}-c}{a},1\right\}$；$\psi_A^*=\min\left\{\frac{(p_{AS}-c)}{a}\left[1-\frac{(p_{BU}-c)}{a}\right],1\right\}$；$\psi_B^*=\frac{(p_{BU}-c)}{a}\left(1-\phi_A\frac{l_\alpha-(p_{AS}-p_{BS})}{l_\alpha}\right)$。

由定理 7－4 可知，企业通过在优势市场和竞争市场实行歧视性定价策略影响了企业的均衡广告强度。企业针对细分市场的歧视性定价策略和定向广告联用机制进一步加剧了企业间的市场竞争。

7.1.3.4　企业 A 和企业 B 都实行不完全定向广告和歧视性定价策略

由于信息不对称性和定向技术等客观要素，企业在投放定向广告时可能不完全识别各自优势市场和竞争市场的客户。这里假设企业 A 和企业 B 对各自的优势市场和竞争市场的客户识别的准确程度，即定向精度分别定义为 ρ_{AU}，ρ_{AS}和 ρ_{BU}，ρ_{BS}。因此，企业 A 在优势市场和竞争市场利润分别表示为：

$$\pi_{AU}=\rho_{AU}\theta(p_{AU}-c)\{\phi_A(1-\psi_B)+\phi_A\psi_B[1-F_\alpha(p_{AU}-p_{BS})]\}-\frac{a}{2}\phi_A^2\theta \tag{7-38}$$

$$\pi_{AS}=\rho_{AS}(1-\theta)(p_{AS}-c)\{\psi_A(1-\phi_B)+\psi_A\phi_B F_\beta(p_{BU}-p_{AS})]\}-\frac{a}{2}\psi_A^2(1-\theta) \tag{7-39}$$

同理，企业 B 在优势市场和竞争市场的利润分别表示为：

$$\pi_{BS}=\theta\rho_{BU}(p_{BS}-c)\{\psi_B(1-\phi_A)+\phi_A\psi_B F_\alpha(p_{AU}-p_{BS})\}-\frac{a}{2}\psi_B^2\theta \tag{7-40}$$

$$\pi_{BU} = \rho_{BS}(1-\theta)(p_{BU}-c)\{\phi_B(1-\psi_A)+\psi_A\phi_B[1-F_\beta(p_{BU}-p_{AS})]\} - \frac{a}{2}\phi_B^2(1-\theta) \tag{7-41}$$

同理，在纯策略条件下，根据企业利润对广告强度的一阶条件，可知企业A和企业B的均衡广告强度分别为$(\phi_A^*,\psi_A^*)=\left(\frac{\partial\pi_A}{\partial\phi_A},\frac{\partial\pi_A}{\partial\psi_A}\right)$，$(\phi_B^*,\psi_B^*)=\left(\frac{\partial\pi_B}{\partial\phi_B},\frac{\partial\pi_B}{\partial\psi_B}\right)$。

故可知企业A在优势市场和竞争市场的均衡广告强度为：

$\phi_A^*=\frac{\rho_{AU}(p_{AU}-c)}{a}\left(1-\psi_B\frac{p_{AU}-p_{BS}}{l_\alpha}\right)$，$\psi_A^*=\min\left\{\frac{\rho_{AS}(p_{AS}-c)}{a}\left[1-\frac{(p_{BU}-c)}{1}\right],1\right\}$。

同理可知企业B在优势市场和竞争市场的均衡广告强度为：

$\phi_B^*=\min\left\{\frac{\rho_{BS}(p_{BS}-c)}{a},1\right\}$，$\psi_B^*=\frac{\rho_{BU}(p_{BU}-c)}{a}\left(1-\phi_A\frac{l_\alpha-(p_{AS}-p_{BS})}{l_\alpha}\right)$。

比较ϕ_A^*和ψ_A^*：其中，$\psi_A^*=\frac{\rho_{AS}(p_{AS}-c)}{a}\left[1-\psi_B\frac{l_\beta+p_{AS}-p_{BS}}{l_\beta}\right]<\frac{\rho_{AS}(p_{AS}-c)}{a}(1-\psi_B)$。

显然，当$\rho_{AU}>\rho_{AS}$时，必然存在$\phi_A^*>\psi_A^*$。而当$\rho_{AU}<\rho_{AS}$时，则有$\phi_A^*>\psi_A^*$或者$\phi_A^*\leq\psi_A^*$都可能出现。这取决于竞争企业采取不同的歧视性定价策略。故可得定理7-5。

定理7-5：当两个企业分别向各自优势市场和竞争市场投放不同强度的定向广告时，如果两个企业对各自不同市场的定向广告存在不同的定向精度，则企业在各自市场的均衡广告强度和各自市场的定向精度呈正比关系。不同市场的定向精度则决定了不同市场的均衡广告强度的大小。当优势市场的定向精度高于竞争市场时，企业投放优势市场的广告强度必然高于投放竞争市场的广告强度，从而减少市场竞争；反之，则投放于优势市场的广告强度则可能低于投放竞争市场的广告强度，从而加剧市场竞争。

根据定理7-5可知：当企业不具备完全定向能力时，同时采取定向广告和歧视性定价策略有可能加剧市场竞争，这说明，定向广告是把"双刃剑"，当企业的定向精度过低时，企业可能不能有效识别消费者的行为偏好。因此，企业投放定向广告可能在一定程度上加剧市场竞争。而相反，当定向精度较高时，投放定向广告可能进一步细分市场，促进企业的利润。可见，本节研究能指导不同规模的企业通过调整市场规模、广告强度等措施将定向广告和歧视性定价机制联用以提高企业的利润。

7.2　考虑消费者价值属性的企业定向广告投放策略研究

7.2.1　问题提出

企业应用信息型广告给潜在消费者传递新产品的存在性和其他属性。由于信息技术的迅速发展，许多行业包括超市、航空和信用卡等都开始建立庞大的消费者交易数据库，从而直接向消费者提供直接的产品信息[184,185]。然而，并非所有客户对企业来说都具有相同的价值。因为一些客户相比其他客户可能对某一商品购买更多，从而对企业的利润有更大的贡献。实证研究表明：小比例的消费者产生了最大多数的购买和收益，即二八定律。消费者价值属性实际反映了客户为企业提供的价值，即从企业角度出发，根据客户消费行为和消费特征等变量测度出客户能为企业创造的价值，该客户价值衡量了客户对于企业的相对重要性，是企业进行差异化定价决策和投放定向广告的重要标准[186]。然而，尽管企业很容易通过价格区分高价值和低价值客户，但是厂商并未将其作为最优的市场选择[132]。

从消费者心理和行为特征来看，消费者可以分为短视型和理性消费者。其中短视型消费者只要接受到产品定价低于支付意愿价格，就会购买；而理性消费者则考虑到未来可能存在更低的产品定价而拒绝现在购买。因此，企业在制定价格策略和广告策略时应当考虑消费者对产品支付意愿和决策时机的差异。在市场环境下，企业能通过定向广告改变产品供给，从而改变消费者对产品的需求情况。Guo 和 Zhang[187]通过信息型广告详细描述产品质量如何影响消费者的深思熟虑的动机、偏好、产品属性乃至企业的利润。Jing 等通过调查发现：企业会有选择性地针对能给企业带来潜在高收益的客户定向投放相关的产品广告[188]。而这一情况在现实中也常出现。例如，某汽车品牌广告主拥有高、中、低档三个车型的汽车广告需要投放，通过 PMP（私有交易市场）交易方式，预先购买了某网站的一个固定的优质广告位。当程序发现有高收入受众浏览该门户网站广告位时，PMP将推送高档车型的广告；而当较低收入受众浏览该广告位时，该用户则看到的是低档车型的广告。PMP帮助这个广告主在他们拥有的广告位中实现了消费者价值属性和品牌车型的精确匹配，从而显著提升了广告的效率。

企业针对不同价值的消费者投放定向广告使消费者的客户价值得以体现，但是消费者必须经过深思熟虑（deliberation）以寻找其最为偏好且符合其价格预期的产品。消费者在对企业的产品特征、价格、消费者自身的行为偏好等综合考虑过程中所耗费的时间成本、搜索成本等定义为审议成本（deliberation cost）。本节围绕消费者价值属性并考虑消费者行为特征对企业投放定向广告影响问题进行了研究。首先考虑了不同价值属性的短视消费者和单寡头企业的博弈，随后将模型衍生到不同价值属性的理性消费者和单寡头企业间博弈，最后进一步考虑了消费者进行理性消费行为的审议成本对企业定向广告策略影响问题。

本节研究的问题主要包括：

（1）如果消费者采取隐藏个人信息策略来保护自身隐私时，企业采用定向广告是否对消费者总是有利？

（2）企业向具有固定价值的短视消费者分别投放定向广告和大众广告时，企业如何选择最优的广告策略？

（3）当允许企业通过投资提高定向精度，同时考虑了当接收到定向广告的消费者对产品需求存在审议成本时，企业如何针对不同价值的消费者选择最优的定向广告策略？

7.2.2 模型构建

7.2.2.1 模型假设

• 首先考虑一个寻求利润最大化的企业向消费者以边际生产成本为0出售产品。

• 假设消费者的购买历史能被企业采取的忠诚度识别技术、信用卡、静态网络地址、HTTP cookie等所识别。

• 假设消费者对产品属性富有不同的偏好。假设消费者并不主动搜索产品信息，因此，如果没有广告，消费者不能了解产品或其属性的存在性。产品广告传递了产品的存在特性以及产品属性，如价格、位置等。

• 假设消费者可能避免被 cookies 所追踪，或者采用不同的信用卡，或者采用其他隐私增强的技术如匿名支付等。这一机制即为“匿名技术”。

• 假设消费者使用新产品广告以获得主要产品的信息。

• 从机制设定的角度首先考虑销售商的广告策略。为了简化研究，假设市场包含两类消费者类型，消费者购买产品分为两个阶段。

• 假设消费者最多需求一单位的产品，其中，v_h 表示高价值类型消费者愿意支付某一单位产品的最高保留价格，这一部分消费者的比例为 α；v_l 表示低价值类型消费者愿意支付某一单位产品的最高保留价格，这一部分消费者的比例为 $1-\alpha$。

• 假设 ϕ 表示为两种类型消费者接收到大众广告或定向广告的概率或广告强度。广告到达比例为 ϕ 的消费者所需的成本为 $A(\phi)=\lambda\phi^2/2$，其最大广告花费为 $\lambda/2$，而 λ 是单位广告成本参数。

7.2.2.2　基准模型构建

在本模型中，首先考虑所有消费者均为短视消费者。短视消费者一旦接收到广告信息立刻做出购买决策，而没有意识到未来这一产品的价格取决于消费者对当前这一价格的决策行为。通过大众广告，企业不能实行价格歧视，并且只能设定保留价格为 $p_h=v_h$。在这种情况下，只有 ϕ 比例的消费者接收到广告。显然，当拥有不同保留价格的消费者接收到广告后，只有高价值客户才会购买产品。这意味着企业向所有短视消费者投放大众广告时，仅能从高价值属性消费者处获得利润。

$$\pi_h^r=\alpha v\phi-\frac{\lambda}{2}\phi^2 \tag{7-42}$$

根据企业利润对广告强度的一阶条件：

$\frac{\partial\pi_h^r}{\partial\phi}=\alpha v_h-\lambda\phi=0$；因为$\frac{\partial^2\pi_h^r}{\partial\phi^2}=-\lambda\phi<0$。

因此可知企业均衡广告强度 $\phi^*=\frac{\alpha v_h}{\lambda}$。这意味着均衡条件下，$\pi_h^*=\frac{\alpha^2v_h^2}{2\lambda}$。

同理，企业能选择低保留价格进行销售，即 $p_l = v_l$。当企业通过信息型广告向所有消费者投放广告时，只有 ϕ 比例的消费者能获得广告。显然，当保留价格较低时，消费者只要接收到广告后必然购买，企业的利润模型如下：

$$\pi_l^r = v[\alpha + (1-\alpha)]\varphi - \frac{\lambda}{2}\varphi^2 \tag{7-43}$$

根据企业利润对广告强度的一阶条件：

$\frac{\partial \pi_l^r}{\partial \varphi} = v_l - \lambda\varphi = 0$，而由于$\frac{\partial^2 \pi_l^r}{\partial \phi^2} < 0$。

因此，可知企业的均衡广告强度 $\varphi^* = \frac{v_l}{\lambda}$。这意味着在均衡状态下$\pi_l^* = \frac{v_l^2}{2\lambda}$。

比较均衡状态的企业利润 π_h^* 和 π_l^* 表明：当 $\alpha v_h > v_l$ 时，企业可能采取大众广告和第一个高价策略。否则，企业则可能采用大众广告和低价策略。

7.2.2.3 定向广告和歧视性定价策略

在本模型中，我们假定企业投放到高价值消费者群体的定向广告强度为 ψ_h^t，投放到低价值消费者群体的定向广告强度为 ψ_l^t。因此，企业的利润表示为：

$$\pi^t = \alpha\left(v_h\psi_h - \frac{\lambda}{2}\psi_h^2\right) + (1-\alpha)\left(v_l\psi_l - \frac{\lambda}{2}\psi_l^2\right) \tag{7-44}$$

根据企业利润对广告强度的一阶条件：$\frac{\partial \pi_h^t}{\partial \psi_h} = 0, \frac{\partial \pi_l^t}{\partial \psi_l} = 0$。

因此，可以得到企业的均衡利润为：

$$\pi_h^{t*} = \frac{v_h^2\alpha}{2\lambda} + \frac{v_l^2(1-\alpha)}{2\lambda} = \frac{v_l^2 + (v_h^2 - v_l^2)\alpha}{2\lambda} \tag{7-45}$$

定理 7-6：当 $\alpha v_h < v$ 时，$\pi^{t*} > \pi^{r*}$，企业针对不同价值群体消费者投放定向广告的均衡收益高于企业投放大众广告的均衡收益；而当 $\alpha v_h > v$ 时，$\pi^{t*} < \pi^{r*}$。企业针对不同价值群体消费者投放定向广告的均衡收益低于企业投放大众广告的均衡收益。

证明：当 $\pi^{t*} = \frac{\alpha v_h^2 + (1-\alpha)v_l^2}{2\lambda}$时，另外，$0 < \alpha < 1$，这意味着 $\alpha^2 < \alpha$。

故易知如下的不等式：$\frac{\alpha v_h^2+(1-\alpha)v_l^2}{2\lambda}>\frac{\alpha^2 v_h^2+(1-\alpha)v_l^2}{2\lambda}>\frac{\alpha^2 v_h^2}{2\lambda}$。

根据已有模型结果，企业在均衡条件下 $\pi_l^*=\frac{v_l^2}{2\lambda}$，故可以推导出企业投放定向广告和投放大众广告时的均衡利润关系，即 $\pi^{t*}>\pi^{r*}$。　　　　证毕。

7.2.2.4　企业投放不完全定向广告的模型拓展

由于消费者和企业存在非对称属性，在这种情况下，企业很难获得消费者准确的信息并且向定向消费者投放定向广告。这意味着企业能向消费者投放不完美定向广告。此时，将企业投放定向广告的定向精度作为企业的决策变量决策变量，定义为 κ，企业需要通过投资以获得合适的定向精度，投资成本定义为 f_κ。这表明当企业使用定向广告以获得更高收益时，企业有必要支付相关的成本。

因此，企业使用定向广告向消费者传递产品信息的利润模型如下：

$$\pi^t=\kappa\left[\alpha\left(v_h\psi_h-\frac{\lambda}{2}\psi_h^2\right)+(1-\alpha)\left(v_l\psi_l-\frac{\lambda}{2}\psi_l^2\right)\right]-f_k \qquad (7-46)$$

根据企业利润对广告强度的一阶条件：

$\frac{\partial\pi^t}{\partial\psi_h}=0$，$\frac{\partial\pi^t}{\partial\psi_l}=0$，并且$\frac{\partial^2\pi^{t*}}{\partial\psi_h^2}<0$，$\frac{\partial^2\pi^{t*}}{\partial\psi_l^*}<0$。

因此，可知企业的均衡利润表示为：

$$\pi^t=\kappa\frac{(1-\alpha)v_l^2+v_h^2}{2\lambda}-f_k \qquad (7-47)$$

比较企业针对不同价值属性的消费者投放大众广告和定向广告的企业均衡利润，可得如下定理 7－7。

定理 7－7：当企业针对不同价值属性的消费者投放定向广告进行市场营销时，消费者的准确识别度，即定向精度需要额外的投资，而企业使用定向广告的收益也可能低于或高于大众广告。另外，这种差异取决于定向精度的投资成本。定向成本的变化将直接影响企业的收益。如果满足 $\kappa\in\left(\frac{2\lambda f_k\alpha^2 v_h^2}{(1-\alpha)(\alpha v_h^2+v_l^2)},1\right)$，则必然有 $\pi^{t*}>\pi_h^{r*}$；而当 $\kappa=\min\left(\frac{2\lambda f_k\alpha^2 v_h^2}{(1-\alpha)(\alpha v_h^2+v_l^2)},1\right)$时，必然满足 $\pi^{t*}=\pi_h^{r*}$；相反，如果 $\kappa < \min\left(\frac{2\lambda f_k \alpha^2 v_h^2}{(1-\alpha)(\alpha v_h^2 + v_l^2)}, 1\right)$，则有 $\pi^{t*} < \pi_h^{r*}$。

证明： $\pi^{t*} - \pi^{r*} = \kappa \frac{(1-\alpha)v_l^2 + v_h^2}{2\lambda} - f_\kappa - \frac{\alpha^2 v_h^2}{2\lambda}$。考虑到这三种条件，当 $\pi^{t*} - \pi_h^{r*} > 0$，$\pi^{t*} - \pi_h^{r*} = 0$，以及 $\pi^{t*} - \pi_h^{r*} < 0$。显然，易得定向精度与消费者价值的关系式。证毕。

7.2.3 考虑理性消费者的定向广告策略

模型拓展：假设所有消费者都是理性消费者。这意味着所有消费者都可能采用隐匿技术以躲避企业对消费者真实价值的识别，特别是对于高价值客户来说，这更为重要。因为这些消费者期望企业能将其视作低价值客户并以较低价格购买相同产品。

因此，所有消费者的期望价值可以表示为：$E(v) = \alpha v_h + (1-\alpha)v_l$。在均衡条件下，消费者的深思熟虑行为引起了消费者期望价值的变化。在这种情况下，企业通过向不同价值属性的消费者投放不同程度的定向广告能直接显示消费者的真实价值属性，其中投放于高价值客户的广告强度为 ψ_h，而投放于低价值客户的广告强度为 ψ_l。

构建存在约束条件下企业针对不同价值消费者投放定向广告的利润模型：

$$\max_{p_h, p_l, \psi_h, \psi_l \geq 0} \prod^t = \alpha\left(p_h\psi_h - \frac{\lambda}{2}\psi_h^2\right) + (1-\alpha)\left(p_l\psi_l - \frac{\lambda}{2}\psi_l^2\right) \quad (7-48)$$

$$\text{s.t.}\begin{cases} v_h\psi_h - p_h\psi_{hmax} \geqslant v_h\psi_l - p_l\psi_{hmax} \\ v_h\psi_h - p_h\psi_{hmax} \geqslant 0 \\ v_l\psi_l - p_l\psi_{l\max} \geqslant v_l\psi_l - p_h\psi_{hmax} \\ v_h\psi_l - p_l\psi_{l\max} \geqslant 0 \\ \psi_{hmax} = 1 \\ \psi_{l\max} = 1 \\ p_h \leqslant v_h \\ p_l \leqslant v_l \end{cases}$$

另外，企业通过向不同价值属性的消费者投放定向广告，影响了消费者对产品特征、自身偏好等做出购买决策的审议成本 c。企业针对不同价值的消费者投放定向广告的广告投放量也和消费者的异质需求相匹配。

$$\alpha(v_h\psi_h - p_h\psi_{hmax}) + (1-\alpha)(v_l\psi_l - p_l\psi_{lmax}) - c \geqslant (E(v)\psi_h - p_h\psi_{hmax}, E(v)\psi_l - p_l\psi_{lmax}, 0) \tag{7-49}$$

根据上述限制条件，可以得出如下结果：

$$\alpha(v_h\psi_h - p_h) + (1-\alpha)(v_l\psi_l - p_l) - c \geqslant E(v)\psi_l - p_l \tag{7-50}$$

由于消费者的期望总收益 $E(v) = \alpha v_h + (1-\alpha)v_l$，这意味着：

$$p_h - p_l \geqslant v_l(\psi_h - \psi_l) + \frac{c}{1-\alpha} \tag{7-51}$$

同理，根据式（7-49），可以得到：

$$p_h - p_l \leqslant v_h(\psi_h - \psi_l) - \frac{c}{\alpha} \tag{7-52}$$

因此，根据式（7-51）和式（7-52），可以得到定理7-8。

定理7-8：当所有消费者均是理性消费者时，不同价值属性的消费者接收到企业定向广告并对所购买产品存在审议成本时，即使产品价格等于其保留价格，所有消费者也不会购买产品。针对低价值消费者，企业应当将产品价格定为 $p_l = v_l\psi_l$；而针对高价值消费者，企业应当将产品价格定为 $p_h = v_l\psi_l + \psi_h(\psi_h - \psi_l) - \frac{c}{\alpha}$。低价值消费者购买产品的价格与审议成本无关，而高价值消费者购买商品的价格与审议成本以及群体比例相关。

可见，企业针对不同价值属性的消费者投放定向广告时，应当充分考虑消费者的审议成本，特别是针对理性高价值属性客户，企业更应当制定有效的定向广告和价格策略，并通过改变高价值消费者的审议成本而提高企业利润。

根据定理7-8，企业的利润函数可以表示为：

$$\max_{\psi_h,\psi_l \geqslant 0} \prod{}^t = \alpha\left(v_h - \frac{\lambda}{2}\right)\psi_h^2 + (1-\alpha)\left(v_l - \frac{\lambda}{2}\right)\psi_l^2 + \alpha(v_l - v_h)\psi_h\psi_l - c\psi_h \tag{7-53}$$

根据上述限制条件，可知：

$$\psi_h - \psi_l \geqslant \frac{c}{\alpha(1-\alpha)(v_h - v_l)} \tag{7-54}$$

为了获得企业的最优利润，根据 Lagrange 乘数法和 Kuhn – Tucker 最优化条件，可得：

$$\min_{\psi_h,\psi_l,v_h,v_l\geqslant 0} F(\psi_h,\psi_l,\xi) = -\alpha\left(v_h - \frac{\lambda}{2}\right)\psi_h^2 - (1-\alpha)\left(v_l - \frac{\lambda}{2}\right)\psi_l^2 - \alpha(v_l - v_h)\psi_h\psi_l + c\psi_h + \xi\left[\psi_l - \psi_h + \frac{c}{\alpha(1-\alpha)(v_h - v_l)}\right] \tag{7-55}$$

解该模型，可得定理 7 – 9。

定理 7 – 9：当企业具备完美定向精度时，基于消费者的价值属性企业能向不同价值类型的目标消费者投放定向广告。如果消费者是理性消费者，企业向低价值消费者投放定向广告的均衡广告强度表示为 $\psi_l^* = \min\left(\frac{c(v_l - v_h)}{-(1-\alpha)(2v_l-\lambda)(2v_h-\lambda)+\alpha(v_l-v_h)^2},1\right)$，而向高价值消费者投放的定向广告强度 $\psi_h^* = \min\left(\frac{c(1-\alpha)(2v_l-\lambda)}{\alpha(1-\alpha)(2v_l-\lambda)(2v_h-\lambda)-\alpha^2(v_l-v_h)^2},1\right)$。或者企业向低价值消费者群体和高价值消费者群体投放定向广告的广告强度分别表示为 $\psi_l^* = \min\left(\frac{c[\lambda-2v_l-\alpha(v_h-v_l)]}{(2v_l-\lambda)(1-\alpha)(v_h-v_l)},1\right)$ 和 $\psi_h^* = \min\left(\frac{c[(2v_l-\lambda)(1-\alpha)-\alpha^2(v_h-v_l)]}{\alpha(2v_l-\lambda)(1-\alpha)(v_h-v_l)},1\right)$。

证明：根据 $F(\psi_h,\psi_l,\xi)$ 对定向广告的广告强度（ψ_h 和 ψ_l）的一阶条件，可知：

$$\frac{\partial F}{\partial \psi_h} = -\alpha(2v_h-\lambda)\psi_h - \alpha(v_l-v_h)\psi_l + c - \xi = 0$$

$$\frac{\partial F}{\partial \psi_l} = -(1-\alpha)(2v_l-\lambda)\psi_l - \alpha(v_l-v_h)\psi_h + \xi = 0$$

$$\text{s.t.}\begin{cases}\psi_l - \psi_h + \dfrac{c}{\alpha(1-\alpha)(v_h-v_l)} \leqslant 0\\ \xi \geqslant 0\\ \xi\left[\psi_l - \psi_h + \dfrac{c}{\alpha(1-\alpha)(v_h-v_l)}\right] = 0\end{cases}$$

在本模型中，考虑到参数 ξ 是拉格朗日乘数，ψ_l^* 和 ψ_h^* 被认为是 KKT 点。因此，

（1）当 $\xi=0$ 时，可以得到如下表达式，即：$\psi_h^*=\dfrac{c(1-\alpha)(2v_l-\lambda)}{\alpha(1-\alpha)(2v_l-\lambda)(2v_h-\lambda)-\alpha^2(v_l-v_h)^2}$

并且 $\psi_l^*=\dfrac{c(v_l-v_h)}{-(1-\alpha)(2v_l-\lambda)(2v_h-\lambda)+\alpha(v_l-v_h)^2}$

（2）当 $\xi\neq0$ 时，可以得到如下表达式，即 $\psi_l^*=\dfrac{c[\lambda-2v_l-\alpha(v_h-v_l)]}{(2v_l-\lambda)(1-\alpha)(v_h-v_l)}$。

证毕。

另外，根据定理 7－9 可知，企业针对不同价值属性的消费者投放定向广告的广告强度与消费者的审议成本成正比。这意味着消费者的审议成本越高，企业也越需要提高定向广告的广告强度。在现实中，企业对某一产品设定不同的款式或针对某一服务设定各类的促销方案，最常见的如移动公司常常针对不同价值属性的手机用户设定各种复杂的手机资费套餐计划和价格优惠广告，这些复杂的资费套餐提高了消费者的审议成本，但却对企业有利。

7.2.4　企业仅向高价值客户定向投放广告

事实上，当企业的广告成本有限时，企业可能只向高价值消费者投放定向广告。尽管消费者有不同的保留价格和不同的审议成本，所有的理性消费者都具有相同的购买意愿。因此，企业的利润函数模型可以表示为：

$$\max_{p,\varphi\geqslant0}\prod=\alpha\varphi p-\frac{\lambda}{2}\varphi^2p \tag{7-56}$$

$$\text{s.t.}\begin{cases}v_h\varphi-p\varphi_{max}\geqslant1\\ v_l\varphi-p\varphi_{max}<0\\ \alpha(v_h\varphi-p\varphi_{max})-c\geqslant\max(v_m\varphi-p\varphi_{max},0)\\ \varphi_{max}=1\end{cases}$$

根据上述模型，可以得到定理 7－10。

定理 7－10：当不同价值属性的消费者对产品价格存在不同的审议成本时，企业将只向高价值消费者群体投放定向广告。在均衡情况下，企业针对

高价值消费者投放定向广告的最优广告强度分别为 $\varphi^* = \frac{c}{2v_h - \lambda}$ 或 $\varphi^* = \frac{c}{\alpha(1-\alpha)(v_h - v_l)}$。

证明：根据式（7－48）的约束条件，可以得出企业的产品价格区间是 $v_l\varphi + \frac{c}{1-\alpha} \leqslant p \leqslant v_h\varphi - \frac{c}{\alpha}$。因此，企业设定的最优产品价格为 $p^* = v\varphi - \frac{c}{\alpha}$。类似的，企业投放定向广告获得的最优利润可以表示为：

$$\max_{p,\varphi \geqslant 0} \prod = \alpha\varphi^2 v_h - \varphi c - \frac{\lambda}{2}\varphi^2\alpha \tag{7-57}$$

根据约束条件，$\varphi \geqslant \frac{c}{\alpha(1-\alpha)(v_h - v_l)}$。本节假设 ζ 是拉格朗日乘数，φ^* 是相应的 K－T 点。因此，企业投放定向广告的最优利润可以表示为 $\max_{p,\zeta \geqslant 0} \prod = F(\varphi, \zeta)$，这意味着：

$$\max_{p,\zeta \geqslant 0} \prod = -\alpha^2\varphi^2 v_h + \varphi c + \frac{\lambda}{2}\varphi^2\alpha + \zeta\left[\frac{c}{\alpha(1-\alpha)(v_h - v_l)} - \varphi\right] \tag{7-57a}$$

因此，根据企业利润对广告强度的一阶条件，可得：

$$\frac{\partial \prod}{\partial \varphi} = 0 \Rightarrow \ -2\alpha\varphi v_h + c + \lambda\alpha\varphi - \zeta = 0 \tag{7-58}$$

同时，由于约束条件满足下式。

$$\text{s.t.} \begin{cases} \frac{c}{\alpha(1-\alpha)(v_h - v_l)} - \varphi \leqslant 0 \\ \zeta \geqslant 0 \\ \zeta\left[\frac{c}{\alpha(1-\alpha)(v_h - v_l)} - \varphi\right] = 0 \end{cases} \tag{7-59}$$

因此，根据式（7－58）和式（7－59）可得：

（1）当 $\zeta = 0$ 且 $\frac{c}{\alpha(1-\alpha)(v_h - v_l)} - \varphi \leqslant 0$ 时，根据企业投放定向广告的利润函数，则企业投放定向广告的最优广告强度为 $\varphi^* = \frac{c}{(2v_h - \alpha)\alpha}$。

（2）当 $\zeta>0$ 且 $\frac{c}{\alpha(1-\alpha)(v_h-v_l)}-\varphi\leqslant 0$ 时，根据企业投放定向广告的利润函数，则企业投放定向广告的最优广告强度为 $\varphi^*=\frac{c}{\alpha(1-\alpha)(v_h-v_l)}$。

证毕。

由定理 7－10 可知，企业应当对消费者价值属性进行有效分析，在企业的广告投入和市场覆盖程度有限的情况下，应当采取“抓大放小”原则，即尽可能地深入挖掘高价值客户的相关信息，并向高价值属性消费者投放定向广告以获得更高的利润。另外，针对理性消费者群体，企业需要制定不同类型的服务策略等改变消费者的审议成本，通过向不同价值属性的消费者投放不同强度的定向广告以获取最优利润。

7.3　案例分析

本节将分析 2014 年 4～6 月，某著名品牌的星级酒店为了提升酒店的品牌形象并提高酒店的销售额，通过移动 DSP 投放定向广告的真实案例（选自 ADpush 营销平台）。

（1）营销目标。

• 通过营销活动提高酒店网络点击率，提升商旅人士通过移动互联网预约入住率。

• 提升酒店的认知度和市场美誉度，树立该星级酒店良好品牌形象。

（2）定向广告实现途径。

• 目标群体：LBS 目标群体区域定向；专属人群数据库应用。

• 定向技术优化：HTML5 技术实现；DSP 技术运用；频次控制实现重定向优化。

（3）消费者属性特征。

• 有思想、有追求、重品位、重家庭亲友人群。

• 思想较为灵活、商务精英、时尚白领。

• 金融、经济等自由市场行业，崇尚个人资金，抢占事业人群。

• 空闲时间较多、经常参与高端出游活动人群。

（4）定向广告策略。

• 地域定向：覆盖全国800个城市，1400个商圈，根据消费者属性特征，精准选取目标受众，通过定向广告传递酒店信息，实现线上注册到线下制定的该品牌连锁酒店入住消费。

• LBS定向：覆盖该连锁酒店所在的105个城市，900个商圈进行目标城市定向。

• O2O互动：针对消费者的属性特征，通过手机插屏、banner广告点击进入预约入住享受价格优惠（行为依赖的价格歧视策略），实现酒店和消费者的线上和线下的良性互动。

（5）投放操作执行。

• 广告强度控制优化：依据该类消费者行为偏好特征，建议针对该群体的广告投放次数不超过3次，即不会过多打扰受众，也不会曝光不足，提升定向广告的效果。

• 考虑消费者偏好因素：及时获得初次标签人群的投放数据，对人群的行为特征进行关联分析，筛选未点击或只浏览广告等不同行为方式的用户，并有针对性地进行二次广告投放（重定向），用更创意的广告形式寻找相应人群。

（6）投放回报。

通过分析消费者属性并进行有针对性的定向广告投放，超过3457.2万人次看到本次广告；超过25.81万人对该定向广告进行点击，进入手机端活动页面，广告平均点击率高达0.75%。每天平均有1379人进行客房预订。在短时期内，该星级酒店利用定向广告进行的营销活动提高了该酒店品牌的知名度，并为企业获得了巨大的市场收益。

案例分析：各种自然的、社会的、文化的因素及消费者的收入状况、心理状况等都是消费者具体属性的体现，而这些因素都制约和影响着消费者行为。该酒店品牌为了提高酒店的销售额，首先，充分考虑了消费者的价值属性特征（白领高价值属性群体）和行为偏好等因素，并针对不同消费者类型，采取不同的定向广告投放策略和价格联用机制，如给予某些用户价格优惠。其次，针对不同属性的消费者，企业选择了合适的广告强度，并对企业投放定向广告的广告强度进行优化，提升企业定向广告的效果，最终取得了巨大的市场收益。可见，企业需要对消费者属性进行全面、深入地划分，针对不同价值属性的消费者投放不同强度的定向广告，针对高价值消费者，需要制定不同的服务策略改变消费者的审议成本，从而获得较高的企业利润。企业根据消费者属性、行为偏好等分类越细就越能有针对性地向目标消费者市场投放定向广告并获得更高的利润。

7.4　本章小结

本章研究了消费者属性对企业定向广告策略的影响。首先讨论了消费者不同偏好属性对企业定向广告策略的影响问题，通过离散变量刻画消费者行为偏好特征，阐明了不对称企业投放定向广告的策略优化问题。结果发现：

（1）分别向不同市场投放定向广告具有减少市场竞争的作用。当不允许实行价格歧视时，企业总在自身优势市场投放更高强度的定向广告以获得更高的利益。

（2）当允许实行价格歧视时，企业将在自身优势市场投放定向广告并给予消费者较高价格；而在竞争（劣势）市场，企业将给予消费者较低的价格以获得最优收益。

（3）歧视性定价策略可以和定向广告一起成为企业定向营销的有力工具，通过在不同的细分市场给予消费者不同的价格，最大程度上达到了细分市场的目的，有利于提高企业的总利润。

（4）当企业不具备完全定向能力时，同时采取定向广告和歧视性定价策略有可能加剧市场竞争，这说明企业的定向广告策略是把“双刃剑”，当企业的定向精度过低时，企业可能不能有效地识别消费者的行为偏好。而相反，在定向精度过高时，投放定向广告则可能细分市场，促进企业利润。投放定向广告可能在一定程度上加剧市场竞争。

其次，本章针对消费者价值属性对企业定向广告策略影响问题进行了研究。分别考虑了短视消费者和理性消费者的审议成本对企业定向广告策略产生的影响。结果发现：

（1）企业向不同价值属性的消费者投放定向广告的均衡收益可能并不总

是高于大众广告，这取决于高价值和低价值客户的比率。

（2）企业向不同价值属性的消费者投放不完美定向广告的均衡收益取决于企业的定向投资成本。

（3）当所有消费者都是理性消费者时，低价值属性消费者购买产品的最优均衡价格与审议成本无关，相反，高价值客户的最优均衡价格则与审议成本有关，投向不同价值属性消费者的广告均衡强度有所差异。

（4）当消费者具有不同的审议成本时，企业将只向高价值客户群体投放定向广告。

第 8 章　结论与展望

本书基于广告经济学、博弈论和优化理论等理论，围绕企业定向广告的投放机制和应用策略相关问题构建定量模型，并结合企业投放定向广告的实际案例进行深入分析。研究企业定向广告投放的精准性、投放范围和渠道，分析消费者行为等属性对企业定向广告投放的影响。本书研究取得了一些创新性成果，得到了一些对企业定向广告应用富有借鉴意义的结论，相关研究结论对企业制定合理、有效的定向广告应用策略提供了一定的理论支持。

8.1　本书创新之处

定向技术的快速发展使企业可以根据消费者的特征更有效地投放定向广告。近年来，定向广告在实践中已经得到了广泛的应用。但从理论上，国内外已有成果大多是对定向广告相比大众广告的优缺点展开研究，对定向广告的精准性、定向广告投放范围、考虑消费者行为偏好和消费者属性等的定向广告对企业利润、市场竞争和社会福利影响等问题研究均刚起步。在已有研究成果的基础上，本书围绕这些问题进行了深入讨论，取得了一些研究成果。本书的创新性主要体现在以下几个方面：

（1）精准性是企业投放定向广告相比大众广告的优势所在，但定向广告的精准性也并非越高越好。国内外已有研究成果在研究定向广告时大多假设定向精准性为给定的外生变量或假定定向广告投放绝对精准，很少将定向广告精准性作为决策变量进行研究。本书分别针对单寡头市场、双寡头同质消费者市场和双寡头异质消费者市场三种市场环境设计了描述企业定向广告精准性的决策变量，构建了相应的企业间静态博弈模型，讨论了定向精准性对企业利润、市场竞争和社会福利的影响。模型分析结果表明，定向精度的优化选择对企业利润至关重要，过高的定向精度可能引起企业间激烈的市场竞争。定向精度的投资对企业利润呈双向调节作用，对定向精度的适度投资可以成为企业的一种潜在市场竞争优势。

（2）国内外研究定向广告时一般假定企业投放定向广告的范围相对固定，很少将定向范围单独作为决策变量。本书提出用定向广域度描述定向广告的投放范围，并认为企业可以通过投资定向技术或购买数据服务等方式提高定向广域度。本书将定向广域度作为独立的决策变量，构建定向广域度对双寡头企业利润影响的静态博弈模型。分析了定向广域度投资对企业利润和市场竞争的影响。分析表明，定向广告的定向广域度对企业利润的调节呈现双向性，企业可以通过投资手段获得最优的定向广域度，并通过调节定向广域度而影响大众广告企业的价格策略。

（3）在定向广告投放渠道方面，已有研究成果大多只考虑在单一渠道投放定向广告的情况。本书构建动态博弈模型，研究了定向广告投放渠道对制造商、零售商和渠道利润的影响。分析表明，定向广告会加剧零售渠道和电子渠道的冲突，但制造商可以通过调整定向广告的广告强度来协调这种冲突。

（4）消费者的行为特征直接影响定向广告的效果，但这方面的研究还比较少。本书构建博弈模型，分析消费者的广告屏蔽和个人信息隐藏对企业定向广告策略的影响，并构建了信号传递博弈模型研究了消费者屏蔽行为下的企业定向广告投放策略。研究表明，对广告屏蔽用户，企业应当加大定向广告投放的力度。而对隐藏个人信息的用户，则应减少定向广告的投放力度。

（5）消费者的属性特征如消费者偏好、消费者价值取向等直接影响企业定向广告的效果，但这方面的研究还比较少。本书通过离散变量刻画消费者偏好特征，同时考虑非对称企业的歧视性定价策略，构建了博弈模型研究定向广告策略和歧视性定价策略联用对不同偏好消费者的影响。通过将消费者分为短视消费者和理性消费者，同时考虑消费者的审议成本，构建了优化模型研究消费者的价值属性特征对企业定向广告策略的影响。研究表明，在不同消费者偏好市场投放定向广告并实行歧视性定价策略，最大限度地达到了细分市场的目的。高价值和低价值客户的比例将影响企业定向广告的均衡策略；当消费者具有不同审议成本时，企业将只向高价值消费者群体投放定向广告。

8.2　本书主要结论

在投放定向广告时，由于消费者的不完全信息，很多情况下企业只具备投放不完美定向广告的情况。不完美定向广告的质量由定向精准程度予以刻画。通过博弈论、最优化理论以及比较静态分析研究了单寡头、双寡头同质市场和异质市场下定向广告精准性对企业利润、社会福利等的影响；讨论了定向广域度对企业定向广告的广告强度、均衡利润等的双向调节作用；并构建模型分析了消费者的行为特征、自身属性对定向广告投放的影响。同时，本书还将定向广告应用到混合渠道市场，研究了定向广告对渠道利润的影响。本书研究得到以下主要结论：

（1）在单寡头市场环境下，相比大众广告，基于电商平台的定向广告的准确度对企业均衡价格起负向调节作用。相反，准确度对广告强度的调节呈现双向作用。准确度和识别度对消费者需求、消费者剩余和社会福利都起到双向调节作用。在存在错配损失的情况下，对消费者的识别度对广告水平起到正向作用，而准确度则对广告水平起着反向作用。为此，企业在通过投资提高定向广告的准确度和识别度时，应当分别针对准确度和识别度而采取不同的投资方式。

（2）在同质双寡头市场环境下，存在不同定向精度的企业向细分市场投放定向广告时，两个企业必然同时向各自的“优势市场”和“竞争市场”实行混合定价策略，随着定向精度的提高，企业倾向于提高优势市场的价格而降低竞争市场的市场价格。定向精度的变化对企业利润具有显著性的作用，只有在最优定向精度时，投放定向广告的企业利润才能高于投放大众广告的利润。定向精度的投资对企业利润呈现双向作用，过高的定向精度投资可能降低企业的利润。

（3）在异质双寡头市场环境下，企业投放定向广告的定向精度与优势市场的广告强度成正比，而与竞争市场的广告强度成反比。在一定条件下，企业的均衡利润随自身定向精度的提高而增加，随着竞争对手的定向精度的提高而下降。在与投放大众广告的企业进行市场竞争时，定向精度与投放定向广告企业的利润呈“U”型关系，而投放大众广告的企业利润与定向广告企业的定向精度呈反向变化；相比竞争市场，投放定向广告的企业在优势市场更高的定向精度将成为企业进行市场竞争的潜在竞争优势。

（4）当两个企业通过定向广告进行市场营销和价格竞争时，两个企业都尽可能扩大广告投放的定向广域度，并通过制定更低的期望价格和更高的广告水平而获利。当企业将定向广告投向竞争对手并产生错配损失时，企业定向广域度与错配损失成正比。当考虑定向广域度投资效应时，企业投放定向广告的定向广域度与均衡广告强度呈倒“U”型关系。当两个企业同时采取大众广告和定向广告策略进行市场营销时，定向广告的定向广域度并不影响企业自身的价格策略累计分布函数，相反会影响大众广告企业的价格策略累计分布函数。在投放定向广告时，企业应当控制合适的定向广告域以获得最优利润。

（5）混合渠道模式下企业投放定向广告主要起到两个作用：首先是进一步细分市场，并使市场聚集化效果更高，能有效地筛选出价格敏感性客户；其次是加剧了零售渠道和电子渠道的冲突。制造商能通过定向广告来影响产品价格，给定制造商广告强度策略，可以实现混合渠道模式下零售渠道和电子渠道的有效协调。

（6）针对策略性消费者投放定向广告对竞争企业仍然有利；企业通过定向广告投放能够筛选出价格敏感性消费者以减缓市场竞争；当消费者进行直接广告屏蔽时，企业倾向于投放更多的定向广告；相反，若消费者进行个人信息隐藏，企业则倾向于减少定向广告的投放。

（7）企业通过投放劝说型定向广告影响消费者对产品价值的信号判断并形成预期；由于对不同价值类型的产品存在偏好倾向，消费者会对广告采取“接受”或“屏蔽”策略。企业应当针对不同屏蔽概率的消费者投放不同类型的劝说型定向广告以实现企业利润最大化。当预期消费者的广告屏蔽概率较小时，企业应投放高价值的劝说型定向广告塑造高端品牌；反之，企业应当投放低价值的产品广告塑造低端品牌。

（8）根据消费者对企业产品的偏好差异，企业能分别向自身忠诚客户和竞争企业的忠诚客户分别投放不同强度的定向广告，并针对细分市场采用价格歧视。消费者对不同企业产品的需求偏好度的比率将直接影响企业的利润。当不允许价格歧视时，企业总在自身优势市场投放更高强度的定向广告以获得最高的利益。当允许价格歧视时，企业将在自身优势市场投放定向广告并给予消费者较高价格，而在劣势市场企业将给予消费者较低的价格以获得最优收益。当企业不具备完全定向精度时，同时采取定向广告和歧视性定价策略则有可能加剧市场竞争。

（9）针对短视消费者，企业投放定向广告的利润有可能低于投放大众广告，这取决于高价值客户和低价值客户的比率。企业向不同价值属性的消费者投放不完全定向广告的均衡收益取决于企业的定向投资成本。对于不同群体的理性消费者而言，低价值客户的最优均衡价格与审议成本无关，相反，高价值客户的最优均衡价格则与消费者的审议成本密切相关，企业向不同价值属性消费者投放定向广告的均衡广告强度有所差异。

8.3　进一步研究方向

本书主要基于博弈模型和优化模型，研究企业投放定向广告的机制和针对消费者行为特征和自身属性投放定向广告的策略。在定向广告投放机制和策略研究的理论和方法上取得了一些进展，相关研究结论可为企业定向广告投放策略提供有效的理论指导。但是，本书的研究工作还存在一些需要改进和完善的地方。

（1）虽然已经涉及定向广告和歧视性定价的运用策略问题，但本书并未研究如何将定向广告和价格机制协调运用。已有的关于定向定价的研究涉及定向优惠券、价格折扣、积分累计和现金返还等价格机制问题。因此，为了有效指导企业高效运用定向广告，需要进一步深入研究企业运用各种价格机制以提升定向广告效果的方法。

（2）在研究定向精度时，虽然涉及错配损失问题，但本书并未考虑定向精度提高可能带来的隐私问题。而已有相关研究表明，用户的隐私保护和分享是企业需要考虑的重要问题，而当前的研究侧重于案例分析和实证分析，且这些研究多关注与用户的隐私态度，对企业隐私保护策略的分析仅仅是附带结论，停留在宏观层面的定性描述。因而需要首先研究消费者隐私保护的特征和行为特征，分析不同类型的消费者对隐私保护关注度可能存在的差异，从而研究广告主的隐私保护政策对消费者的隐私保护态度和关注度可能的影响。在此基础上，将隐私保护对广告对象优化分类以及定向精度的影响考虑在内，分析隐私保护引发的定向精度变化对定向广告的成本、效益、企业间竞争和社会福利等带来的影响。最终，综合考虑定向成本和效益、隐私关注度等多种因素，提出隐私保护下的企业定向广告运用策略。

（3）本书考虑了消费者的行为属性和特征属性下企业定向广告策略。随着企业会员制、网络购物等的快速发展，企业不仅能准确了解消费者的历史购买行为，而且能实时了解其当前的购买行为。因此，企业应当将消费者历史购买行为和当前购买行为一起考虑，从而对消费者未来消费行为进行分析和预测。在此基础上，综合考虑定向成本和定向效益等因素，研究基于消费者消费行为预测运用定向广告的发送时机和内容的优化选择方法。并分析消费者消费行为预测准确度的变化可能对定向广告成本、效益以及企业间市场竞争和社会福利等带来的影响。

（4）企业在运用定向技术时，既可以自己搭建广告平台，也可以运用第三方平台。因此，企业在有效运用定向技术的同时，需要根据自身的产品特征，所处行业特征，投放广告的目的和广告费用等综合考虑，从而有效地选择合适的广告平台。已有研究表明，广告平台为了自身利益的最大化，有可能实施点击欺诈等行为。因此，当企业运用第三方定向广告平台时，可以充分考虑定向广告可能存在的道德风险，通过分析定向广告平台降低定向精度、实施点击欺诈等策略的途径和特征。并根据相关特征，设计有效的激励机制，防范定向广告平台的道德风险。

（5）本书涉及混合渠道模式下定向广告的作用。未来可以进一步研究不同渠道模式下定向广告的作用，如多个制造商、多个零售商下企业投放定向广告的影响。并且在考虑渠道模式下，企业可能采取不同类型的定向广告，如信息型定向广告或劝说型定向广告等，这些不同类型的定向广告是否对企业的广告策略有影响。另外，在不同的渠道模式下，可以考虑广告溢出效益对渠道各成员的影响，从而研究定向溢出效应对企业广告投放策略的影响。

（6）本书主要通过构建模型并结合案例分析的方法研究企业的定向广告投放机制和策略问题。由于建模方法只是对现实情景在某种程度上的简化，因而不能完全替代实际的可能情况。如市场不确定性风险、政府政策干预、企业决策干预、企业间相互影响因素等某些较难以在模型中体现的情况，所以本书的研究仍然需要足够的实证支撑。未来可以考虑与阿里巴巴等知名电子商务企业合作，获得相关定向广告的基础数据，通过分析大数据，进一步验证模型的合理性和有效性，从而充分了解定向广告的投放机制。

附　录

第 3 章 3.1 证明及相关推导

1. 模型中式（3－5）的推导过程如下所示

企业投放大众广告的利润函数模型为：

$$\pi_r = (p-c)\frac{(v-p)}{t}\phi - A(\phi) = [-p^2+(v+c)p-vc]\phi - A(\phi) \tag{F-3-1}$$

因此，根据一阶条件对价格和广告强度分别求导数，可得：

$$\frac{\partial \pi_r}{\partial p} = -2p+(v+c)=0; \frac{\partial^2 \pi_r}{\partial p^2} = -2<0 \tag{F-3-2}$$

$$\frac{\partial \pi_r}{\partial \phi} = (p-c)\frac{(v-p)}{t} - \lambda\phi = 0; \frac{\partial^2 \pi_r}{\partial \phi^2} = -\lambda<0 \tag{F-3-3}$$

根据一阶结果表明，当企业向消费者投放大众广告时，企业的均衡最优价格和均衡最优广告强度可以表示为：

$$p_r^* = \frac{v+c}{2} \tag{F-3-4}$$

$$\phi^* = \frac{-p^2+(v+c)p-vc}{\lambda t} = \frac{-\left(\frac{v+c}{2}\right)^2+(v+c)\left(\frac{v+c}{2}\right)-vc}{\lambda t} = \frac{(v-c)^2}{4\lambda t} \tag{F-3-5}$$

2.

表 1　模型中的符号定义及其含义

符号定义	符号的含义
$\prod_r, \prod_t$	企业使用大众广告或电商平台依赖的定向广告利润
ϕ^* , φ^*	企业使用大众广告或电商平台依赖的定向广告强度
v	保留价格，总剩余
t	单位运输成本（消费者偏好差异性）
λ	广告成本常数
$\hat{x}$, $x(p)$	边际消费者和线性城市位于 0 端的企业距离；不同价格下的市场潜在需求量
$A(\phi)$	总广告成本
P_r^* , P_t^*	企业使用大众广告或电商平台依赖的定向广告的均衡优化价格
R	识别度的缩写，表明企业投放定向广告时定向部分任何消费者成员被识别的概率
T	准确度的缩写，表明企业投放定向广告时对正确识别部分的准确预测概率
c_1	错配损失系数
W_r , W_t	企业投放大众广告或定向广告的总的社会剩余
s	存在运输成本下的社会总剩余
k_1 , k_2	企业进行定向精度投资时的识别度投资系数和准确度投资系数

3. 模型（3－13）的推导过程如下所示

企业投放定向广告的利润函数模型为：

$$\pi_t = (p-c)\frac{(v-p)}{t}R\varphi - \frac{a(v-p)}{2tT}R\varphi^2 \qquad (F-3-6)$$

因此，根据利润对价格的一阶条件，可得：

$$\frac{\partial \pi_t}{\partial p} = 0; \Rightarrow \frac{R\varphi}{t}[-2p+(v+c)] + \frac{aR\varphi^2}{2tT} = \frac{R\varphi}{t}\left[-2p+(v+c)+\frac{a\varphi}{2T}\right] = 0 \qquad (F-3-7)$$

$$\frac{\partial^2 \pi_t}{\partial p^2} = -2 < 0 \qquad (F-3-8)$$

这意味着当企业向消费者投放在线定向广告时，企业的最优价格可以表示为：

$$p_t^* = \frac{v+c}{2} + \frac{a\varphi}{4T} \quad (F-3-9)$$

第3章3.3证明及相关推导

1. 引理3-1证明过程

证明：当企业投放不完美定向广告时，当其定向精度为 α_i 时，电商企业1的利润模型可以表示为：

$$\pi_i = (p_i - c)\left[\int_0^{\hat{x}} \phi_i(x)\alpha_i dx + \int_{\hat{x}}^1 \phi_i(x)\alpha_i(1-\phi_j(x))dx\right] - \frac{\lambda}{2}\int_0^1 (\phi_i(x))^2 dx \quad (F-3-10)$$

这里定义 $\phi_i = \phi_i(x)$ 和 $\phi_j = \phi_j(x)$，$(i, j=1, 2)$。电子商务企业 i 在其优势市场的利润函数表示为：

$$\pi_{is}(\phi_i) = (p_i - c)\hat{x}\alpha_i\phi_i(x) - \frac{\lambda}{2}(\phi_i(x))^2\hat{x} \quad (F-3-11)$$

接着，当 $x_i \in [0, \hat{x}]$ 时，选择 $\phi_i(x)$ 使企业 i 的利润最大化，这意味着：

$$\frac{\partial \pi_i}{\partial \phi_i(x)} = (p_i - c)\alpha_i - \lambda\phi_i(x) = 0 \quad (F-3-12)$$

类似的，当 $x_i \in [\hat{x}, 1]$ 时，选择 $\phi_i(x)$ 使企业 i 的利润最大化，这意味着：

$$\frac{\partial \pi_i}{\partial \phi_i(x)} = (p_i - c)\alpha_i(1-\phi_j(x)) - \lambda\phi_i(x) = 0 \quad (F-3-13)$$

并且对于对称企业 j 而言，但其利润最大化时，必然满足条件：

$$\begin{cases} \dfrac{\partial \pi_j}{\partial \phi_j(x)} = (p_j - c)\alpha_j(1-\phi_i(x)) - \lambda\phi_j(x) = 0 \\ \dfrac{\partial \pi_j}{\partial \phi_j(x)} = (p_j - c)\alpha_j - \lambda\phi_j(x) = 0 \end{cases} \quad (F-3-14)$$

根据式（F-3-13）和式（F-3-14）可知，$\phi_i(x)$ 是变量并且等于1或者在区间［0，$\hat{x}$］满足 $\phi_i=\min\left\{\frac{(p_i-c)\alpha_i}{\lambda},1\right\}$。因此，$\phi_i(x)$ 可变，并且在区间［$\hat{x}$，1］满足 $\psi_i=\frac{(p_i-c)\alpha_i(1-\phi_j)}{\lambda}$；同样，$\phi_j(x)$ 可变，并且在区间［0，$\hat{x}$］满足 $\psi_j=\frac{(p_j-c)\alpha_j(1-\phi_j)}{\lambda}$。　　证毕。

2. 定理3-1证明过程

证明：根据电商企业基于不同定向精度的定向广告竞争模型，广告强度的一阶条件意味着：

$$\begin{cases}\dfrac{\partial\pi_i}{\partial\phi_i}=m_i\hat{x}\alpha_i-\lambda\phi_i\hat{x}=0\\[2ex]\dfrac{\partial\pi_j}{\partial\psi_i}=m_i(1-\hat{x})\alpha_i(1-\phi_j)-\lambda\psi_i(1-\hat{x})=0\end{cases}\tag{F-3-15}$$

（1）当 $m_i<m_j-t$ 时，根据利润模型（3-80）可知，$\pi_{i1}=m_i\phi_i\alpha_i-\frac{\lambda}{2}\phi_i^2$。对于固定的 m_i，利润对广告强度 ϕ_i 求一阶导数，可得均衡广告强度为 $\phi_i^*=\frac{m_i\alpha_i}{\lambda}$，即为定理的一个结果。

（2）当 $m_j-t<m_i<m_j+t$ 时，根据利润模型（3-80）可知企业在不同市场投放定向广告的广告强度为（ϕ_i，ψ_i）。海赛矩阵与下式中的两个变量相关。

$$\begin{pmatrix}\dfrac{\partial^2\pi_i}{\partial\phi_i^2} & \dfrac{\partial^2\pi_i}{\partial\phi_i\partial\psi_i}\\[2ex]\dfrac{\partial^2\pi_i}{\partial\psi_i\partial\phi_i} & \dfrac{\partial^2\pi_i}{\partial\psi_i^2}\end{pmatrix}=\begin{pmatrix}\dfrac{-\lambda(t-m_i+m_j)}{2t} & 0\\[2ex]0 & \dfrac{-\lambda(t-m_i+m_j)}{2t}\end{pmatrix}\tag{F-3-16}$$

由于该海赛矩阵是一个负定矩阵。因此，如果$(\phi_i^*,\psi_i^*)\in[0,1]\times[0,1]$，电子商务企业的总体最大收益可以实现。另外，总的最大收益与角均衡下的解相关。

当 $\phi_i^* > 1$ 时，对于所有的 $\phi_i \in [0,1]$，可以得知 $\frac{\partial \pi_i}{\partial \phi_i} > 0$。因此，企业 i 的最大收益 π_i 在广告强度 $\phi_i = 1$ 时实现。因此，$\phi_i^* = \min\left\{\frac{m_i\alpha_i}{\lambda},\ 1\right\}$ 可以实现企业 i 的最大收益 π_i。

最后，考虑 ϕ_j^* 的最优值。当 $\phi_j^* = 1$（例如，$m_j[1-\psi_i(1-\alpha_j)] > \lambda$），$\frac{\partial \pi_i}{\partial \psi_i} < 0$ 时必然存在 $\psi_i = 0$。对于 $\psi_i > \psi_i^*$，在弱势市场的最大广告强度定义为 $\psi_i^* = \frac{m_i\alpha_i}{\lambda}\left(1 - \frac{m_j\alpha_j}{\lambda}\right)$。

（3）当 $m_i > m_j + t$ 时，$\pi_{i3} = m_i\alpha_i\psi_i\ (1-\phi_j)\ - \frac{\lambda}{2}\psi_i^2$。对于固定的 m_i，企业在竞争市场的广告强度求一阶导数，可知 $\psi_i^* = \frac{m_i\alpha_i(1-\phi_j)}{\lambda}$。由于 $\phi_i^* = \frac{m_i\alpha_i}{\lambda}$，这意味着 $\phi_j^* = \frac{m_j\alpha_j}{\lambda}$。因此，$\psi_i^* = \frac{m_i\alpha_i}{\lambda}\left(1 - \frac{m_j\alpha_j}{\lambda}\right)$。　　证毕。

3. 定理 3－2 证明过程

证明： 根据式（3－78）和式（3－80），双寡头企业 i 的利润可以表示为下式

$$\pi_i = m_i\left[\frac{t-m_i+m_j}{2t}\phi_i\alpha_i + \psi_i\,\frac{t+m_i-m_j}{2t}\alpha_i(1-\phi_j)\right] - \frac{\lambda}{2}\phi_i^2\,\frac{t-m_i+m_j}{2t} - \frac{\lambda}{2}\psi_i^2\,\frac{t+m_i-m_j}{2t} \quad (F-3-17)$$

对该函数表达式进行化简，可以得到：

$$\pi_i = \frac{\alpha_i^2}{4t\lambda}\left[(m_i^2t - m_i^3 + m_i^2m_j) + (1-\frac{m_j\alpha_j}{\lambda})^2(m_i^2t + m_i^3 - m_i^2m_j\right] \quad (F-3-18)$$

这意味着式（F－3－18）可以化简为：

$$\pi_i^* = \frac{\alpha_i^2}{4t\lambda}(2\lambda^2m_i^2t - 2\lambda m_j\alpha_jm_i^2t - 2\lambda m_j\alpha_jm_i^3 + 2\lambda m_j^2\alpha_jm_i^2 + m_j^2\alpha_j^2m_i^2t + m_j^2\alpha_j^2m_i^3 - m_j^3\alpha_j^2m_i^2) \quad (F-3-19)$$

根据一阶条件，可知：

$$\frac{\partial \pi_i}{\partial m_i} = 4\lambda^2 m_i t - 4\lambda m_j \alpha_j m_i t - 6\lambda m_j \alpha_j m_i^2 + 4\lambda m_j \alpha_j m_i m_j$$
$$+ 2m_j^2 \alpha_j^2 m_i t + 3m_j^2 \alpha_j^2 m_i^2 - 2m_j^3 \alpha_j^2 m_i = 0 \quad (F-3-20)$$

在均衡条件下，可得 $m_i = m_j = m$，这意味着 $P(m)$ 可以表示为下式。即：

$$P(m) = \alpha_j^2 m^3 - 2\alpha_j m^2 (\lambda - \alpha_j t) - 4\alpha_j \lambda m t + 4\lambda^2 t \quad (F-3-21)$$

根据一阶条件，可知：

$$\frac{\partial P(m)}{\partial m} = 3m^2 \alpha_j^2 - 4m\alpha_j (\lambda - \alpha_j t) - 4\alpha_j \lambda t \quad (F-3-22)$$

$$P(2t) = 4t\ (2\alpha_j t - \lambda)^2 > 0 \quad (F-3-23)$$

$$P\left(t + \frac{\lambda}{2}\right) = \alpha_j^2 \left(t + \frac{\lambda}{2}\right)^3 - 2\alpha_j \left(t + \frac{\lambda}{2}\right)^2 (\lambda - \alpha_j t) - 4\alpha_j \lambda \left(t + \frac{\lambda}{2}\right) t + 4\lambda^2 t < 0$$
$$(F-3-24)$$

因此，$P(m)$ 存在两个正根。其中一个正根的取值范围为 $2t < m^* < t + \frac{\lambda}{2}$。另一方面，有：

$$\begin{aligned} P'(\lambda) &= \alpha_j^2 \lambda^3 - 2\alpha_j \lambda^2 (\lambda - \alpha_j t) - 4\alpha_j \lambda^2 t + 4\lambda^2 t \\ &= \lambda^2 [(\lambda + 2t)(1 - \alpha_j)^2 - \lambda + 2t] \end{aligned} \quad (F-3-25)$$

由于 $3\lambda\alpha_j - 4\lambda < 0$ 并且 $4\alpha_j t - 4t < 0$，这意味着 $\frac{\partial P(\lambda)}{\partial \lambda} < 0$。当 $P(m)$ 的两个正根存在时必然大于参数 λ。结果对于任何 $m \in [0, \lambda]$，无论竞争对手的定向精度为何值，必然存在 $P(m) > 0$。根据博弈结果，可以得到定理 3-2。　证毕。

4. 推论 3-1 和定理 3-3 证明过程

证明：根据利润对价格的一阶导数，可知：

$$\frac{\partial \pi_i^*}{\partial m} = \frac{m\alpha_i^2}{2\lambda^3}[2\ (\lambda - m\alpha_j)^2 + m\alpha_j \lambda] > 0 \quad (F-3-26)$$

此时，根据隐函数定理，在均衡 m^* 下的收益边际变化，可知广告成本参数 λ：$\frac{dm^*}{d\lambda}$。

$$\frac{dm^*}{d\lambda}=-\frac{P'_\lambda}{P'_m} \qquad (F-3-27)$$

$$\frac{\partial P(m)}{\partial \lambda}=2(4\lambda t-2\alpha_j mt-\alpha_j m^2) \qquad (F-3-28)$$

然后，可以推导出下式

$$P(\sqrt{2\lambda t/\alpha_j})=2\lambda(2\lambda t-2\alpha_j m^2)<0 \qquad (F-3-29)$$

最后，用 $m=\sqrt{2\lambda t/\alpha_j}$ 替代该式，可以得到 $P(\sqrt{2\lambda t/\alpha_j})=-\frac{m\alpha_j}{2}\frac{\partial P(\sqrt{2\lambda t/\alpha_j})}{\partial \lambda}<0$。结果 $\sqrt{2\lambda t/\alpha_j}>m^*$，这意味着 $2\lambda(2\lambda t-2\alpha_j m^2)>0$，根据上式（F-3-29），对于 $m=m^*$，$\frac{\partial P(m=m^*)}{\partial \lambda}<0$。因此可以得出 $\frac{dm^*}{d\lambda}>0$。证毕。

7. 定理 3-6 证明过程

证明：当企业 i 投放定向广告，其定向精度为 α_i；而企业 j 投放大众广告，均衡状态下，可知 $m_i=m_j=m$，从而很容易得到下式：

$$\pi_i^*=\frac{m^2\alpha_i^2}{2\lambda}\left[-\frac{m^3\alpha_i}{2\lambda}-\left(\frac{\alpha_i}{2\lambda}-1\right)m^2-m+\frac{9}{8}\right] \qquad (F-3-30)$$

$$\pi_j^*=\frac{m^2(2\lambda-m\alpha_i)^2}{8\lambda^3} \qquad (F-3-31)$$

因此，必然得到定理 3-6 的相关结论。证毕。

8. 定理 3-7 证明过程

证明：在均衡状态下，比较企业 i 在其优势市场和竞争市场的定向广告强度，相关证明过程如引理 3-1 所示。故可得下式

$$\frac{\varphi_i^*}{\psi_i^*}=\frac{\alpha_{is}\lambda}{\alpha_{iw}(\lambda-m_j\alpha_{js})} \qquad (F-3-32)$$

故可知不同市场的广告强度之比与企业投放定向精度变化相关，可得定理 3-7。证毕。

参考文献

[1] 中国互联网信息中心（CNNIC）. 第39次中国互联网发展状况统计报告[R], 2017年. http://www.cnnic.net.cn.

[2] 欧海鹰，网络广告：运营机理与资源管理研究[M]. 北京：中国财政经济出版社，2013.

[3] Arora N, Dreze X, Ghose A, et al. Putting one-to-one marketing to work: Personalization, customization, and choice [J]. Marketing Letters, 2008, 19 (3-4): 305-321.

[4] Hallerman, D. Audience ad targeting: data and privacy issues [R]. eMarketer report, 2010.

[5] Chen J, Stallaert J. An economic analysis of online advertising using behavioral targeting [J]. Mis Quarterly, 2014, 38 (2): 429-449.

[6] Grossman G M, Shapiro C. Informative advertising with differentiated products [J]. Review of Economic Studies, 1984, 51 (1): 63-81.

[7] Hernández-García J M. Informative advertising, imperfect targeting and welfare [J]. Economics Letters, 1997, 55 (1): 131-137.

[8] Esteban L, Gil A, Hernández J M. Informative advertising and optimal targeting in a monopoly [J]. Journal of Industrial Economics, 2001, 49 (2): 161-180.

[9] Roy S. Strategic segmentation of a market [J]. International Journal of Industrial Organization, 2000, 18 (8): 1279-1290.

[10] Iyer G, Soberman D, Villas-Boas J M. The targeting of advertising [J]. Marketing Science, 2005, 24 (3): 461-476.

[11] Athey S. and Ellison G. Position auctions with consumer search [J].

The Quarterly Journal of Economics, 2011, 126 (3): 1213 - 1270.

[12] Esteves R B, Resende J. Competitive targeted advertising with price discrimination [R]. Portugal: University of Minho, 2013. Working paper.

[13] Johnson J P. Targeted advertising and advertising avoidance [J]. The RAND Journal of Economics, 2013, 44 (1): 128 - 144.

[14] Gal-Or E, Gal-Or M, May J H, Spangler W E. Targeted advertising strategies on television [J]. Management Science, 2006, 52 (5): 713 - 725.

[15] Ben Elhadj-Ben Brahim N, Lahmandi-Ayed R, Laussel D. Is targeted advertising always beneficial? [J]. International Journal of Industrial Organization, 2011, 29 (6): 678 - 689.

[16] Zhang K, Katona Z. Contextual advertising [J]. Marketing Science, 2012, 31 (6): 980 - 994.

[17] Chen Y, Iyer G. Consumer addressability and customized pricing [J]. Marketing Science, 2002, 20 (1): 23 - 41.

[18] Chen Y, Narasimhan C, Zhang Z J. Individual marketing with imperfect targetability [J]. Marketing Science, 2001, 20 (1): 23 - 41.

[19] Villas-Boas, J. M. Prices cycles in markets with customer recognition. Rand Journal of Economics, 2004, 35 (3): 486 - 501.

[20] Acquisti, A., Varian H. R. Conditioning prices on purchase history. Marketing Science, 2005, 24 (3): 367 - 381.

[21] Chen Y. and Zhang Z. J. Dynamic targeted pricing with strategic consumers. International Journal of Industrial Organization, 2009, 27: 43 - 50.

[22] 俞淑平. 网络定向广告投放算法研究 [D]. 浙江大学硕士论文, 2010, 1 - 59.

[23] 高兰兰. 基于行为定向的精准广告投放系统的研究与实现 [D]. 北京邮电大学硕士论文, 2012, 1 - 57.

[24] 程龙龙. 基于 LDA 的行为定向广告投放算法研究 [D]. 辽宁大学硕士论文, 2014, 1 - 52.

[25] 邓晓懿. 移动电子商务个性化服务推荐方法研究 [D]. 大连理工大学博士论文, 2012, 1 - 114.

[26] 陈全，张玲玲，石勇．基于领域知识的个性化推荐模型及其应用研究 [J]．管理学报，2012，9 (10)：1505 - 1509.

[27] Yan J, Liu N, Wang G, et al. How much can behavioral targeting help online advertising [C]. Proceedings of the 18th international conference on World Wide Web. ACM, 2009: 261 - 270.

[28] Kenny D, Marshall J F. Contextual marketing: the real business of the Internet [J]. Harvard Business Review, 2000, 78 (6): 119 - 125.

[29] Van Zandt, Timothy, Structure and Returns to Scale of Real-Time Hierarchical Resource Allocation (March 2004). CEPR Discussion Paper No. 4277. Available at SSRN: http: //ssrn. com/abstract = 527102.

[30] Rao W, Chen L, Bartolini I. Ranked content advertising in online social networks [J]. World Wide Web, 2014: 1 - 19.

[31] Lewis R A, Reiley D H. Advertising effectively influences older users: How field experiments can improve measurement and targeting [J]. Review of Industrial Organization, 2014, 44 (2): 147 - 159.

[32] Li K, Du T C. Building a targeted mobile advertising system for location-based services [J]. Decision Support Systems, 2012, 54 (1): 1 - 8.

[33] Lovett M, Peress M. Optimal targeting of television advertisements [R]. USA: University of Rochester, 2011. Working paper.

[34] Bruestle S. How do firms target advertise? An online field experiment in Google contextual ads [R]. USA: University of Virginia, 2012. Working paper.

[35] 施灿灿．网络定向广告中用户兴趣模型研究与应用 [D]．合肥工业大学，2013，1 - 54.

[36] De Reyck B, Degraeve Z. Broadcast scheduling for mobile advertising [J]. Operations Research, 2003, 51 (4): 509 - 517.

[37] Tripathi A K, Nair S K. Narrowcasting of wireless advertising in malls [J]. European Journal of Operational Research, 2007, 182 (3): 1023 - 1038.

[38] Narayanan S, Manchanda P. Heterogeneous learning and the targeting of marketing communication for new products [J]. Marketing Science, 2009, 28 (3): 424 - 441.

[39] Galeotti A, Moraga-González J L. Segmentation, advertising and prices [J]. International Journal of Industrial Organization, 2008, 26 (5): 1106 – 1119.

[40] Anand B N, Shachar R. Targeted advertising as a signal [J]. Quantitative Marketing and Economics, 2009, 7 (3): 237 – 266.

[41] Klein J. Targeted advertising on internet websites [R]. Germany: University of Munich, 2009. Available at: http: //www. webmeets. com/files/papers/EARIE/2009/419/TA%2013. 03. 09. pdf.

[42] Goldfarb A, Tucker C. Online display advertising: Targeting and obtrusiveness [J]. Marketing Science, 2011, 30 (3): 389 – 404.

[43] Tucker C. The economics of advertising and privacy [J]. International Journal of Industrial Organization, 2012, 30: 326 – 329.

[44] 张建强. 电子商务环境下企业定向广告策略研究 [D]. 东南大学博士论文, 2013, 1 – 181.

[45] Ciaramita M, Murdock V, Plachouras V. Semantic associations for contextual advertising [J]. Journal of Electronic Commerce Research, 2008, 9 (1): 1 – 15.

[46] Oh H J, Lee C, Lee C H. Analysis of the Empirical Effects of Contextual Matching Advertising for Online News [J]. ETRI Journal, 2012, 34 (2): 292 – 295.

[47] De Corniere A. Targeted advertising with consumer search: an economic analysis of keywords advertising [R]. PSE Working Papers, 2009.

[48] Bala R and Bhardwaj P. Detailing vs. direct-to-consumer advertisign in the prescription pharmaceutical industry [J]. Management Science, 2010, 56 (1): 148 – 160.

[49] Rejón-Guardia F, Martínez-López F J. Online Advertising Intrusiveness and Consumers' Avoidance Behaviors [M]. Handbook of Strategic e-Business Management. Springer Berlin Heidelberg, 2014: 565 – 586.

[50] Chen J, Stallaert J. An economic analysis of online advertising using behavioral targeting [R]. America: University of Texas at Dallas, 2011. Available at: http: //infosys. uncc. edu/CIST2011 /Papers/cist2011_submission_41. pdf.

[51] Armstrong M. Competition in two-sided markets [J]. The RAND Journal of Economics, 2006, 37 (3): 668 -691.

[52] Chandra A. Targeted advertising: The role of subscriber characteristics in media markets [J]. Journal of Industrial Economics, 2009, 57 (1): 58 -84.

[53] Athey S, Gans J S. The impact of targeting technology on advertising markets and media competition [J]. Available at SSRN 1535325, 2010.

[54] Bergemann D, Bonatti A. Targeting in advertising markets: implications for offline versus online media [J]. The RAND Journal of Economics, 2011, 42 (3): 417 -443.

[55] Bergemann D, Bonatti A. Targeting in Advertising Markets: Implications for New and Old Media [R]. Mimeo MIT, 2009.

[56] Levin J, Milgrom P. Online advertising: Heterogeneity and conflation in market design [J]. The American Economic Review, 2010: 603 -607.

[57] Rutt J. Targeted advertising and media market competition [R]. UK: University of Cambridge, 2012. Working paper. http: //ssrn. com/abstract =2103061.

[58] Chandra A, Kaiser U. Targeted advertising in magazine markets and the advent of the internet [J]. Management Science, 2014, 60 (7): 1829 -1843.

[59] Athey S, Calvano E, Gans J. The impact of the internet on advertising markets for news media [R]. National Bureau of Economic Research, 2013.

[60] Pan S and Yang H. Targeted advertising on competing platforms. Working paper, 2014. Available at: www. econ. ohio-state. edu/hyang/Tageted-Ads-Jan14. pdf.

[61] Bruestle S. Showing Ads to the Wrong Consumers: Strategic Inefficiency in Online Targeted Pay-Per-Click Advertising [R]. Mimeo, University of Virginia, 2010.

[62] Taylor G. Attention Retention: Targeted Advertising and the Ex Post Role of Media Content [J]. Available at SSRN 2043136, 2012.

[63] Kox H L M, Straathof B, Zwart G. Targeted advertising, platform competition and privacy [R]. Working paper, 2014.

[64] Wilbur K C, Zhu Y. Click fraud [J]. Marketing Science, 2009, 28 (2): 293 -308.

[65] Oentaryo R, Lim E P, Finegold M, et al. Detecting click fraud in online advertising: a data mining approach [J]. The Journal of Machine Learning Research, 2014, 15 (1): 99 - 140.

[66] Skowronski JJ, Carlston DE. Negativity and extremity biases in impression formation: a review of explanations. Psychological Bull, 1989, 105: 131 - 142.

[67] Homer P M, Yoon S G. Message framing and the interrelationships among ad-based feelings, affect, and cognition [J]. Journal of Advertising, 1992, 21 (1): 19 - 33.

[68] Shamdasani P N, Stanaland A J S, Tan J. Location, location, location: Insights for advertising placement on the web [J]. Journal of Advertising Research, 2001.

[69] Lo B W N, Sedhain R S. How reliable are website rankings? Implications for e-business advertising and internet search [J]. Issues in Information Systems, 2006, 7 (2): 233 - 238.

[70] Park C, Lee T M. Information direction, website reputation and eWOM effect: A moderating role of product type [J]. Journal of Business research, 2009, 62 (1): 61 - 67.

[71] Li Y. The impact of disposition to privacy, website reputation and website familiarity on information privacy concerns [J]. Decision Support Systems, 2014, 57: 343 - 354.

[72] Zhao X, Xue L, Zhang F. Outsourcing Competition and Information Sharing with Asymmetrically Informed Suppliers [J]. Production and Operations Management, 2014, 23 (10): 1706 - 1718.

[73] Yenmez M B. Pricing in position auctions and online advertising [J]. Economic Theory, 2014, 55 (1): 243 - 256.

[74] Ye S, Aydin G, Hu S. Sponsored Search Marketing: Dynamic Pricing and Advertising for an Online Retailer [J]. Management Science, 2014.

[75] Zheng J H, Shen B, Chow P S, et al. The impact of the strategic advertising on luxury fashion brands with social influences [J]. Mathematical Problems in Engineering, 2013.

[76] Xu L, Duan J A, Whinston A. Path to purchase: A mutually exciting point process model for online advertising and conversion [J]. Management Science, 2014, 60 (6): 1392 - 1412.

[77] 蒋丽丽，梅姝娥，仲伟俊．消费者广告屏蔽行为对媒体广告策略的影响 [J]. 系统工程学报，2014，01：30 - 40.

[78] Phelps J, Nowak G, Ferrell E. Privacy concerns and consumer willingness to provide personal information [J]. Journal of Public Policy & Marketing, 2000, 19 (1): 27 - 41.

[79] Peter. J. Danaher. Factors Affecting Online Advertising Recall [Z]. http: //www. xtranisnxo. n2. 2002.

[80] Wu Suie. The Impact of Feeling, Judgment and Attitude on Purchase Intention as Online Advertising Performance Measure [J]. Journal of International Marketing & Marketing Research, 2006, 31 (2): 89 - 108.

[81] Smit E G, Van Noort G, Voorveld H A M. Understanding online behavioural advertising: User knowledge, privacy concerns and online coping behaviour inEurope [J]. Computers in Human Behavior, 2014, 32: 15 - 22.

[82] Van Doorn J, Hoekstra J C. Customization of online advertising: The role of intrusiveness [J]. Marketing Letters, 2013, 24 (4): 339 - 351.

[83] Goldfarb A, Tucker C E. Online advertising, behavioral targeting, and privacy [J]. Communications of the ACM, 2011 (a), 54 (5): 25 - 27.

[84] Goldfarb A, Tucker C E. Online display advertising: Targeting and obtrusiveness [J]. Marketing Science, 2011 (b), 30 (3): 389 - 404.

[85] Goldfarb A, Tucker C E. Privacy regulation and online advertising [J]. Management Science, 2011 (c), 51 (1): 57 - 71.

[86] Tucker C E. Social networks, personalized advertising, and privacy controls [J]. Journal of Marketing Research, 2014, 51 (5): 546 - 562.

[87] Brandon S C. What's mine is yours: Targeting privacy issues and determining the best solutions for behavioral advertising [J]. The John Marshall Journal of Computer & Information Law, 2012, 29 (4): 637 - 672.

[88] Cranor L F. Can users control online behavioral advertising effectively?

[J]. IEEE Security & Privacy, 2012, 10 (2): 93 -96.

[89] McDonald A M, Cranor L F. Beliefs and behaviors: Internet users' understanding of behavioral advertising [R]. USA: Carnegie Mellon University, 2010. Working paper. http: //aleecia. com/authors-drafts/tprc-behav-AV. pdf.

[90] Bagwell K. The economic analysis of advertising [A]. In M. Armstrong& R. Porter (Eds.). Handbook of Industrial Organization [C]. Amsterdam: North-Holland, 2007.

[91] Stegeman M. Advertising in competitive markets [J]. The American Economic Review, 1991: 210 -223.

[92] Shaffer G, Zettelmeyer F. Advertising in a distribution channel [J]. Marketing Science, 2004, 23 (4): 619 -628.

[93] Butters G R. Equilibrium distribution of sales and advertising prices [J]. Review of Economic Studies, 1977, 44 (3): 465 -491.

[94] Stahl D O. Oligopolistic pricing and advertising [J]. Journal of Economic Theory, 1994, 64 (1): 162 -177.

[95] Bester H, Petrakis E. Price competition and advertising in oligopoly [J]. European Economic Review, 1995, 39 (6): 1075 -1088.

[96] Soberman D A. Additional learning and implications on the role of informative advertising [J]. Management Science, 2004, 50 (12): 1744 -1750.

[97] Hamilton S F. Informative advertising in differentiated oligopoly markets [J]. International Journal of Industrial Organization, 2009, 27 (1): 60 -69.

[98] Christou C, Vettas N. On informative advertising and product differentiation [J]. International Journal of Industrial Organization, 2008, 26 (1): 92 -112.

[99] Simbanegavi W. Informative advertising: Competition or cooperation? [J]. Journal of Industrial Economics, 2009, 57 (1): 147 -166.

[100] Ghosh B, Stock A. Advertising effectiveness, digital video recorders, and product market competition [J]. Marketing Science, 2010, 29 (4): 639 -649.

[101] Han B, Chouinard H H. Product quality, advertising intensity and market size [J]. Economics Letters, 2014, 124 (2): 215 -218.

[102] Stivers A, Tremblay V J. Advertising, search costs, and social welfare

[J]. Information Economics and Policy, 2005, 17 (3): 317 - 333.

[103] Çelik L. Informative Advertising and Consumer Search in a Differentiated-Products Duopoly [R]. CERGE-EI Working Paper, 2007 (332).

[104] Janssen M C, Non M C. Advertising and consumer search in a duopoly model [J]. International Journal of Industrial Organization, 2008, 26 (1): 354 - 371.

[105] Bloch F, Manceau D. Persuasive advertising in Hotelling's model of product differentiation [J]. International Journal of Industrial Organization, 1999, 17: 557 - 574.

[106] Robert M, Samuelson L. An empirical analysis of dynamic nonprice competition in an oligopolistic industry [J]. Rand Journal of Economics, 1988, 19: 200 - 220.

[107] Kelton C, Kelton D. Advertising and intraindustry brand shift in theU. S. brewing industry [J]. Journal of Industrial Economics, 1982, 30: 293 - 303.

[108] Chen Y, Joshi Y V, Raju J S, Zhang Z J. A theory of combative advertising [J]. Marketing Science, 2009, 28 (1): 1 - 19.

[109] Lauga D O. Persuasive advertising with sophisticated but impressionable consumers [R]. San Diego: University of California, 2010.

[110] Shaffer G, Zettelmeyer F. Comparative advertising and in-store displays [J]. Marketing Science, 2009, 28 (6): 1144 - 1156.

[111] Wu C C, Chen Y J, Wang C J. Is persuasive advertising always combative in a distribution channel? [J]. Marketing Science, 2009, 28 (6): 1157 - 1163.

[112] Banerjee B, Bandyopadhyay S. Advertising competition under consumer inertia [J]. MarketingScience, 2003, 22 (1): 131 - 14.

[113] Zhang JQ, Zhong WJ, Mei S. Competitive effects of informative advertising in distribution channels [J]. Marketing letters, 2012, 23 (3): 561 - 584.

[114] Zhang J, Zhong W, Mei S. Purchase-Based Targeted Advertising: A

Competitive Analysis [M]. Strategic E-Commerce Systems and Tools for Competing in the Digital Marketplace, 2015: 171.

[115] Holthausen D M., Assmus G. Advertising budget allocation under uncertainty, 2013, 28 (5): 487-499.

[116] Cellini R. and Lambertini L., Advertising in a differential oligopoly geme [J]. Journal of Optimization Theory and Application, 2003, 116 (1): 61-81.

[117] Viscolani B and Zaccour G. Advertising strategies in a differential game with negative competitor's interference [J]. Journal of Optimal Theory and Application, 2009, 140: 153-170.

[118] He X, Prasad A, Sethi S P. Cooperative advertising and pricing in a dynamic stochastic supply chain: Feedback Stackelberg strategies [J]. Production and Operations Management, 2009, 18 (1): 78-94.

[119] He X, Krishnamoorthy A, Prasad A, et al. Retail competition and cooperative advertising [J]. Operations Research Letters, 2011, 39 (1): 11-16.

[120] Liu B, Cai G G, Tsay A A. Advertising in asymmetric competing supply chains [J]. Production and Operations Management, 2014, 23 (11): 1845-1858.

[121] Salop S, Stiglitz J. Bargains and ripoffs: A model of monopolistically competitive price dispersion [J]. The Review of Economic Studies, 1977: 493-510.

[122] Narasimhan C. Competitive promotional strategies [J]. The Journal of Business, 1988, 61 (4): 427-449.

[123] Shaffer G, Zhang Z J. Competitive coupon targeting [J]. Marketing Science, 1995, 14 (4): 395-416.

[124] Bester H, Petrakis E. Coupons and oligopolistic price discrimination [J]. International Journal of Industrial Organization, 1996, 14 (2): 227-242.

[125] Hart O D, Tirole J. Contract renegotiation and Coasian dynamics [J]. The Review of Economic Studies, 1988, 55 (4): 509-540.

[126] Villas-Boas J M. Dynamic competition with customer recognition [J].

The Rand Journal of Economics, 1999: 604 – 631.

[127] Fudenberg D, Tirole J. Customer poaching and brand switching [J]. RAND Journal of Economics, 2000: 634 – 657.

[128] Fudenberg D, Villas-Boas J M. Behavior-based price discrimination and customer recognition [J]. Handbook on economics and information systems, 2006, 1: 377 – 436.

[129] Shaffer G, Zhang Z J. Pay to Switch or Pay to Stay: Preference-Based Price Discrimination in Markets with Switching Costs [J]. Journal of Economics & Management Strategy, 2000, 9 (3): 397 – 424.

[130] Dewan R, Jing B, Seidmann A. Product customization and price competition on the Internet [J]. Management Science, 2003, 49 (8): 1055 – 1070.

[131] Acquisti A, Varian H R. Conditioning prices on purchase history [J]. Marketing Science, 2005, 24 (3): 367 – 381.

[132] Liu Q, Serfes K. Customer information sharing among rival firms [J]. European Economic Review, 2006, 50 (6): 1571 – 1600.

[133] Choudhary V, Ghose A, Mukhopadhyay T, et al. Personalized pricing and quality differentiation [J]. Management Science, 2005, 51 (7): 1120 – 1130.

[134] Chen Y, Zhang Z J. Dynamic targeted pricing with strategic consumers [J]. International Journal of Industrial Organization, 2009, 27 (1): 43 – 50.

[135] Shin J, Sudhir K. A customer management dilemma: When is it profitable to reward one's own customers? [J]. Marketing Science, 2010, 29 (4): 671 – 689.

[136] Yan R. Cooperative advertising, pricing strategy and firm performance in the e-marketing age [J]. Journal of the Academy Marketing Science, 2010, 38: 510 – 519.

[137] Esteves R B, Vasconcelos H. Price discrimination under customer recognition and mergers [R]. Working paper, 2010.

[138] Esteves R B. Price discrimination with private and imperfect information [J]. The Scandinavian Journal of Economics, 2014, 116 (3): 766 – 796.

[139] Zhang J. The perils of behavior-based personalization [J]. Marketing

Science, 2011, 30 (1): 170 - 186.

[140] Jentzsch N, Sapi G, Suleymanova I. Targeted pricing and customer data sharing among rivals [J]. International Journal of Industrial Organization, 2013, 31 (2): 131 - 144.

[141] De Nijs R. Information provision and behaviour-based price discrimination [J]. Information Economics and Policy, 2013, 25 (1): 32 - 40.

[142] Baye I, Sapi & G. Consumer Flexibility, Data Quality and Targeted Pricing [R]. Working paper, 2014. http: //www. dice. hhu. de.

[143] Esteves R B. Behavior-based price discrimination with retention offers [J]. Information Economics and Policy, 2014, 27: 39 - 51.

[144] Fudenberg D, Tirole J. Game theory [M]. Cambridge: The MIT Press, 1991.

[145] Pierre D A. Optimization theory with applications [M]. Courier Corporation, 2012.

[146] Tirole J. The theory of industrial organization [M]. Cambridge: The MIT Press, 1988.

[147] Goldfarb A. What is different about online advertising? [J]. Review of Industrial Organization, 2014, 44 (2): 115 - 129.

[148] Seamans R, Zhu F. Responses to entry in multi-sided markets: The impact of craigslist on local newspapers [J]. Management Science, 2013, 60 (2): 476 - 493.

[149] Zhu Y, Wilbur K C. Hybrid advertising auctions [J]. Marketing Science, 2011, 30 (2): 249 - 273.

[150] Ghose A, Yang S. An empirical analysis of search engine advertising: Sponsored search in electronic markets [J]. Management Science, 2009, 55 (10): 1605 - 1622.

[151] Yang S, Ghose A. Analyzing the relationship between organic and sponsored search advertising: Positive, negative, or zero interdependence? [J]. Marketing Science, 2010, 29 (4): 602 - 623.

[152] Yao S, Mela C F. A dynamic model of sponsored search advertising

[J]. Marketing Science, 2011, 30 (3): 447 -468.

[153] Zentner A. Internet adoption and advertising expenditures on traditional media: An empirical analysis using a panel of countries [J]. Journal of Economics & Management Strategy, 2012, 21 (4): 913 -926.

[154] Goldfarb A, Tucker C. Advertising bans and the substitutability of online and offline advertising [J]. Journal of Marketing Research, 2011, 48 (2): 207 -227.

[155] Goldfarb A, Tucker C. Search engine advertising: Channel substitution when pricing ads to context [J]. Management Science, 2011, 57 (3): 458 -470.

[156] Naik P A, Peters K. A hierarchical marketing communications model of online and offline media synergies [J]. Journal of Interactive Marketing, 2009, 23 (4): 288 -299.

[157] Joo M, Wilbur K C, Cowgill B, et al. Television advertising and online search [J]. Management Science, 2013, 60 (1): 56 -73.

[158] Plummer J, Rappaport S, Hall T, Barocci R. The Online Advertising Playbook: Proven Strategies and Tested Tactics from the Advertising Research Foundation [M]. New York: Wiley, 2007.

[159] Lambrecht A, Tucker C. When does retargeting work? Information specificity in online advertising [R]. UK: London Business School, 2013. Working paper.

[160] Dhar S, Varshney U. Challenges and business models for mobile location-based services and advertising [J]. Communications of the ACM, 2011, 54 (5): 121 -128.

[161] Luo X, Andrews M, Fang Z, Phang C W. Mobile targeting [J]. Management Science, 2014, 60 (7): 1738 -1756.

[162] Aaker D A. A probabilistic approach to industrial media selection [M]. Mathematical Models in Marketing. Springer Berlin Heidelberg, 1976: 144 -145.

[163] Dellarocas C. Double marginalization in performance-based advertising: Implications and solutions [J]. Management Science, 2012, 58 (6): 1178 -1195.

[164] Bass F M, Krishnamoorthy A, Prasad A, et al. Generic and brand

advertising strategies in a dynamic duopoly [J]. Marketing Science, 2005, 24 (4): 556 -568.

[165] Varian H R. A model of sales [J]. The American Economic Review, 1980: 651 -659.

[166] Esteban L, Hernandez J M. Strategic targeted advertising and market fragmentation [J]. Economics Bulletin, 2007, 12 (10): 1 -12.

[167] Boulding W, Staelin R, Ehret M, et al. A customer relationship management roadmap: what is known, potential pitfalls, and where to go [J]. Journal of Marketing, 2005, 69 (4): 155 -166.

[168] Ansari A, Mela C F. E-customization [J]. Journal of Marketing Research, 2003, 40 (2): 131 -145.

[169] Gal-Or E, Gal-Or M. Customized advertising via a common media distributor [J]. Marketing Science, 2005, 24 (2): 241 -253.

[170] Liu Q, Serfes K. Quality of information and oligopolistic price discrimination [J]. Journal of Economics & Management Strategy, 2004, 13 (4): 671 -702.

[171] 但斌，田丽娜，董绍辉．考虑溢出效应的互补品企业间广告决策模型研究 [J]. 中国管理科学, 2013, 21 (2): 66 -75.

[172] 刘英姿，吴昊．客户细分方法研究综述 [J]. 管理工程学报, 2006, 01: 53 -57.

[173] Tedeschi B. Compressed data; big comanies go slowly in devising net strategy [J]. New York Times, 2000, March 27.

[174] Chiang W K, Chhajed D, Hess J D. Direct marketing, indirect profits: A strategic analysis of dual-channel supply-chain design [J]. Management science, 2003, 49 (1): 1 -20.

[175] 赵礼强，徐家旺．基于电子市场的供应链双渠道冲突与协调的契约设计 [J]. 中国管理科学, 2014, 22 (5): 61 -68.

[176] Liang T P, Huang J S. An empirical study on consumer acceptance of products in electronic markets: a transaction cost model [J]. Decision support systems, 1998, 24 (1): 29 -43.

[177] Liu Q, van Ryzin G. Strategic capacity rationing when customers learn [J]. Manufacturing & Service Operations Management, 2011, 13 (1): 89 – 107.

[178] Su X. Intertemporal pricing with strategic customer behavior [J]. Management Science, 2007, 53 (5): 726 – 741.

[179] 王宣涛，李贺．策略型顾客与时变批发价下零售商的最优决策 [J]. 软科学，2012，26 (10): 131 – 134.

[180] Dutta-Bergman MJ. The demographic and psychographic antecedents of attitude toward advertising [J]. Journal of Advertisign Research, 2006, 46 (1): 102 – 112.

[181] Kelly L, Kerr G, Drennan J. Avoidance of advertising in social networking sites: The teenage perspective [J]. Journal of Interactive Advertising, 2010, 10 (2): 16 – 27.

[182] Cho C H, as- U T A. Why do people avoid advertising on the internet? [J]. Journal of advertising, 2004, 33 (4): 89 – 97.

[183] 于维生，朴正爱．博弈论在经济管理中的应用 [M]. 北京：清华大学出版社，2005.

[184] Bailey J P. Internet price discrimination: Self-regulation, public policy, and global electronic commerce [C] //Telecommunications Policy Research Conference, Washington, D. C. September. 1998.

[185] Ott R. Building trust online [J]. Computer Fraud & Security, 2000, 2000 (2): 10 – 12.

[186] Streifield D. On the web price tags blur: What you pay could depend on who you are [J]. TheWashington Post, 2001.

[187] Guo L, Zhang J. Consumer deliberation and product line design [J]. Marketing Science, 2012, 31 (6): 995 – 1007.

[188] Jing B. Pricing experience goods: The effects of customer recognition and commitment [J]. Journal of Economics & Management Strategy, 2011, 20 (2): 451 – 473.

后　记

本书的相关研究内容得益于东南大学经济管理学院的博士生导师梅姝娥教授和仲伟俊教授的倾力指导。相关章节内容无不倾注恩师梅姝娥教授的辛勤汗水，书稿在恩师的指导下前后八易其稿，恩师仰之弥高、钻之弥深的学术造诣令人难忘。在本书完成之际，谨向梅教授致以最衷心的感谢。此外，特别感谢复旦大学刘杰教授的大力支持，对某些管理学研究问题和方法上给予了很大帮助。

时光匆匆，电子商务的发展可谓“一日千里”，而定向广告的进展也日新月异。本书力求反映当前电子商务环境下企业定向广告投放机制和策略的最新研究成果，从而指导企业进行营销决策。本书在出版过程中得到浙江省自然科学基金项目（LY18G020015），杭州市哲学社会科学基地杭州师范大学电子商务与网络经济研究中心基地项目（2016JD25）以及浙江财经大学引进人才科研项目启动费（10348003316）等资金支持。特别是本书出版得到浙江财经大学工商管理学院董进才教授和其他学院领导、同事的大力支持，并在中国财政经济出版社编辑的认真校稿下完成书稿，在此深表谢意。

最后感谢妻子、父母和家人，是他们的支持才让本书得以付梓。本书是作者过去数年科研工作的结晶，全书数易其稿，力求做到尽善尽美。然而，由于水平有限，错误和不足之处在所难免，还望读者不吝赐教。

赵江　博士

2017 年 11 月